청소년을 위한 정치 이야기

청소년을 위한
정치 이야기

독일 출판사에서 온 편지

　수상은 어떻게 하루를 보낼까? '예산'은 무엇이고, '국채'는 또 무엇일까? 이런 것들을 설명하려면 어른들도 꽤나 애를 먹을 것이다. 그리하여 우리는 이 책의 필자들에게 정치를 쉽게 이해할 수 있는 실용적인 입문서를 써 줄 것을 청탁했다. 필자들 중 몇 분은 언론인으로 평소 정치에 관심이 많은 분들이고, 그밖에 다른 필자들은 어린이 책과 소설을 쓰시는 분들이다. 이 책의 필자들은 모두 글쓰기에는 일가견이 있다고 자부했는데, 이 책의 작업을 하면서 땀을 뻘뻘 흘렸다. 정치를 쉽게 설명하기란 그만큼 어려웠던 것이다.

　그럼에도 이 책은 여러분에게 정치에 대해 다양한 측면에서 상세한 설명을 해 줄 것이다. 왜 수상은 '통치한다'고 하면서 대통령은 '영향을 끼친다'고 하는 것일까? 국가는 국민 한 사람을 위해 얼마의 돈을 지출할까? 대통령은 하루에 몇 통의 편지를 쓸까? 국빈이 방문하기 전에 경호부대는 무엇을 점검할까? 대통령 전용차 번호판은 몇 번일까? 정부와 의회 중 누가 더 힘이 셀까? 그리고 제우스의 꾐에 넘어간 에우로파의 이야기를 통해 유럽이라는 이름이 생긴 이유를 알게 될 것이고, 남녀 평등을 위해 노력한 멧돼지들의 세계 이야기는 우리에게 생각해볼 점을 던져줄 것이다.

그러나 이 책은 정치인들에 대한 이야기는 아니다. 정치인들은 신문이나 방송에 매일 나오니 사람들이 별로 궁금해하지 않는다. 이 책은 독일 정치가 어떻게 이루어지는지를 이야기할 것이다. 이 이야기들을 타산지석(他山之石)으로 삼아, 한국의 청소년들이 한국과 독일의 정치를 비교하여 좀더 인간을 위한 정치가 어떤 것인지를 생각해보는 계기가 되었으면 한다.

2001년 여름
베를린의 출판사에서

차례

에우로파를 납치한 바람둥이 황소

'유럽'이라는 말은 어디서 왔을까

르네 추커(Renée Zucker)

여러분도 지중해 지역으로 여행을 간다면 대다수 독일인들처럼 무척 좋아할 것이다. 눈부신 태양과 군침 도는 음식과 쾌활한 사람들이 있기 때문이다. 그런데 요즘처럼 쉽게 여행할 수 없었던 시절에는 이탈리아나 스페인 혹은 그리스로 휴가를 떠나는 건 매우 특별한 일이었다. 당시에는 비행기가 아니라 기차나 자동차를 타고 갔다. 그래서 그리스까지 가려면 굉장히 많은 시간이 걸렸다. 지도를 꺼내놓고 보라. 그리스에 도착하려면 얼마나 많은 나라들을 지나가야 하는지. 대신 일단 도착하기만 하면 그리스와 특히 그 연안 섬들에서 먹고 자는 데는 큰돈이 들지 않았다.

어린 시절 외국으로 여행을 가면 이상한 이름의 외국 음식을 먹는 것이 내겐 최고의 기쁨이었다. 아버지가 처음으로 산 차를 타고 네덜란드로 여행을 갔을 때도 마찬가지였다. 나는 국경선을 넘는 것과 동시에 가장 가까운 우유 가게에 들러 매번 '바닐라 블라'를 샀다.

이것은 병에 든 바닐라 푸딩으로서 다음날 아침에 초콜릿을 뿌린 흰 빵과 함께 먹으면 꿀맛이었다. 그래서 네덜란드로 갈 때마다 이걸 먹지 못하면 제대로 휴가를 보내지 않은 것처럼 느껴질 정도였다.

네덜란드는 어린이의 천국이었다. 곳곳에 감자 튀김과 포페르테스를 파는 가게들이 즐비했다. 네덜란드 사람들이 먹는 음식은 '소금에 절인 청어'와 '가우다 치즈'만 빼고는 모두 기름지고 달았다. 휴가가 끝나고 집으로 돌아올 때는 어김없이 판-호우텐 코코아와 커피, 빨갛고 노란 설탕, 베이컨 조각, 버터, 그리고 감초즙을 잔뜩 사갖고 왔다. 스웨덴에서는 치약 튜브 안에 든 생선과 덩굴처럼 칭칭 꼬인 막대 박하 사탕을 가져 왔고, 프랑스에서는 멋진 그림이 그려진 양철통 안에 담긴 아니스 사탕을 사갖고 왔다.

나중에 나는 친구들과 함께 이탈리아, 프랑스, 그리스로 여행을 떠났다. 우린 이탈리아 땅에 들어서자마자 첫 번째 고속도로 휴게소에 들러 진짜 카푸치노와 에스프레소 커피를 마셨다. 그리고 프랑스에서는 부드러운 까망베르 치즈를 먹었고, 그리스에서는 산양 요구르트를 맛보았다. 지금은 이런 음식들을 독일 레클링하우젠의 길거리에서도 쉽게 사먹을 수 있게 되었다는 걸 여러분도 잘 알고 있을 것이다. 그걸 먹기 위해 굳이 멀리 가지 않아도 된다는 점에서는 잘된 일이지만, 외국에 가더라도 이색적인 음식을 맛보는 즐거움이 사라졌다는 면에서는 조금 슬픈 일이다. 물론 오늘날에도 이탈리아의 장터에서 먹는 에스프레소와 프랑스의 항구 도시에서 마시는 와인, 그리스 크레타 섬의 산간 마을에서 먹는 요구르트가 독일 길거리에서 파는 것들과 맛이 약간 다른 건 사실이다.

각국의 온갖 토종 음식들을 파는 독일의 길거리와는 달리 크레타 섬의 산간 마을에서는 산양 요구르트와 산양 치즈 그리고 흰 빵과 올리브 외에는 방문객들에게 내놓을 게 별로 없다. 그럼에도 그곳 사람들은 건강하고 활달했고, 그리스 본토 사람들에 비해 훨씬 모험심이 강했다. 특히 검은색 두건을 쓰고, 긴 장화를 신고, 자신감 넘치는 깡마른 얼굴을 한 늙수그레한 사람들을 보면 절로 존경심이 우러나올 정도였다. 그들은 하얗게 회칠을 한 집 앞에서 몇 시간 동안 아무 말 없이 앉아 있어도 용맹스런 해적처럼 보였다. 어떻게 보면 그 옛날 터키에 맞서 싸웠던 전설적인 영웅들을 기리기 위해 마을마다 세워 놓은 동상 같기도 했다. 가만히 그들을 바라보고 있노라면 태고 적에 크레타가 얼마나 대단한 나라였는지 어느 정도 상상이 갔다. 크레타 섬의 왕이 그리스 본토를 다스리고, 크레타의 화가들이 궁전의 벽에 펄쩍펄쩍 날뛰는 황소와 사냥하는 모습을 그리던 그 시절 말이다.

그리스가 유럽의 요람이라면 크레타는 그리스의 요람이다. 이게 무슨 말인지는 '에우로파(Europa-유럽을 뜻한다)'라는 이름의 한 처녀 이야기를 들어보면 알게 될 것이다.

화창한 어느 봄날의 아침이었다. 아직 아침 식사가 차려지지 않았기 때문에 에우로파는 일어나자마자 정원으로 달려나갔다. 이렇게 말하면 무슨 뚱딴지 같은 소리를 하느냐고 의아해하는 친구들이 있을 것이다. 에우로파는 우리가 사는 대륙인데, 대륙이 무슨 정원으로 달려나가느냐고 말이다. 그런데 내가 지금 이야기하고 있는 시대에는 아직 대륙이라는 게 없었다. 아니, 있었어도 그에 대해 알고 있는 사람이 없었거나, 아니면 그에 대한 이름이 없었을 것이다. 어쨌든 다시 우리의 이야기로 돌아가 보면, 그런 시대에 에우로파라는 이름의 한 처녀가 살고 있었다. 부모가 누구인지를 놓고는 더 이상 학자들도 싸우지 않는다. 너무 많은 주장들이 있어서 어느 게 맞는지 꼭 집어서 말할 수가 없기 때문이다. 이것은 그리스 신화에 나오는 다른 인물들의 족보도 마찬가지인데, 사람들마다 하는 이야기가 약간씩 다 다르다. 에우로파의 아버지가 포이닉스라고 말하는 사람도 있고, 아게노르라고 주장하는 사람도 있다. 하지만 이런 상이한 주장들도 마지막에 신들의 아버지 제우스가 등장하는 것은 모두 똑같다.

제우스는 바람둥이였다. 신이든 인간이든, 나이가 많든 적든, 금발이든 검은머리든 여자라면 가리지 않았다. 실제로 제우스는 많은 여성과 사랑을 나누었고, 그 사이에서 많은 아이들이 태어났다. 내 생각에는 아마 그 수를 셀 수가 없을 정도로 많을 것 같다. 제우스는 종종 남자들도 사랑했다. 아마 누군가를 사랑하고 유혹하는 그 자체를 사랑한 신이 아니었나 싶다.

에우로파를 낳은 어머니에 대해서도 의견이 분분하지만 괜히 그런 이야기로 골머리를 썩고 싶지는 않다. 여기서는 다섯 사람의 이름만 공개하겠다. 텔레파사, 카시에페이아, 아르기오페, 티로 그리고 페리메데. 이 이야기에서는 부모의 존재가 별로 중요하지 않으니까 부모 이야기는 이 정도로 하고 넘어가자. 중요한 건 에우로파에게 카드모스라는 이름의 오빠가 있었다는 사실이다. 그밖에 에우로파는 페니키아의 공주였을 것이다. '페니키아'라는 말은 '보라색의 나라'라는 뜻으로 이 나라는 오늘날 시리아와 레바논이 인접하고 있는 지역에 있었다.

당시 잘사는 집들에서는 정원에 신을 모시는 신전이 하나씩 있었는데, 에우로파의 집에서는 의술의 신인 아스클레피오스 신을 모셔 두었다. 아스클레피오스는 언젠가 뱀의 모습으로 변신한 적이 있는데, 그 때문에 오늘날에도 뱀이 칭칭 감긴 지팡이를 '아스클레피오스의 지팡이'라 부르며 의사의 상징으로 간주하고 있다. 에우로파가 이른 아침에 정원으로 달려간 까닭은 이 신전 뒤에서 친구들과 만나기로 약속이 되어 있었기 때문이다. 처녀들은 이른 새벽에 신전 뒤에 모이는 것을 좋아했다. 거기서는 황홀한 일출을 구경할 수 있었을 뿐 아니라 온천 건물 옆에 있는 운동장이 훤히 내려다 보였기 때문이다.

운동장에서는 청년들이 '데메테르 축제'를 앞두고 한창 연습에 열을 올리고 있었다. 데메테르 여신에게 바치는 이 '결실의 축제'는 5일 동안 진행되었는데, 원래 결혼한 여인들만 참가하는 축제였다. 데메테르는 대지와 농경의 신이었을 뿐 아니라 세상의 모든 출산을 관장하는 여신이었기 때문에 남자들은 원래 이 축제에 참가할 수가 없었다. 대신 에우로파의 오빠 카드모스와 친구들은 남자들의 축제를 따로 준비했다. 여인들이 신전 안에서 비밀스런 의식을 치르고 풍년을 자축하며 신나게 춤을 추는 동안 축제에 끼지 못한 남자들은 공놀이를 하고, 술 마시기 내기를 하고, 촌극을 상연하고, 격투기를 하며 놀았다. 처녀들만 특별히 놀 것이 없었다.

어머니와 할머니들은 벌써 며칠 전부터 말린 버섯으로 고약한 냄새가 나는 수프를 끓였고, 약초 같은 것을 집어넣은 파이프로 담배를 피우며, 연기에 코가 매워 연신 인상을 쓰면서도 뭐가 좋은지 자기네들끼리 희희낙락했다. 그리고 데메테르 신전으로 물건들을 싸서 나르고, 방을 치우고, 뭔가 만들기에 바빴다. 그러다 보니 당연히 아들이건 딸이건 손주건 신경쓸 겨를이 없었다. 부인네들은 대개 밤늦게 집으로 돌아왔고, 아침에도 가장 먼저 일어나 어디론가 사라지고 없었다. 아이들의 아침도 챙겨 주지 않고서 말이다.

에우로파와 처녀들은 청년들이 운동장에서 레슬링을 하는 모습을 지켜보고 있었다. 시합에서 누군가 지면 처녀들은 키득거렸고, 힘을 쓰느라 청년들의 근육이 실룩거리면 다들 속으로 탄성을 질렀다. 혹은 이겼다고 너무 잘난 척을 하면 모두 입을 내민 채 쫑알거리기도 했다. 그런데 에우로파는 곧 이런 일에 싫증이 났다. 아침에 일어나기 전부터 왠지 마음 한켠이 뒤숭숭했다. 뭔가 좋지 않은 꿈을 꾼 것 같기도 했다. 그러나 무슨 꿈이었는지 정확히 기억이 나지 않았다. 이따금 눈앞에 뭔가 퍼뜩 어른거리기도 했지만, 아무 연관도 없는 형체들과 소리는 붙잡으려는 순간 나타났을 때만큼 빠른 속도로 다시 사라져 버렸다. 이처럼 알 수 없는 것 때문에 에우로파는 불안했지만, 한편으론 그것을 더 정확하게 알고 싶다는 호기심도 강하게 일어났다.

결국 에우로파가 자리에서 일어나 쭈뼛거리며 서 있자 친구들은 무슨 일이냐고 묻는 듯한 시선으로 그녀를 올려다보았다. 에우로파는 신전의 벽돌 틈새로 난 풀을 한 움큼 뜯어냈다.

"들판으로 나물 캐러 가야겠어. 아침을 해야 하거든."

마침내 이렇게 입을 열며 에우로파는 몸을 돌렸다.

"같이 갈까?"

에우로파와 제일 친한 아르게이아였다.

그러나 에우로파는 아르게이아의 표정에서 지금 그녀의 말이 진심이 아닌 것을 짐작할 수 있었다. 청년들이 운동하는 모습을 계속 구경하고 싶은 것이 분명했다.

"아냐, 넌 그냥 거기 있어. 나 혼자 갈게."

에우로파가 말했다.

"나중에 식탁을 차려 놓으면 바로 부를게."

아르게이아는 에우로파의 오빠 카드모스를 좋아했다. 그러나 카드모스는 그 사실을 전혀 눈치 채지 못하고 있었다. 그는 여동생 친구들을 하나같이 아직 어린애 티를 못 벗은 아이들로 생각하고 있었다. 겨울철 염소처럼 비쩍 마르고, 목소리도 아름답지 못한 풋내기들로 말이다. 그러나 그건 카드모스가 최근에 여자아이들의 변한 모습을 못 봐서 하는 소리였다. 지금 동생의 친구들은 모두 도톰하게 살이 올라서 벌써 나올 데 나오고 들어갈 데 들어간 균형 잡힌 몸매들을 갖추고 있었다. 그러나 다같이 모여 있을 때면 참새 떼처럼 시끄럽게 재잘대는 건 여전했다. 사내들이 제일 두려워하는 것도 바로 그것이었다. 혹시 재수가 없어 여자애들이 모여 있는 곳을 지나치기라도 하면 당장 웃으면서 놀려댈 것 같았기 때문이다. 물론 맞는 소리였다.

에우로파는 집 앞에서 바다로 나 있는 길로 갔다. 특별히 목적지가 있는 건 아니었지만, 굳이 바닷가 쪽으로 발길을 돌린 건 그 이상한 마음의 동요 때문이었다. 파도가 보고 싶었다. 멀리서 층층이 거대한 산을 이루며 다가오다가 어느 순간 마치 긴 장성처럼 멈춘 뒤, 갑자기 거친 말 떼처럼 뭍으로 한꺼번에 밀려들어와서 산산이 부서져 버리는 파도를 말이다. 에우로파는 바다를 잘 알았다. 바다의 향기와 바다의 음악과 바다의 춤도 알고 있었다. 파도가 연주하는 멜로디를 듣기 위해서는 한동안 묵묵히 가만히 앉아서, 아무런 생각도 하지 않고 마음속을 텅 비워 놓은 채 귀를 기울여야 한다는 것도 알고 있었다. 그리고 그 멜로디를 알게 되면 춤추고 노래할 수 있다는 것도 알았다.

그러나 에우로파는 가만히 앉아 있을 수가 없었다. 온몸이 근질근질했기 때문이었다. 그 사이 해는 거의 중천에 떠 있었다. 공기는 따뜻했고, 들판은 싱그러운 초록의 푸릇푸릇함으로 빛났고, 막 망울을 터뜨린 꽃들은 마치 창을 든 젊은 전사처럼 부동 자세로 거수 경례를 하고 있었다. 벌은 달콤한 꿀을 찾아 왱왱거렸고, 다른 풀벌레들도 찌르르 찌르르 울어댔다. 에우로파는 풀과 꽃으로 화관을 만들기로 작정하고 초원 위를 이리저리 돌아다니며 꽃을 꺾었다. 마침내 꿈을 꾸듯 한가롭게 화관을 엮기 시작했을 때 갑자기 시커먼 그림자가 그녀를 덮쳤다.

제우스였다. 그는 결정적인 순간을 놓치는 법이 없었다. 앞서 이야기한 대로 제우스는 치마만 걸쳤다 하면 가리지 않고 덤빌 정도로 여자를 좋아했다. 세상의 모든 어머니들은 딸들에게 길에서 제우스를 만나면 반드시 조심해야 한다고 가르쳤다. 그러나 이 말을 들은 딸들은 모두 웃었다. 아득한 할아버지뻘쯤 될 정도로 늙은 노인네가 무얼 어떻게 할 것이며, 자신들이 그런 노인네의 꾐에 빠지겠느냐는 것이었다.

그러면 어머니들은 슬픈 표정으로 고개를 저었다. 그들은 제우스를 잘 알고 있었던 것이다. 제우스는 속임수의 귀재였다. 한 번 목표를 정하면 제 것으로 삼기 위해 전력을 기울였고, 목표한 대상을 꾀기 위해 어떤 모습으로 변신해야 하는지 정확하게 꿰뚫고 있었다. 어떤 때는 수십 마리의 나이팅게일로 변해 맑게 노래부르는가 하면,

어떤 때는 눈처럼 흰 백조로 변신하기도 했다. 가끔 기품 넘치는 은회색 독수리로 변해 하늘을 선회하기도 했으며, 하얀 사슴으로 접근하기도 했고, 또 어떤 때는 위풍당당한 기사의 모습이나 검은 곱슬머리 소년의 모습으로 나타나기도 했다. 여자건 남자건 제우스가 변신한 모습에 넘어가지 않은 사람이 없었다.

에우로파도 마찬가지였다. 제우스가 멋지고 힘센 황소의 모습으로 나타났을 때 그녀의 마음은 한없이 흔들렸다. 황소는 마치 거대한 구름 같았다. 희고 푹신한 구름 말이다. 에우로파는 먼저 황소의 깊고 푸른 눈망울 속에서 자기 자신을 보았다. 손에 화관을 든 채 넋이 빠진 듯이 서 있는 모습이었다. 하지만 계속 그렇게 황소의 눈을 들여다보고 있노라니 더 이상 자신의 모습은 보이지 않고, 대신 끝없는 바다와 피오르드 해안이 나타났다. 이어 모래 언덕이 겹겹이 펼쳐진 광활한 사막, 굽이치는 강물, 깎아지른 듯한 낭떠러지, 가파른 협곡과 작은 호수들을 품고 있는 석회질 산맥, 하늘을 찌를 듯한 나무들로 우거진 거대한 숲, 외딴 오두막, 아담한 마을 그리고 지붕마다 밝은 햇살이 내리쬐는 넓은 도시들이 주마등처럼 스쳐갔다. 그녀는 마치 황소의 눈 속에서 지금까지 모르고 있던 세계를 두루두루 돌아보고 온 듯한 느낌이 들었다. 황소의 콧구멍에서 규칙적으로 뿜어 나오는 따뜻한 숨결을 타고서 말이다.

에우로파는 마치 보이지 않는 손에 의해 들려지기라도 하듯 가뿐히 황소의 넓은 등판에 올라탔다. 그런 다음 자신의 팔만한 우람한 뿔에 화관을 걸어 주었다. 이제 그녀는 두 눈을 감은 채 마치 흔들거리는 넓은 침대 같은 황소의 등에 누워 황소가 걸음을 내디딜 때마다 전해져 오는 감미로운 느낌을 즐기고 있었다. 황소는 향기로운

크레타

페니키아

들판을 지나 해안 쪽으로 내려갔다. 발굽에서 모래 밟히는 소리가 나직이 들리더니 발이 조금씩 모래 속으로 빠지는 듯한 느낌이 들었다. 에우로파는 황소가 바닷물 속으로 들어가는 것을 거의 눈치채지 못했다.

그녀는 황소의 부드러운 가죽에 얼굴을 묻은 채 묵직하고 차분하게 뛰는 황소의 심장 소리와 피가 혈관을 타고 흐르는 소리를 들었고, 황소가 내뿜는 숨이 물 표면으로 작은 물방울을 만들어 내는 것을 느꼈다. 또한 그녀는 바람이 자신의 뺨을 스치고 지나가기 전에 황소의 뿔 사이에 난 곱슬곱슬한 갈기를 쓰다듬는 소리를 듣기도 했다. 에우로파는 지금처럼 행복했던 적이 없었던 것 같았다. 나중에 그녀는 자신이 얼마나 오랫동안 황소의 등에 타고 있었는지도 모를 정도였다. 눈 깜짝할 사이였거나 사람의 일생에 버금갈 시간이었을 것이다.

이처럼 얼마 지나자 에우로파는 마침내 이 살아 있는 가마의 발굽이 딱딱한 바닥에 닿는 느낌이 들었다. 그와 동시에 물 속의 무중력

상태에서 갓 벗어난 황소가 약간 힘들어하는 듯했다. 그러나 그것도 잠시였다. 에우로파가 황소의 등에서 미끄러져 내려와 그와 함께 크레타 섬으로 들어섰을 때 태양은 서쪽 하늘을 붉게 물들이며 바다 밑으로 가라앉고 있었다.

몇 년 동안 황소와 에우로파는 이 섬에서 남편과 아내로 살았다. 제우스는 곧잘 이런저런 모습으로 변신해서 에우로파는 조금도 지겨운 줄 몰랐다. 그들 사이에 세 아들이 태어났다. 모두 정상적인 모습이었고, 아이들도 무척 건강하게 자라났다. 어느덧 떠날 때가 되었다. 제우스는 다시 올림포스로 돌아가 신들의 아버지로서 이 세계를 다스려야 했다. 아마 다른 여인들도 챙겨야 했을 것이다. 결국 제우스는 에우로파와 세 아들을 남겨 두고 크레타 섬을 떠났다. 이어 에우로파는 크레타 왕국의 아스테리온 왕과 결혼해서 행복하게 살았다. 아스테리온 왕도 제우스의 아들들을 친자식처럼 돌보아 주었다. 훗날 그들 중 두 아들은 신의 아들이라는 이유로 저승의 명망 높은 재판관이 되었고, 에우로파는 죽는 날까지 아스테리온 왕과 크레타 왕국을 지혜롭게 다스렸다. 그래서 오늘날까지도 크레타 사람들은 그녀를 사랑하고 존경하고 있다.

이것이 에우로파 이야기의 대체적인 줄거리다. 이제 여러분도 유럽의 대륙이 왜 그녀의 이름을 따서 불리는지 그 이유를 알았으리라 믿는다.

서서 걷는 수퇘지들

여성 할당제와 남녀 평등

프랑크 게르베르트(Frank Gerbert)

막스는 덤불을 헤치고 나와 숲 가장자리에 이르렀다. 눈앞에는 희미한 달빛 아래 무밭이 모습을 드러내고 있었다. 이 젊은 수멧돼지 녀석은 코를 쿵쿵대더니 조심스럽게 주위를 살폈다. 혹시 근처에 '서서 걷는 돼지'가 없나 하고 말이다. '서서 걷는 돼지'란 자기들과 비슷하게 생겼지만 좀더 마르고 길며, 털이 없고, 뒷발로 서서 걷는 동물을 가리켜 멧돼지들이 부르는 이름이었다. 멧돼지들은 이 '서서 걷는 돼지'를 몹시 두려워했다. 지금까지 그들을 만나서 좋은 일이 한 번도 없었기 때문이다.

막스는 맨 앞에 있는 밭고랑까지 접근했다. 녀석은 억센 주둥이로 젖은 땅을 마구 파헤쳤다. 뭔가 예감이 좋았다! 아니나 다를까 역시 무가 나왔다. 막스는 즐기듯이 천천히 무를 씹어 먹었다. 녀석은 여기에 더 많은 무가 있다는 것을 알고 있었다. 그레고리와 얀 그리고 빌리 녀석도 이리로 데려와야겠다고 생각했다. 멧돼지들은 겨울이

닥치기 전에 배를 충분히 채워 놓지 않으면 겨우내 추위를 못 이겨 얼어죽을 수도 있기 때문이다.

갑자기 찢어질 듯한 소리가 밤의 정적을 흔들어 놓았다. '끼~익' 하는 소리, 덜커덩거리는 소리, 그리고 마지막으로 무언가 '쿵' 하고 부딪히는 소리가 들렸다. 여기서 그리 멀지 않은 곳이었다. 막스는 비명을 지르며 잽싸게 덤불 숲으로 달려갔다. 그는 이미 무슨 일이 일어났는지 눈치를 챘다.

잠시 뒤 녀석은 '서서 걷는 돼지들'이 몇 주 전에 완공한 딱딱한 길 위에 서 있었다. '서서 걷는 돼지'가 탄 쇳덩어리 상자는 길에서 벗어나 나무에 심하게 부딪혀 있었다. 막스는 그 상자 안을 들여다 보았다. '서서 걷는 돼지' 하나가 나무와 쇳덩어리 상자 사이에 끼여 움직이지 못하고 있었고, 그 옆에는 또 다른 녀석이 피를 흘리며 울고 있었다.

"막스, 어서 이리와!"

그레고리의 목소리였다. 녀석은 얀과 함께 좀 떨어진 곳에 서 있었다. 녀석들 앞에는 움직이지 않는 물체 하나가 땅바닥에 누워 있었다.

"무슨 일이야?"

불길한 예감이 든 막스가 떨리는 목소리로 물었다.

"빌리가 죽었어."

얀이 대답했다. 막스의 입에서 절로 신음소리가 새어나왔고, 그와 함께 갑자기 온 몸에 힘이 쑥 빠지는 것 같았다. 막스는 넷이서 함께 진흙탕에서 놀던 기억이 떠올랐다. 빌리는 친구 넷 중에서 가장 거친 녀석이었다. 다른 친구들을 웅덩이 속으로 밀쳐 넣고는 마구 진흙을 뿌리기 일쑤였다. 하지만 녀석은 재미있고 좋은 친구였다.

그때 저 앞에서 '서서 걷는 돼지'가 탄 다른 쇳덩어리 상자가 밝은 불을 비추며 천천히 다가오고 있는 게 보였다. 세 녀석은 죽은 친구를 내버려두고 숲 속으로 도망칠 수밖에 없었다. 50미터쯤 가자 어디선가 바닥을 비비며 긁어대는 소리가 들렸다. 임미와 탄야와 사라였다. 이들은 막스를 비롯한 수멧돼지 넷과 같은 무리에서 자란 암멧돼지였다. 막스는 간신히 용기를 내서 무슨 일이 일어났는지 설명했다. 임미와 사라는 울음을 터뜨렸고, 탄야는 그 큰 머리를 연신 흔들어대며 '안 돼! 안 돼!'만 되뇌었다.

그때 뚜벅뚜벅 다가오는 발소리가 들렸다. 늙은 멧돼지 루빈이었다. 그는 다른 멧돼지 무리와 떨어져서 혼자 가문비나무 숲 속에 살고 있었는데, 젊은 멧돼지들은 모두 현명한 그를 존경했다. 루빈은 아무 말도 하지 않고 뒷다리를 굽히고 앉은 채 듣기만 했다.

"무슨 일로 빌리가 그 딱딱한 길로 갔던 거야?"

탄야가 물었다.

"서서 걷는 돼지들이 탄 쇳덩어리 상자를 공격하려고 했어."

얀이 설명했다.

"말도 안 되는 소리야! 대체 어쩌려고?"

탄야가 신음소리를 냈다.

"우리 넷이 벌써 몇 주 전부터 해 왔던 일이야. 서서 걷는 돼지들은 나무를 베어내고 딱딱한 길을 만들었어. 바로 우리의 숲 속에 말야. 그들은 피를 흘려도 싸. 처음엔 '탕' 소리가 나는 막대기를 들고 우릴 쫓아내더니 이젠 딱딱한 길을 만들어 우리의 숲을 둘로 갈라놓았잖아?"

그레고리가 씩씩거리며 대답했다.

"그래도 이해가 안 되는 게 있어."

사라가 말했다.

"너희는 그 쇳덩어리 상자와 부딪치면 죽는다는 걸 몰랐다는 말이니?"

"그래서 나름대로 머리를 썼던 거지. 서서 걷는 돼지가 탄 쇳덩어리 상자가 오면 우리 중 하나가 갑자기 거리로 뛰쳐나가는 거야. 그러면 그 상자는 우리를 피하느라 길 아래로 미끄러져서 나무에 부딪히고 말아. 우린 마지막 순간에 옆으로 몸을 피하고 말야."

"항상 그렇게 잘되는 건 아니잖아!"

임미가 훌쩍거렸다.

막스는 빌리와 임미 사이의 비밀을 알고 있었다. 둘이서 지난주에 아무도 없는 진흙 웅덩이에서 몇 번이나 만나서 부둥켜안고 뒹굴면서 주둥이로 서로 몸을 비볐다는 사실을 빌리로부터 들었던 것이다.

"세 번은 성공했어."

그레고리가 소리쳤다.

"쇳덩어리 상자는 부서졌고, 그 안에 타고 있던 '서서 걷는 돼지'들도 다쳤어."

"그래서 어쨌는데? 뭐가 달라졌느냐고?"

탄야가 그레고리의 말을 가로막았다.

"서서 걷는 돼지들이 딱딱한 길을 포기할 것 같애? 그렇게도 그 녀석들을 몰라? 우리가 길을 건너지 못하도록 차단목이라도 칠 녀석들이라고! 아니면 우리가 모두 없어질 때까지 그 탕 소리나는 막대기를 들고 쫓아다니든지 말야."

"너흰 정말 바보 천치 멍텅구리야!"

이번에는 임미가 소리쳤다.

"어떻게 서서 걷는 돼지들의 쇳덩어리 상자를 공격하겠다는 생각을 할 수 있니? 너희 같은 수멧돼지들이 아니면 절대 그런 생각을 할 수 없을 거야, 이 멍청이들아!"

"너희 같은 애들이 우리 멧돼지 무리를 이끌 지도자가 되겠다고? 그리고 뭐, 우리가 어떻게 해야 할지를 가르쳐 주겠다고? 말도 안 돼. 잘 가, 더 이상 꼴도 보기 싫어!"

사라가 미친 듯이 소리쳤다.

"지금까지 멧돼지들이 살아 오는 동안 줄곧 우리 수멧돼지들이 모든 것을 결정해 왔어. 너희 암돼지들은 얌전히 주둥이나 닥치고 있어!"

얀이 콧김을 내뿜으며 뒷다리로 땅을 거칠게 걷어찼다.

"왜 항상 그래야 되는데?"

사라가 독이 올라 얀의 말을 바로 맞받아쳤다.

"그리고 난 암돼지가 아니라 암멧돼지야, 알아? 야생 암돼지라고, 이 멍청한 수돼지야!"

"우리가 더 크고 더 강하고 더 용감하잖아!"

그레고리가 버럭 고함을 쳤다.

"너흰 집에서 아이들을 보고 우린 밖에서 먹이를 구해 오고. 그게 뭐가 문제야?"

"문제지. 너흰 천치 멍텅구리 바보니까!"

탄야가 낮지만 위협적인 목소리로 말했다.

"루빈 할아버지? 왜 한마디도 안 하고 계세요?"

막스가 진지한 얼굴로 늙은 멧돼지를 쳐다보았다.

"우리 수멧돼지들이 정말 그렇게 멍청해요? 저기 저 못된 암멧돼지들이 말하는 것처럼요?"

"어느 정도는 맞다고 할 수밖에 없겠구나. 아니면 그보다 더 멍청할 수도 있고 말야. 나도 젊었을 때 다른 친구 녀석들이랑 우리를 죽이려고 한 저 '서서 걷는 돼지들'을 공격한 적이 있었지. 결국 한 녀석은 총에 맞아 죽었고, 나도 등에 총을 맞았어. 오랫동안 괜찮았는데, 요샌 영 뛰는 게 불편할 지경이야."

"할아버지, 우린 어떻게 해야 돼요?"

막스가 물었다.

"암멧돼지들과 함께 결정하도록 해라. 비록 암멧돼지들이 우리 수멧돼지들보다 힘은 떨어지고 덜 용감할지 모르지만, 그게 좋은 점도 있단다. 만일 너희가 용감하기는 하지만 죽는다면 그게 무슨 소용이 있겠니? 게다가 암멧돼지들이 우리 공동의 문제를 함께 결정하지 못한다면 그건 불공평한 거야. 생각해 봐, 우리가 새끼를 낳아도 거의 항상 암컷과 수컷 숫자가 비슷하잖니? 이를 보더라도 암컷들이 함께 참여하고 결정하는 것이 공정해. 이렇게 한 번 해보려무나. 먼저 숲마다 네 마리씩 대표를 뽑는데, 항상 수멧돼지 두 마리, 암멧돼지 두 마리씩 뽑는 거야, 어떠니?"

"서로 의견이 다르면 어떻게 해요?"

얀이 물었다.

"그러면 쥐를 한 마리 잡아다가 다시 풀어 주는 거야. 만일 왼쪽으로 도망치면 수멧돼지들의 결정에 따르고, 오른쪽으로 도망치면 암멧돼지들의 의견에 따르는 거지."

"루빈 할아버지 말씀대로 하는 게 좋겠어."

탄야가 소리쳤다. 임미와 사라도 고개를 끄덕였다.

그레고리는 뭔가 불만을 말하려고 했고, 얀은 어정쩡하게 마음을 정하지 못하는 눈치였다. 그때 막스가 입을 열었다.

"어이, 친구들, 시대가 바뀌었어. 요샌 사슴들도 수컷이 암사슴들과 함께 상의하고 결정한대. 혹시 아니? 정말 더 잘될지 말야."

* * *

"불편하십니까?"

슈테판 라프가 물었다.

"괜찮습니다."

막스가 대답했다.

"하지만 조명 때문에 눈이 부시군요. 우린 숲 속에서 살아서 이렇게 환한 불빛에 익숙하지 못해요. 우리 멧돼지들이 주로 밤중에 돌아다니는 걸 사회자께서도 잘 알고 계시죠?"

"자리는 편하세요?"

토크쇼 사회자가 궁금해했다.

"이렇게 소파에 앉아 있는 건 처음이라 어색한 기분이 먼저 드는군요. 당신과 시청자들에게 내 은밀한 아랫도리를 내보여야 한다는 것도 약간 기분이 좋지 않구요. 마치 내 뒷다리가 공중에 매달릴 때처럼 말입니다. 그리고 달콤한 나무 뿌리 주스를 이렇게 주둥이가 좁은 잔에다 따라 놓았으니, 할 수 없이 빨대로 빨아먹어야 하는 것도 좀 불편하군요."

"지금까지 동물들과 인터뷰는 여러 차례 했지만 이렇게 직접 방송에 나온 건 당신이 처음입니다. 당신은 평범하지 않은 삶을 살았다고 들었습니다. 당신의 일생이 곧 영화로도 만들어진다죠? 무척 똑똑하다는 평을 듣고 있는데, 사실이라고 생각하십니까, 막스 씨?"

"멧돼지는 원래 매우 영리한 동물입니다. 유감스럽게도 인간들이 그걸 모르고 있었죠. 바로 일 년 전까지는 말입니다."

"사람과 멧돼지 간에 체결된 뮌스터 평화조약*을 말씀하시는군요. 인간은 더 이상 멧돼지에게 총을 쏘지 않고, 멧돼지도 더 이상 인간의 밭을 뒤집어엎지 않겠다는 그 조약 말씀이시죠?"

"예, 맞아요. 우린 당신들의 밭에서 먹이를 찾는 일이 당신들에게 그렇게 큰 피해를 입히는지 몰랐습니다. 이 자리를 빌려 다시 한 번 사과드립니다."

라프는 몸을 숙여 막스의 목에 걸려 있는 작은 상자를 가리켰다.

"이 작은 상자가 무엇인지 아시겠습니까? 인터스피크라 부르는데, 지금 이렇게 막스 씨와 대화를 나눌 수 있게 된 건 모두 이 기계 덕택입니다. 이 기계의 개발에 막스 씨의 멧돼지 부족이 커다란 공헌을 했습니다. 먼저 멧돼지들이 하퍼마이스 교수 연구팀의 마이크에다 그들의 말을 입력시켰고 하퍼마이스 교수는 그 말들을 열일곱 대의 슈퍼컴퓨터를 이용해서 사람의 말로 옮겼습니다. 지금 우리 두 사람, 아니 실수했습니다, 사람이 아니지요, 사람과 멧돼지 이렇게 우리 둘은 목에 이 작은 기계를 걸고 있는데, 말하는 즉시 인간의 언어와 멧돼지 말로 통역됩니다. 참으로 신기한 기계지요."

---

*30년 종교전쟁이 끝난 후 체결된 평화조약

"전 그때 그 여자 교수 분이 우리를 도울 수 있을 거라고 직감했습니다. 참, 그때까지만 해도 그 분이 여자인 줄은 모르고 있었죠."

막스가 웃었다.

"당시에 우린 사람들을 가리켜 여자와 남자로 구분하지 않고 모두 '서서 걷는 돼지'라고 불렀으니까요, 하하하."

"뭐, 뭐, 뭐라고요? 우릴 '서서 걷는 돼지'라고 불렀다고요?"

슈테판 라프는 폭소를 터뜨렸다. 스튜디오에 앉아 있던 청중들도 무릎을 치고 배꼽이 빠지도록 웃었다. 토크쇼 진행자인 라프는 행복했다. 4년 전 새롭게 시작하는 마음으로 수염을 깎고 프로그램 진행을 맡은 이후 이렇게 특이한 초대 손님은 처음이었다. 지금 진행되고 있는 프로그램의 시청률은 15퍼센트 대에 육박했는데, 그렇다면 약 2천만 명이 이 방송을 보고 있다는 말이었다.

"막스 씨, 당신을 오늘 이 자리에 모신 데에는 특별한 이유가 있습니다."

라프가 말을 이었다.

"내일은 동물들에게 특별한 날입니다. 당신은 멧돼지들의 최고 지도자입니다. 우리 시청자들은 당신에게서 처음으로 멧돼지들의 정치에 관한 이야기를 듣고 싶어합니다. 당신들에게도 민주주의나 독재가 있습니까?"

막스는 앞다리를 공중으로 들며 말했다.

"우리 세대에 많은 것이 바뀌었습니다. 내가 어렸을 때만 해도 항상 가장 강한 수컷들이 권력을 잡았지요. 종종 하나가 죽을 때까지 싸우기도 했습니다. 그러나 여러 과정을 거쳐 우리는 마침내 암멧돼지 할당제를 도입하기에 이르렀습니다."

그때 라프가 불쑥 중간에 끼어들었다.

"암멧돼지 할당제라뇨? 그럼, 멧돼지들에게도 우리 인간처럼 여성 할당제*가 있다는 말입니까?"

"우리 수멧돼지들은 무척 공격적입니다. 그래서 우리 자신의 생명뿐 아니라 암멧돼지와 새끼들의 목숨까지 위험으로 몰아넣는 경우가 종종 있었지요. 그런데 각 숲에서 네 마리씩 뽑기로 한 대표 중 두 자리는 암멧돼지의 몫으로 하기로 결정했습니다."

"그 뒤로 무엇이 바뀌었나요?"

"수멧돼지들이 이전보다 덜 난폭해졌지요."

청중들이 폭소를 터뜨리며 박수를 쳤다.

"공동생활에서도 몇 가지 바뀐 게 있습니다. 우리 수멧돼지들은 항상 암컷들이 약하고 멍청하다고만 생각해 왔습니다. 그래서 새끼를 낳고 키우는 것 외에 달리 할 줄 아는 게 전혀 없다고 믿었지요. 하지만 아니었습니다. 암멧돼지들과 함께 이야기하고 토론하면서 암멧돼지들도 우리와 똑같이 생각할 줄 안다는 걸 깨달았습니다. 심지어 그 때까지 암멧돼지들만 새끼를 돌봐 온 것이 공평하지 못했다는 생각도 하게 되었지요."

라프가 중간에 참견했다.

"우리 인간 사회에도 정당과 여러 회사에서 여성 할당제를 실시하고 있습니다. 물론 남성들 중에는 그게 오히려 불공평하다고 주장하는 사람들도 있지요."

---

* 여성의 사회 참여와 권익을 보호하기 위해 사회 각 분야에서 미리 목표율을 정해 놓고 그 비율만큼 여성들에게 자리를 주는 제도

"우린 얼마 전에 암멧돼지 할당제를 다시 폐지했습니다."

막스가 말했다.

"할당제를 폐지했다고요? 어떻게 그런 일이? 아마 우리 인간들한테는 불가능한 일일 겁니다."

라프가 놀라워했다.

"아마 믿기 어렵겠지만, 그건 상당수 암멧돼지들이 제안해서 이루어진 일이었습니다. 할당제를 실시한 이후 선출될 암멧돼지를 찾는 일은 첫 두 해를 빼놓고는 항상 어려움을 겪었습니다. 이것이 첫 번째 이유였지요. 더 이상 새끼들을 혼자서만 키우지 않게 된 암멧돼지들은 상당수 다른 쪽에 관심을 가지기 시작했습니다. 일부는 다른 숲으로 이주하기도 했고, 또 일부는 외간 멧돼지와 사랑에 빠져 줄행랑을 놓기도 했습니다. 그리고 권력 같은 데엔 아예 관심이 없는 암멧돼지들도 많았습니다. 그냥 집에서 계속 아이나 보고 집안 일이나 하는 게 제일 속 편하다는 것이지요.

이러다 보니 멧돼지 대표자 회의에 들어가겠다는 암멧돼지들의 수가 적을 수밖에 없었어요. 그래서 원하는 암멧돼지들은 거의 경쟁도 없이 다 대표자 회의에 선출된 반면 수멧돼지들은 보통 한 자리를 놓고 대여섯 마리가 치열한 경쟁을 벌여야 했습니다. 이건 모두 상당히 불공평하다는 생각이 들었습니다.

작년에 우리 멧돼지들은 전체 총회를 가졌습니다. 그때 저의 오랜 친구인 탄야가 할당제를 폐지하자는 제안을 했습니다. 그녀는 이렇게 말했지요.

"암멧돼지들은 이제 과거의 수멧돼지들만큼 용감하고 자의식이 강해졌습니다. 게다가 수멧돼지들에게는 없는 신중함과 이해심도 가지고 있습니다. 그러니 이제 수컷과 암컷 사이에 거의 차이가 없어졌다는 말이지요. 사정이 이런데도 할당제를 계속 실시할 이유가 있습니까? 할당제란 한 성이 다른 성에 의해 지배당하는 상황에서, 탄압받는 성이 자신의 권리를 보호하기 위해 만든 제도입니다. 하지만 우리 멧돼지 세계에서는 더 이상 그럴 필요가 없어졌습니다. 수멧돼지들이 우수하면 수멧돼지들로만 네 명의 대표를 구성할 수도 있습니다. 그 다음 번엔 당연히 멋진 네 마리 암멧돼지들이 대표자로 뽑힐 수도 있지 않겠습니까?"

라프가 게스트의 말을 중단시켰다.

"막스 씨! 저와 시청자들은 멧돼지들이 이렇게까지 똑똑하고 합리적일 줄은 정말 몰랐습니다. 참으로 놀라운 일이군요. 잠시 전하는 말씀을 들은 뒤 내일 베를린에서 있을 뜻깊은 사건에 대해 다시 이야기를 나누어 보도록 하지요. 그럼, 잠시 후에 뵙겠습니다."

첫 광고가 화면에 나왔다. 노루와 사슴과 여우가 노래를 부른다. '코카콜라와 함께라면~♬ 언제나 행복해요~♬, 인간이든 동물이든 ~♬ 입맛은 같아요~♬'

* * *

의회의 단상 훨씬 위쪽에 앉아 있던 남자는 자신의 하얀 수염을 연신 초조하게 쓰다듬고 있었다. 연방의회 의장으로서 그는 오늘 회의가 무척 불안했지만 중간에 이런 돌출 사건들이 생기리라고는 미처 예상하지 못했다.

경주마 토르나도는 의회 안으로 뛰어들어오면서 자민당의 한 여성 의원을 넘어뜨렸고, 그 의원은 구급차에 실려 급히 병원으로 옮겨졌다. 가뜩이나 의원 수가 부족해서 고민하는 자민당으로서는 의회 운영이 더 힘들어졌다. 그리고 셰퍼드 레오나르도 - 옛날에 텔레비전 방송 〈형사반장 렉스〉에서 주인공 역을 맡았던 라벤호르스트다 - 가 옆자리에 앉아 있던 사민당 의원의 소시지 빵을 덥석 물고 가는 바람에 동료 의원들이 흥분한 사민당 의원을 진정시키느라 애를 먹었다. 그는 당장 특별조사위원회를 소집해서 이 사건을 엄하게 조사해야 한다고 주장했다. 기민/기사 연합의 원내총무도 화가 머리 꼭대기까지 치솟아 있었다. 암소 마르타가 자신의 값비싼 이탈리아제 구두에다 걸쭉한 똥을 갈겨 놓았던 것이다. 의사당 안에서는 인간 의원들의 볼멘 목소리 외에 갖가지 이색적인 소리들이 흘러나왔다. 멍멍 개 짖는 소리, 음메 음메 소 우는 소리, 메헤헤 염소 소리, 으르렁거리는 소리, 씩씩거리는 소리 등 여러 가지 동물 소리들이 넘쳐 흘렀다.

막스는 자리에 얌전히 앉아 있었다. 그 앞에는 반쯤 머리가 벗겨진 60대 초반의 뚱뚱한 신사가 앉아 있었다. 이 신사가 막스에게로 몸을 돌리며 말했다.

"반갑습니다. 막스 씨 맞죠? 엊저녁 불레바 슈테판 토크쇼에서 봤습니다. 시쳇말로 정말 짱이었습니다. 제 이름은 레조라고 합니다."

다른 의원들처럼 인터스피크를 목에 걸고 있는 이 뚱뚱한 신사는 막스에게 손을 내밀었다. 막스는 오른쪽 앞발을 내밀어 그의 손을 맞잡았다. 레조 의원이 말했다.

"전 어쩐지 당신한테 호감이 가는군요. 한때 사람들은 저를 못 말리는 수멧돼지라고 불렀어요. 하도 길길이 날뛰니까 말이에요. 그래서 우리 당을 가리켜 멧돼지떼 당이라고 불렀을 정도였죠. 하지만 지금은 많이 바뀌었어요."

이렇게 말하더니 그는 주섬주섬 은박지에서 뭔가를 풀어헤쳤다. 고기 같았다. 막스는 주둥이를 찌푸리며 물었다.

"그게 뭡니까?"

"아, 걱정 마세요. 이건 합성 고기입니다. 우리가 당신네 동물들과 대화를 나눌 수 있게 되면서부터 동물의 고기를 먹는 사람은 거의 없어졌어요. 최근에는 실험실에서 인공 고기가 개발되었어요. 순전히 유전공학 기술로만 말입니다. 하지만 맛은 진짜 고기와 똑같아요. 광우병에 걸릴 염려도 전혀 없고요."

이어 레조 의원의 표정이 갑자기 어두워졌다.

"막스 씨, 솔직하게 고백할 게 있습니다. 사실 저는 멧돼지 고기를 좋아했는데, 지금까지 먹은 것을 다 합치면 아마 서너 마리는 족히 될 겁니다. 그 중에는 어쩌면 당신의 친구들도 있었을 겁니다. 정말 미안합니다."

"그런 말씀 마십시오."

막스가 발사래(사람의 손사래)를 쳤다.

"저도 솔직히 고백하죠. 과거에 저는 여러 차례 자동차 사고를 일부러 일어나게 했습니다. 많은 사람들이 다쳤고, 아마 죽은 사람들도 있을 겁니다. 하지만 지금은 새로운 시대가 시작되었습니다."

"맞습니다."

이렇게 말하며 레조 의원은 만화책을 한 권 꺼내 펼쳐 보였다.

"자, 보세요. 이젠 오벨릭스*조차 더 이상 멧돼지 고기를 먹지 않고 대신 양배추 통을 비우고 있지 않습니까?"

막스는 대체 오벨릭스가 뭔지 물어보고 싶었다. 그러나 그럴 틈도 주지 않고 레조 의원이 계속 말을 했다.

"우리 당과 저는 이제 동물들도 연방의회에 함께 참여하게 된 것을 진심으로 환영하고 있습니다. 당신들도 이젠 소비자입니다. 내년부터는 세금도 내야 하지요."

레조 의원은 막스에게 인쇄된 종이 한 장을 내밀었다.

"글을 알면 천천히 읽어 보세요. 입당 원서입니다. 아마 당신한테는 우리 당이 맞을 겁니다. 그리고 우린 동물들을 위해 특별히 동물 할당제도 도입할 예정입니다. 미래에는 아마 인간 여자, 인간 남자, 동물 여자, 동물 남자가 각각 사분의 일씩 공평하게 의석을 나눠 갖게 될 겁니다."

막스가 뭐라 대답하기 전에 의사당 내 확성기에서 안내방송이 울려 퍼졌다.

"볼프강 테제 연방의회 의장이 제17대 연방의회의 개막을 선포하겠습니다."

이어 의장이 마이크를 잡더니 경축사를 했다.

"친애하는 동물과 인간 의원 여러분! 오늘은 독일연방공화국에 매우 특별하고 위대한 날입니다. 동물이 인간과 함께 앉아서 의회에서 투표권을 행사할 수 있게 된 것은 이 지구 역사상 처음 있는 일입니다. 2010년 3월 21일에 실시된 국민투표 결과 헌법은 다음과 같이 변경되었습니다.

＊「아스테릭스」의 등장 인물로 멧돼지를 통째로 먹는 천하장사.

제1조 인간과 동물의 존엄은 침해될 수 없다.

제33조 2항 모든 독일인과 독일 동물들은 자신의 적성, 자격, 전문 능력에 따라 모든 공직에 똑같이 임명된다.

제38조 3항 동물과 인간이 평등해지는 데 도움을 주기 위해 당분간 의원의 1/3은 반드시 동물에게 할당한다. 하지만 동물 의원이 되려면 연방의회의 연설을 이해할 정도의 지력은 갖추어야 한다.”

말들이 히잉~, 양들은 메헤헤~, 소들은 음메~ 하고 울어댔다. 모두 알아들었다는 뜻이었다. 그런데 두 발 달린 동물들이 술렁거렸다. 뒤에서 누군가 소리를 질렀다.

“그게 인간에게도 적용된다면, 당은….”

순간 막스의 인터스피커가 치직치직거렸다.

“집에 가서 얌전히 빈대떡이나 구워 먹고 있어야 할 겁니다.”

그러자 여기저기서 항의하는 고함소리가 터져 나왔다. 마침내 테제 의장이 종을 흔들며 싸우는 사람들에게 주의를 주었다.

“거, 조용히들 하세요. 부끄럽지도 않으세요? 첫날부터 이렇게 싸우면 오늘 처음 참석한 동물 의원들께서 인간들을 어떻게 생각하겠습니까?”

의장이 연설을 마치자 검은 암독수리 알렉산드라가 마이크를 이어받았다. 동물을 대표해서 의회에서 첫 연설을 하게 된 것이다. 막스는 약간 섭섭했다. 내심 자신이 이 영광을 차지하게 되리라고 기대했던 것이다. 그런데 몇 분 전에 인간 고위 정치인들이 알렉산드라에게 그 영광을 주었다. 수컷보다 암컷 동물이 여전히 더 학대받고 있다는 이유에서였다.

알렉산드라는 자기 자리에서 그대로 떠올라 앞쪽의 연단으로 30미

터쯤 날아갔다. 인간 의원들
은 알렉산드라가 자신들의
머리 위를 날아가자 뭐라고
수군거렸다.

　알렉산드라가 까악거리기
시작하자 곧 인터스피크가
통역을 했다. 막스는 알렉산
드라가 무척 연설을 잘한다
고 생각했다. 게다가 가끔 자
신의 말을 강조하기 위해 부
리를 들고 날개를 펼칠 때는
우아해 보이기까지 했다.

　여하튼 알렉산드라는 단상 뒤 의사당 벽에 붙어 있는 알루미늄으
로 만든 거대한 독수리*보다 몇 배는 더 아름다운 것 같았다.

....

* 독일의 국장, 즉 독일을 상징하는 휘장.

황태자와 선원

어떤 사람이 경호원이 되죠

펠리치타스 호페(Felicitas Hoppe)

러시아의 마지막 황제에게는 딸 넷 아들 하나 이렇게 다섯 자녀가 있었다. 아들이 제일 막내였는데, 부모의 사랑을 독차지했다. 부모는 이 아들을 작은 차르(황제)라는 뜻으로 차르비치라 불렀다. 언젠가는 아버지로부터 왕관을 물려받아 차르가 될 것이기 때문이었다.

그런데 황태자에게는 병이 있었다. 한 번 피가 나면 잘 굳지 않고 다른 아이들보다 피가 묽은 병으로 당시에는 상당히 위험한 병이었다. 언젠가 궁전 정원에서 말을 타다가 떨어져 무릎을 다쳤는데 상처의 피가 멈추지 않아 제대로 치료를 하지 못한 적도 있었다. 당시에는 아직 이 질병에 대한 치료법이 없었기 때문에 황태자는 언제나 죽을 위험에 처해 있는 것이나 다름 없었다. 그래서 부모와 누나들의 얼굴엔 황태자에 대한 걱정으로 늘 수심이 가득했다.

그러나 황태자는 무척 활달한 아이였다. 궁전 안에 가만히 웅크리고 앉아 재미없는 놀이만 하는 것을 싫어했고 신나게 뛰어다니며 말을 타고 내달리길 좋아했다. 황태자는 밖에 나가 다른 아이들이 하는 모든 놀이를 하고 싶어했다. 이를테면 뜀박질, 수영, 승마, 칼싸움, 토끼사냥뿐만 아니라 활을 쏘고 드넓은 잔디밭에서 공놀이도 하고 싶어했다. 그런데 이렇게 황태자가 마음껏 뛰어다니면 사람들은 부리나케 뒤를 졸졸 따라다녔다. 깜빡 잘못했다가 황태자가 다치기라도 하면 큰일이었기 때문이다. 결국 시간이 지나면서 황태자에게는 듬직한 전용 하인 한 명이 배치되어 그를 보살피게 되었다. 그는 러시아 바다를 주름잡던 젊은 선원이었는데, 나무처럼 키가 쭉 뻗고 사자처럼 힘이 셌지만 온화하고 친절한 성격에 참을성까지 많았다. 더욱이 그는 어린 황태자를 매우 사랑하는 사람이었다.

이렇게 해서 그 선원은 황태자의 하인이 되었지만 보통의 하인이 아니었다. 다시 말해서 문을 열어 주고, 신발을 닦고, 황태자의 잔에다 차를 따라 주는 그런 하인이 아니라 진정한 경호원이었다. 오직 한 사람을 위해서, 그 사람의 소중한 몸에 아무런 일이 일어나지 않도록 밤낮으로 지키고 보살피는 경호원이었던 것이다.

젊은 선원은 한순간도 황태자를 놓치는 법이 없었다. 황태자가 담에 올라가면 그는 아래에서 기다리고 있다가 떨어지는 황태자를 받았고, 황태자가 말을 타고 궁전 정원을 내달리면 그 옆으로 함께 뛰다가 말이 조금이라도 비틀거리면 즉시 말 고삐를 낚아챘다. 황태자가 토끼를 잡으러 숲 속으로 가면 그도 뒤따라가서 황태자가 돌뿌리에 채여 넘어지거나 나무 그루터기에 부딪혀 머리가 다치지 않도록 보살폈고, 황태자가 나무에 기어오르면 혹시 나뭇가지가 부러질까봐 뒤따라가 황태자를 받을 태세를 취했다. 황태자가 너무 뛰어다녀서 숨을 가쁘게 내쉬면 선원은 황태자를 팔에 안고 잠들 때까지 궁전 정원을 이리저리 돌아다녔고, 여름에 차르의 가족이 수영을 즐기기 위해 바다로 가면 그 역시 황태자 바로 옆에서 수영을 하며 큰 파도가 황태자를 덮치는 것을 막았다.

이렇게 선원은 늘 황태자 곁에 붙어 있었다. 술을 마시거나 졸아서도 안 되었고, 궁전의 다른 하인들처럼 가끔씩 카드놀이를 하거나 저녁 때 불가에 쪼그리고 앉아 잡담을 나누어서도 안 되었다. 그는 늘 깨어 있었고, 눈을 잠시도 황태자에게서 뗀 적이 없었다. 황태자의 목숨이 그의 손에 달려 있다고 해도 과언이 아니었기 때문이다. 황태자가 잠자리에 드는 저녁에야 선원도 비로소 쉴 수가 있었다. 그러나 쉬는 동안에도 몸의 긴장을 늦추지 않고 늘 대기상태에 있었다. 황태자의 침실에서 조금이라도 이상한 조짐이 보이면 즉시 일어나 달려가야 했기 때문이다. 어린 아이들은 악몽을 꾸면 침대에서 잘 떨어졌는데, 만일 황태자가 그렇게 해서 다치기라도 하면 큰일이었기 때문이다. 피가 물처럼 묽은 황태자에게는 조그마한 상처도 바로 죽음과 연결될 수 있었다. 이렇게 해서 나중에 어떻게 한 나라를 다스릴 황제가 될 수 있겠는가?

나는 어릴 때 이 이야기를 듣고 난 후 종종 황태자가 말을 타고 달리는 꿈을 꾸곤 했는데, 그 옆에는 항상 선원이 숨을 헐떡거리며 함께 뛰어가고 있었다. 그런데 그 때마다 나는 선원과 어린 황태자 사이가 너무 가까워 보여 둘이 한사람인 것 같은, 또는 황태자의 어린 몸이 선원의 몸에 붙어 있는 것 같은, 아니면 선원이 황태자의 듬직한 분신인 것 같은 느낌을 받곤 했다. 나는 속으로 '아하, 이런 게 경호원이구나' 라고 생각했다. 세상에는 보통 사람들보다 더 아름답고 유명하고 부유하고 힘이 센 특별한 사람들이 있다. 이들한테는 친구도 많지만 동시에 시기하고 경쟁하는 적들도 많다. 그래서 그들은 늘 누군가 자신을 미행하거나 납치하거나 암살할지 모른다는 두려움에 떨며 살아간다. 그 때문에 이런 중요한 사람들한테는 항상 옆에 붙어서 자신을 지켜 주는 경호원이 가장 중요한 사람이 아닐까 하는 생각이 들었다.

이 이야기를 들은 뒤로 나도 경호원을 하나 두고 싶었다. 그러나 첫째, 나는 아프지도 않았고, 둘째, 중요한 사람도 아니었다. 이제껏 나를 납치하려는 사람이 하나도 없었다는 것만 봐도 알 수 있다. 아빠가 황제도 왕도 대통령도 수상도 부자도 아닌 애를 누가 납치하려고 하겠는가? 그것도 아니라면 최소한 장관이나 정치인 정도는 돼야 유괴할 생각을 갖지 않겠는가? 그러나 우리 아버지는 장관도 아니고, 정치에는 티끌 만한 관심도 없는 분이셨다. 셋째, 그렇다고 우리 집이 하인이나 경호원을 둘 만큼 돈이 많았던 것도 아니다. 결국 나는 경호원을 둘 수가 없었기 때문에 대신 내가 직접 경호원이 되기로 결심했다. 경호원이 된다는 건 그렇게 어렵지 않을 것이라고 생각했다. 언니·동생과 종종 경호원 놀이를 한 적이 있었기 때문이다. 그때 언니는 황제 역할을, 나는 경호원을, 여동생은 황제를 공격하는 나쁜 놈 역할을 맡았다.

"꼼짝 말고 내 칼을 받아라!"

이렇게 소리치며 동생이 나무 칼로 황제의 가슴을 찔렀다. 그러나 칼이 황제의 가슴을 꿰뚫기 직전 내가 나서서 칼을 막으며 이렇게 소리쳤다.

"그렇게는 안 되지, 이 악당 놈아!"

나한테는 꿈이 하나 있었다. 그 옛날 썰매와 마차를 함께 타고 가며 황제의 가족을 지키던 선원처럼 항상 호화스런 리무진과 국가 의 전용 메르세데스 벤츠를 타고 다니면서 국가 요인을 지키는 경호원이 되고 싶었다. 국가 요인이 연설하는 무대에도 늘 함께 서 있고 싶었다. 왕과 황제, 대통령, 교황, 수상, 가수, 영화배우 등 세상의 유명하고 중요한 사람들을 바로 옆에서 바라보며, 늘 그들을 지키고 보살펴 주는 사람이 되고 싶었다.

이런 직업은 조금도 지루할 것 같지 않았다. 늘 새로운 것을 접하고, 외국에 나가 이국의 풍습을 알게 되고, 다른 사람들을 만나니 심심할 일이 없을 것 같았다. 무대 위에서라면 수상 옆이나 대통령 바로 뒤, 그리고 장관 앞에 서서 사람들을 노려본다. 사진 기자들이 몰려오면 태연한 손짓으로 옆으로 밀쳐내고, 방송 카메라가 들이닥치면 그 앞에 떡 하니 가로막고 서서 수상의 부인과 딸이 일반인들의 호기심 어린 시선과 기자들 앞에 노출되지 않도록 한다. 허리춤에는 총을 차고 얼굴에는 검은 선글라스를 쓴다. 마이클 잭슨이 노래하거나 마돈나가 춤을 추는 무대에서도 뒤에 서서 그들을 지킨다. 마돈나가 열성 팬들에게 눌려 샌드위치가 되지 않도록 보호한다. 그리고 암살범이 총을 빼들어 수상을 쏘기 전에 내가 먼저 총을 빼 악당에게 쏜다. 정말 위험한 상황이어서 막을 방법이 없을 때는 수상 앞으로 몸을 던져 대신 총을 맞는다. 이런 직업을 가진다면 클라우디아 쉬퍼나 영국 여왕 같은 유명인사들, 그리고 영화배우처럼 멋있는 남자들을 항상 바로 옆에서 바라보고 지켜 주면서 살아갈 수 있을 것이다. 아마 돈도 꽤 많이 벌 수 있을 것 같았다.

"꿈 깨, 이 멍청아!"

오빠가 내 꿈을 알고 통박을 놓았다.

"경호원은 아무나 되는 줄 아니? 그리고 경호원이 그렇게 멋있는 직업인 것 같아, 이 바보야?"

내 꿈과는 상관없이 현실은 무척 냉혹했다. 경호원은 돈을 벌기는커녕 누구도 알아 주지 않는 직업이었다. 설사 국가 요인을 경호하다 목숨을 잃는다 해도 누구 하나 이름을 기억해 주는 사람도 없었고, 역사책에 기록되는 법도 없었다. 게다가 경호원은 그렇게 낭만적인 직업이 아니었다. 영어로 '보디가드'라고 말해야 좀더 멋있고 비밀스런 일을 하는 사람처럼 들리는 이 직업은 그냥 보통 사람들이 가지는 직업이었다. 그건 경찰관이라는 직업도 마찬가지였다. 남자 경찰이든 여자 경찰이든 특별한 사람이 경찰이 되는 건 아니었다.

하지만 경찰이든 경호원이든 보통 사람들보다는 키가 크고 운동을 잘하고 눈매가 날카로워야 하는 건 사실이다. 교육 과정도 몹시 길고 힘들다. 경호원이 되려면 무엇보다 사격을 잘하고, 자동차 경주 선수 뺨치게 운전을 할 줄 알아야 하고, 탐정 못지 않게 머리가 잘 돌아가야 한다. 그리고 사냥개처럼 위험 신호에 대한 후각이 뛰어나야 하고, 속임수에 쉽게 넘어가서는 안 되고, 사람을 보는 눈도 있어야 한다. 조금이라도 의심스럽고 위험한 사람은 척 보고 알아차려야 미리 위험을 막을 수 있기 때문이다. 경호원들은 어떤 사람의 주머니에 칼이 있는지 없는지 재빨리 알아내는 재주가 있어야 하고, 신중하면서도 겁이 없어야 한다. 그들도 종종 자신의 생명이 걸린 일이기에 겁을 집어먹을 때도 있지만, 의뢰인의 목숨을 구하는 일이라면 불 속이라도 뛰어들 준비가 되어 있다.

그에 비해 나는 어떤가? 총도 쏠 줄 모르고, 엄마·아빠와 형제자매를 위하는 일이라 하더라도 불에 뛰어들 마음은 추호도 없는 사람이다. 게다가 운동 역시 완전히 낙제다. 오빠는 날 달팽이라고 놀리는데, 달팽이처럼 너무 느리게 수영을 한다고 해서 붙인 별명이다. 결국 나는 선원이 아니라 운동 신경이 둔한 여자애일 뿐이다. 그뿐 아니다. 나는 키도 작은 데다가 뚱뚱하기까지 하다. 그리고 토끼 사냥하는 방법도 모르고, 나무에 기어올라갈 줄도 모르고, 저녁이면 너무 피곤해서 침대에 눕자마자 바로 꿈나라에 빠져 버린다. 아빠 말로는 나는 절대 경호원이 될 수 없다고 했다.

"네 몸 하나도 제대로 간수하지 못하면서 어떻게 다른 사람을 지키겠다는 거니?"

어머니 의견은 좀 달랐다. 어머니 생각으로는 경호원이라면 우선 예의가 바르고 매너가 있어야 한다고 했다. 그렇지 않으면 어떻게 격식을 차리는 곳에 데려갈 수 있겠냐는 것이었다. 만일 연회에서 정치인들 옆에라도 앉게 되면 최소한 나이프와 포크 잡는 법은 알고 있어야 하고, 또 무슨 음식이 나오든 불평하지 않고 묵묵히 먹을 줄도 알아야 한다고 했다. 악수하는 법이나 냅킨으로 입을 훔치는 방법을 익히는 것은 기본이었다.

"하지만 넌 어떠니? 아직까지 냅킨도 제대로 사용할 줄 모르지 않니?"

그리고 경호원들은 조용히 뒤에 서서 엉터리 같은 질문들은 던지지 않는다. 질문 같은 건 아예 하지 않는 게 제일 좋고, 쓸데없는 일에 간섭도 하지 않는다. 경호원은 조용하고 무덤처럼 말이 없다.

"그런데 넌 어떠니? 너와 네 언니·오빠·동생들은 아침부터 저녁까지 수다를 떨고 그것도 모자라 나중에는 이것저것 간섭이나 하면서 불평을 늘어놓지 않니? 훌륭한 경호원은 절대 불평을 늘어놓지 않아. 입도 무겁고 참을성이 강해야 돼. 너처럼 말이 많아서는 경호원이 될 수 없어. 경호원은 죽을 때까지 비밀을 지킬 줄 알아야 돼. 가만히 보면 경호원도 국가를 위해 일하는 사람인데, 만일 입이 가벼워서 자기가 들은 것을 쉽게 떠벌리고 다니면 큰일나지 않겠니? 곳곳에 스파이들이 있을 뿐 아니라 자칫 기자들이라도 들어봐. 당장 다음날 신문에 대서특필될 거야!"

무엇보다 경호원은 잘 기다릴 줄 알아야 한다. 정치인들의 일이란 대개 시간이 많이 걸리는데, 민주 사회에서는 어떤 문제에 대해 합의가 이루어지기까지 토론하고 협상하는 절차가 끝없이 이어지기 때문이다. 의사당 안에서는 정치인들이 연설을 하고 격론을 벌이고 투표를 하고 또다시 연설을 한다. 그러나 밖에서는 경호원들이 계단 주위에서 정치인들을 기다린다. 기다리면서도 눈과 귀는 항상 열어 두고 있어야 한다. 절대 조는 일이 있어서는 안 된다. 대신 책을 읽거나 카드놀이를 하거나 낱말 맞추기를 하거나 음악을 들으면서 시간을 보낸다. 아마 집으로 전화를 걸어 벌써 며칠 동안 만나지 못한 아내나 남편과 통화하기도 할 것이다. 하지만 이럴 때에도 경호원은 항상 침착하고 평정을 유지하고 있어야 한다.

엄마가 이런 말씀을 하신 데에는 다 그럴 만한 이유가 있다. 우리 남매는 모두 입이 가볍고 참을성이 없기 때문이다. 우리는 남들이 우리에게 뭐라고 하는 말을 귀담아 들으려 하지 않았다. 하지만 경호원들은 어떤 이야기라도 묵묵히 듣고 견뎌낸다. 이를테면 수상이 집에서 좋지 않은 일로 기분이 상해 있다든지, 공주들이 서로 다투었다든지, 아니면 마돈나가 만성 두통으로 신경질적인 증세를 보인다 하더라도 말이다. 원래 유명 인사들은 문제가 많은 법이다. 경호원들은 자신이 보호하는 사람에 대해 모든 것을 알게 된다. 그들이 무슨 음식을 좋아하는지, 밤에 무슨 악몽을 꾸는지 등에 대해서도 말이다. 이래서 경호원들은 종종 자신이 보호하는 사람에 대해 그들의 가족보다 더 많이 알게 되기도 한다.

경호원들은 매년 여름이면 휴가도 자신들이 경호하는 사람과 함께 떠나야 한다. 휴가지에서도 항상 위험이 도사리고 있기 때문이다. 그렇기에 경호원들에게는 외국으로 휴가를 가더라도 즐거움을 누리거나 기분 전환 같은 건 꿈도 꿀 수 없다. 매년 같은 장소로 휴가를 가서 늘 같은 호수에서 낚시를 하는 왕과 수상과 장관들이 있는데, 그럴 경우의 지루함이란 이루 말로 표현할 수가 없다. 그럼에도 경호원들은 그 옆에 조용히 앉아 아내와 아이들에게 엽서를 쓰거나 아니면 낚싯바늘을 가만히 들여다보며 인내한다. 옛날 러시아의 황태자를 지키던 선원처럼 말이다. 그런데 그 선원이 황태자를 그렇게 끔찍하게 보살폈던 것은 그를 좋아했기 때문이었는데, 그런 점에서는 오늘날의 경호원과는 약간 다르다는 생각이 든다.

엄마는 왜 이런 이야기를 내게 했던 것일까? 아마 내가 어느 날 정말 경호원이 되겠다고 폭탄선언이나 하지 않을까 걱정하셨던 것 같다. 엄마는 그전에 역사와 정치계에 나오는 위대한 사람들에 대한 책을 읽다가 그들을 지키는 경호원이 얼마나 위험한 직업인지 깨달으셨던 게 분명하다. 로마제국의 카이사르 황제는 영화에서처럼 뒤에서 칼을 맞아 숨졌고, 미국의 케네디 대통령은 차를 타고 가다가 저격을 당했다. 그밖에 납치된 요원을 구하려다 경호원들까지 몽땅 목숨을 잃고 만 이야기를 읽으셨던 것 같다. 이러한 이야기는 실제로 있었던 일이다. 그만큼 경호원이라는 직업은 위험하다.

그러나 이런 끔찍한 사고란 매우 드물게 일어난다. 보통 경호원들의 생활은 앞서 말한 것처럼 기다림에서 시작해서 기다림으로 끝난다. 그러나 다른 사람들과는 달리 늘 일정한 장소에서 기다리는 것이 아니다. 정치인들이 계속 움직이기 때문이다. 어쨌든 나는 어렸을 때 경호원이 매일 아침 회사로 출근하는 아빠나 매일 오후 아이들이 학교에서 돌아오기만을 기다리는 엄마보다 훨씬 더 나은 직업이라고 생각했다.

그럼에도 나는 경호원이 되지 못했다. 아쉽게도 161센티미터인 내 키는 경호원이 되기에는 너무 작았다. 나중에 나이프와 포크를 제대로 사용할 줄은 알게 되었지만, 여전히 운동에 재능이 없었고, 자동차도 필요할 때만 타고 다닐 정도로 운전에 서툴렀다. 게다가 나는 쉽게 폭발하는 기질이었는데, 사람들과 말다툼을 할 시간조차 없는 경호원에게는 어울리지 않는 성격이었다. 경호원은 중요한 일과 중요하지 않은 일을 즉각 구별할 줄 알아야 하고, 중요하지 않은 일로 괜히 시간을 낭비하는 일이 없어야 한다. 그밖에 나는 총도 쏠 줄 몰랐고, 밤에 나다니는 것조차 무서워했다. 이런 사람이 무슨 경호원이 되겠는가!

결국 나는 꿈만 꿨던 셈이다. 하지만 나는 아이들에게 '황태자와 선원' 이야기를 해 주는 걸 좋아한다. 끊임없이 황태자의 목숨을 구하는 경호원이 멋있게 보였던 것이다. 그런데 내 이야기를 들은 조카는 재미있는 이야기이기는 하지만, 자신은 경호원이 되고 싶지 않다고 했다. 자기 자신보다 더 중요한 사람과 항상 같이 있어야 하는 게 싫다고 했다. 조카는 차라리 자신이 경호원을 두는 직업을 선택하고 싶다고 했다. 왕이나 황제 아니면 최소한 수상이라도 말이다.

임금님 만세

신하에서 국민으로

스벤 쿤체(Sven Kuntze)

지금으로부터 250년 전 남자들이 머리 장식으로 가발을 쓰고 다니고, 여자들이 둥근 테를 넣은 속치마를 입던 시절에는 대다수의 사람들이 신하였다. 그들이 모시던 주인은 둘이었다. 평일에는 왕이었고, 일요일에는 세상의 창조주인 신이었다. 이 두 주인은 인간에게 자유를 별로 허용하지 않았다. 고작해야 자기가 신을 양말이나 마음대로 고를 수 있을 정도였다.

성 안에는 왕이 살고,
성문 밖에는 신하와 시종과 시녀들이 살도록
하나님이 미리 그렇게 마련해 두었도다.

당시의 신교 목사들은 대개 이런 말로 옛 질서를 열렬하게 옹호했다. 그러나 그러한 질서는 너무 단조로웠고 오래갈 수가 없었다. 신과 제후들에게 예속되었던 백성들은 폭동을 일으켰고, 수년 동안 집권세력과 투쟁을 벌인 끝에 마침내 우위를 차지했다. 그들은 성으로 쳐들어가 왕을 몰아내고 자신들의 운명을 스스로 선택할 수 있게 되었다. 이로써 왕들은 역사의 뒤안길로 사라졌다. 물론 요즘도 매일 대중 연예지에 등장하는 몇몇 왕들은 빼고 말이다. 신 역시 슬그머니 교회 안으로 숨어 들어가 이제는 매주 일요일에 신도들을 기다리는 처지가 되었다. 신과 왕의 퇴장과 함께 새로운 인간이 탄생했다. 바로 '국민'이다.

처음에는 많은 사람들이 신과 왕의 편안한 품에서 떠나는 것을 불안하게 여겼다. 과거에는 세금만 내고, 시키는 대로 일하고, 입만 다물고 있으면 됐는데, 국민이 되고 난 뒤부터는 스스로 알아서 할 일이 많아졌다. 그래서 어떤 사람들은 쫓겨난 왕을 찾아가 다시 자신들을 다스려 줄 것을 간곡히 요청하기도 했다. 그러나 왕의 결정은 단호했다. "너희들은 너희들 입으로 민주당원이라고 했다. 그러니 이제부터 너희 일은 너희가 알아서 하라!" 이제 과거의 왕도 자신의 의무를 다하고 권리를 요구할 수 있는 똑같은 한 사람의 국민이 되었다.

국가는 국가를 위해 존재하는 것이 아니다. 국가는 비싼 돈을 내는 국민들에게 봉사할 의무가 있다. 때론 공무원들 가운데 이 사실을 잊고 있거나, 아니면 이 사실을 정반대로 알고 있는 사람들이 있다. 그런 용감한(?) 공무원들에게는 당연히 따끔한 맛을 보여 주어 누가 주인인지 깨닫게 해 주어야 한다.

국가는 도로를 건설하고, 연금을 나눠 주고, 댐을 짓고, 자녀 양육비를 지급하고, 법률을 제정하고, 언론의 자유를 보장하는 등의 일을 체계적으로 관리하고 운영할 책임이 있다. 그밖에 국가는 국민 한 사람 한 사람을 보호하는 데 최선의 노력을 기울여야 한다. 얼마 전 독일 국적의 한 가족이 필리핀에서 납치 당한 사건이 있었다. 그때 우리 정부는 몇 주 동안 백방으로 뛰어다니면서 납치당한 사람들이 무사히 돌아오게 하였다.

만일 독일 국적을 가진 사람이 외국에서 자동차나 지갑, 수표 혹은 여권을 잃어버렸다면 그 나라에 주재하는 독일 대사는 즉각 곤궁에 처한 우리 국민이 안전하게 고향으로 돌아갈 수 있도록 모든 조처를 다한다. 이것은 과거의 왕들과 비교하면 하늘과 땅 차이다. 왕들은 자신의 신하가 외국에서 어려움을 겪어도 구할 생각조차 하지 않았다.

이처럼 자신의 국가를 가지고, 국적을 취득한다는 것은 무척 합리적이고 매력적으로 보인다. 국가를 갖고 있지 않은 사람은 불쌍하다. 집이 없는 사람이나 마찬가지기 때문이다. 집 없는 사람이 어디서 편한 잠을 자고 편한 밥을 먹겠는가? 그러나 이런 집을 갖는 데는 비용이 든다. 국가가 국민을 위해 뭔가 하기 위해서는 돈이 있어야 하고, 국민은 그 돈을 세금으로 내야 한다. 오늘날의 국가에 비하면 과거의 왕들은 퍽 적은 비용을 지출하는 편이었다. 왕들은 백성들을 위해 해 주는 것이 거의 없었다. 기껏해야 오늘날 관광객들의 눈을 즐겁게 해 주는 화려한 성이나 지을 줄 알았다.

국가 역시 인간의 손으로 만든 것이기 때문에 인간이 하는 다른 모든 일처럼 실수투성이다. 아니, 국가가 저지른 실수를 일일이 열거하자면 끝이 없을 정도다. 국민이 피땀 흘려 낸 세금을 착복하는 일에서부터 무수한 시행착오, 부패, 실수 감추기, 뒷돈을 받아 챙기면서 자기들끼리 싸우기에만 열을 올리는 정치인들, 그리고 가장 추악한 경우인 위험한 전쟁놀음에 이르기까지 수도 없이 많다.

그래서 국민들은 국가가 잘못을 저지르지 않도록 철저하게 감시할 필요가 있다. 그렇지 않으면 모든 피해가 국민들에게 고스란히 되돌아온다. 흥청망청 쓴 세금은 결국 국민들의 주머니를 털어서 채워야 하고, 도시계획이 잘못 되면 거기서 살아야 하는 시민들이 고통을 겪어야 하며, 전쟁이라도 일어나면 우리의 아이들은 굶주림에 시달릴 수밖에 없을 것이다.

가장 쉽게 국가의 활동을 감시할 수 있는 방법은 4년마다 한 번씩 실시되는 선거에 참여하는 것이다. 물론 자신이 직접 선거에 나올 수도 있다. 그러나 그것은 무척 시간이 많이 드는 일이다. 어떤 사람들은 국가의 정책과 다른 대안을 제시하는 시민운동 단체에서 활동하기도 하고, 다른 사람들은 시위를 통해 정부의 시책에 반대하기도 한다. 그밖에 국가의 힘이 미치지 않는 영역에서 자원봉사를 함으로써 국가의 활동을 도울 수도 있다. 예를 들어 맞벌이 부부를 위한 보육원에서 자원봉사를 한다든지, 전쟁 지역의 주민들을 위해 헌옷을 모아서 보낸다든지, 아니면 성탄절에 양로원을 찾아가 가족이 없는 노인들을 위해 공연을 한다든지 하는 방법이 있을 것이다. 이처럼 국가를 도울 수 있는 방법은 국가가 저지르는 실수만큼이나 많다.

이처럼 어떤 형태로든 참여하는 것은 좋은 국민이 되기 위한 필수조건이다. 좋은 국민이 좋은 국가를 만들고, 게으른 국민이 나쁜 국가를 만들기 때문이다. 우리가 국가를 어떻게 만드느냐에 따라 우리가 들어가서 살 집이 바뀌게 되는 셈이다. 국가란 '조심스럽게 울타리에 가둬 놓고 길러야 하는 괴물'이다. 만일 잘못 기르게 되면 그

괴물은 언제라도 뛰쳐나와 도리어 우리를 잡아먹을 것이다. 만일 독일 국민이 1920년대와 1930년대에 바이마르공화국[*]을 몰아내지 않고 계속 지지했더라면, 히틀러의 나치와 제2차 세계대전 같은 참상을 겪지 않았을지도 모른다.

1960년대의 미국인들도 이런 일을 겪었다. 그들은 자신들의 나라가 베트남전쟁에 끌려 들어가는 것을 오랫동안 무심코 방관하고 있었다. 그 결과 5만 8천여 명의 미국인과 300만 명의 베트남인이 전쟁에서 죽었다. 당시 미국인들은 자신들의 정부가 얼마나 위험하고 터무니없는 모험을 감행하고 있는지 오랫동안 자각하지 못하고 있었다. 뒤늦게나마 어리석은 꿈에서 깨어났을 때 그들은 수십만씩 거리로 뛰쳐나가 정부의 무모한 전쟁 정책에 항의함으로써 종전을 이끌어냈다. 이것은 사회 참여가 우리 모두의 평화를 위해 가장 확실한 투자임을 잘 보여 주는 예다. 아무것도 하지 않으면서 불평만 늘어놓는 사람들은 사회가 자기 뜻대로 되지 않는다고 놀라거나 투덜대서는 안 된다. 가만히 생각해 보면 모든 게 자기 탓이기 때문이다.

하지만 혼자서는 많은 일을 할 수 없다. 이것은 분명하다. 그 때문에 시민들은 힘을 합쳐야 한다. 말을 탄 배달부가 우편물을 전하고, 소리를 쳐서 사람들을 끌어모으는 게 고작이었던 시절에는 백성들이 힘을 합치기가 무척 어려웠을 것이다. 그럼에도 우리 조상들은 힘을 모아 제후와 병사들과 살랑거리는 간신들을 물리쳤다. 더구나 요즘처럼 전화와 인터넷이 존재하는 시대에는 사회적 불행을 막기 위한

---

[*] 제1차 세계대전 뒤에 성립되어 히틀러의 등장과 함께 무너진 독일 공화정 체제를 말함.

공동의 노력이 한결 더 수월해진 느낌이다.

　최근에 정치인들은 국민들이 시민적 용기를 더욱 많이 발휘해 줄 것을 요구하고 있다. 그들은 길거리나 술집 혹은 어두운 광장이나 골목길에서 자행되는 온갖 폭력을 경찰의 힘만으로 막는 것은 불가능하다며 불의에 맞서 싸울 수 있는 시민적 용기를 촉구하고 나섰다. 피부색이 검다는 이유로 세네갈인이 빡빡머리들*에 의해 짓밟히고 있으면 혼자서라도 그를 도와 주어야 한다는 것이다. 실제로 그런 일이 있으면 그 도시의 시장은 시민의 의로운 행동을 칭송하고, 정치인들은 안전한 기자회견장 안에 앉아 국민들에게 그 사람의 시민적 용기를 본받을 것을 촉구한다. 그 시민은 빡빡머리들과 싸우느라 이마가 터지고 눈에 멍이 들고 척추가 부러졌는데도 말이다. 물론 불의에 맞서 싸운 그 시민의 행동은 충분히 존경받을 만하다. 하

＊ '스킨헤드'라 불리는 독일의 인종 극우자들을 일컬음.

지만 폭력을 행사하는 사람들에 맞서 싸우는 건 국가가 해야 할 일이다. 우리 같은 일반 시민들은 외국인이나 노숙자들 때문에 우리나라가 위태로워진다고 생각하는 그런 어리석은 사람들을 그저 말로써 차분하게 설득할 수 있을 뿐이다.

그럼, 국적은 어떻게 취득할 수 있을까? 여러 나라들을 놓고 자신이 원하는 곳을 자유롭게 선택할 수 있다면, 그것은 가장 바람직한 방법처럼 보일 것이다. 그렇게 되면 각 국가들은 정말 국민을 위해 열심히 일할 것이다. 조금이라도 마음에 들지 않으면 국민들은 즉시 다른 나라로 가 버릴 테고, 세금을 내는 국민이 없어지면 국가 역시 손님 없는 가게와 마찬가지로 문을 닫을 수밖에 없기 때문이다.

과거에는 이런 일이 실제로 있었다. 19세기 중반 슈바벤, 작센, 튀빙엔 지방의 200만 주민들은 가재도구들을 챙겨서 대서양을 건너 아메리카로 가 버렸다. 그 지방을 다스리던 제후들이 백성들의 살림살이에는 전혀 관심을 기울이지 않았던 탓에 그대로 고향에 있다가는 굶어죽기 딱 알맞았기 때문이다. 오늘날 통일 독일로 편입된 동독의 경우도 이와 비슷했다. 과거 동독은 주민들이 도망가는 것을 막기 위해 국경 둘레에 높은 담을 세우고 넓은 무인 중립지대를 설치했다. 40년간의 경제 파탄으로 동독의 고위 당국자들조차 이대로는 국가가 계속 유지될 수 없다는 사실을 깨닫고, 마침내 조용히 역사 속으로 퇴장했다.

그러나 이런 예외적인 경우를 제외하면 국적은 사람들이 마음대로 선택할 수 있는 것이 아니다. 여기엔 전혀 다른 원칙이 적용된다. 미국과 몇몇 유럽 국가들은 자국 땅에서 태어난 모든 사람들에게 국적을 준다. 그에 비해 독일과 같은 나라에서는 원칙적으로 부모가 독일인이거나 아니면 부모 중 한 쪽이 독일인일 경우에만 국적이 주어졌다. 그런데 얼마 전부터는 외국인이라도 부모가 독일에 이미 상당히 오래 살았고, 독일에서 태어났을 경우 독일 국적을 취득할 수 있게 되었다. 그런 외국인 자녀들은 만으로 열여덟 살이 되는 해에 독일 국적을 취득할 것인지 아니면 다른 국적을 가질 것인지 최종 결정을 내려야 한다.

예를 들어 쾰른에 한 터키 소녀가 살고 있다고 치자. 소녀의 조부모는 상당히 오래 전에 독일의 자동차 공장에서 부품 조립일을 하기 위해 이곳으로 이주해 왔고, 소녀의 부모 역시 독일에 정착하면서 터키인들에게 인기가 좋은 술집을 차렸다. 이 소녀는 독일에서 태어나 독일에서 학교를 다녔고, 그래서 모국어인 터키어보다 독일어를 더 잘한다. 또한 터키에 대해서 아는 것이라고는 어른들로부터 전해 들은 이야기나 가끔 방학 때 방문한 기억이 고작이다. 그럼에도 이 터키 소녀는 열여덟 살 때까지는 계속 터키인으로 남아 있을 수밖에 없다.

독일인들은 독일 국민이 된 것을 매우 감사하고 소중하게 여긴다. 독일인들이 다른 나라들에 비해 훨씬 늦게 신하에서 국민으로 바뀌었기 때문이다. 독일인보다 훨씬 먼저 신하에서 국민이 되었던 영국인과 미국인과 프랑스인들은 상대적으로 국가에 대해 별다른 환상이 없고, 국가를 그저 공적이고 사무적인 일을 하는 곳으로만 생각했다. 그러나 독일인들은 뒤늦게 세워진 자신들의 국가를 엄한 아버지를 바라보듯 늘 우러러보았다. 그래서 아무에게나 국적을 주지 않고, 독일민족에게만 부여하게 된 것이다.

대략 50년 전부터 우리는 외국인 노동자들을 국내로 불러들이기 시작했다. 제2차 세계대전으로 수많은 독일 젊은이들이 전사했던 탓에 당시 독일엔 복구에 나설 젊은 남자들이 그리 많지 않았기 때문이다. 이렇게 외국에서 불러온 사람들을 '손님 노동자'라고 불렀다. 점잖은 손님들처럼 그들 역시 우리 땅에 일정 시간 머문 뒤에 다시 떠나가리라고 생각했다. 그러나 그들 역시 보통 사람이었고, 보통 사람처럼 살았다. 그들은 집을 샀고, 결혼을 했고, 아이를 낳았다. 나중에 고향으로 다시 돌아간 사람들도 있지만, 많은 사람들이 그대로 남았다. 오늘날 그 자손들 가운데 세르비아인들은 양로원에서 거동이 불편한 우리의 할아버지 할머니들을 돌보면서, 터키인들은 독일의 자동차를 조립하면서, 이탈리아인들은 주점이나 음식점을 경영하면서, 파키스탄인들은 야간 운전을 하면서 독일을 돕는다. 그들은 독일의 학교에서 독일어를 배우고, 세금을 내고, 독일의 연금 재정에 보탬을 주고, 독일의 법을 지킨다.

이것으로 독일 국민이 될 수 있는 자격을 충분히 갖춘 셈이다. 그럼에도 국가는 그들에게 독일 국적을 주는 데 무척 인색하다. 그들이 독일인보다 '독일적'이지 않다고? 그게 그렇게 중요할까? 그들역시 질서를 잘 지키고 근면하고 성실하다. 오히려 독일인들은 점점더 반대로 변하고 있는데 말이다. 독일의 풍습은 각 지방마다 다르고 다양하다. 바이에른의 민속춤과 라인 지방의 카니발 그리고 프리슬란트 지방의 선원이 부르는 노래 등은 매우 다르다. 그러나 이러한 다름은 차별이 아니라 문화적 다양성의 토대가 된다.

자칭 배웠다는 사람들은 독일인이라면 당연히 독일의 대표적인 작가나 사상가들의 정신에 고취되어 있어야 한다고 주장한다. 다시말해서 괴테와 칸트 그리고 토마스 만의 작품을 읽고 거기에서 깊은 감동과 감화를 받은 사람이라야만 독일인이라는 것이다. 그런 식으로 따지면 오늘날 제대로 된 독일인은 거의 없을 것이다. 일부 교수나 교사들 그리고 학자들만 빼고 말이다. 하지만 국가란 그들로만 이루어지는 것이 아니다.

북적대는 해수욕장처럼 독일에 사람들이 너무 많다며 이제 다른 외국인들이 들어오지 못하도록 그만 문을 닫아걸어야 한다고 생각하는 사람들도 제법 있다. 하지만 좀더 자세히 들여다보자. 해변에는 사람이 많지만 아이들이 노는 얕은 풀장은 썰렁하다. 아이들이 없는 것이다. 이것이 독일의 현실이다. 이제 독일이라는 해수욕장에는 젊은 세대가 점점 줄어들고 있다. 아마 가까운 장래에는 독일로 이주해 들어오는 사람들에게 감사해야 할지도 모른다.

독일인은 금발머리에다
정확하고, 무뚝뚝한 것이 매력이라.
대개 놀 줄도 모르고 진지하기만 한데,
겨드랑이엔 늘 괴테를 끼고 다니네.

이것은 꽤 오래 전에 한 통속 작가가 노래한 시 구절이다. 실정과 맞지도 않고 서툰 표현임에도 많은 사람들이 이것을 사실로 믿고 있다. 그러나 사람들이 믿는다고 해서 현실인 것은 아니다.

부질없이 독일인들이 남들과 무엇이 다른지를 고민하는 것보다 차라리 가슴을 열고 남들과 같은 점이 무엇인지를 찾아내는 일이 훨씬 더 쉽고 생산적인 것 같다. 누구나 마음껏 먹길 좋아하고, 호탕하게 웃고 싶어하고, 음악을 좋아하고, 자연을 즐기고, 요란하게 다리를 흔들며 신나게 춤추길 좋아한다. 이것은 같은 나라에서 함께 일하고 함께 사는 데 매우 중요한 기반이 된다. 숱이 많은 검은머리든 성긴 금발머리든, 아니면 검은 피부든 흰 피부든, 뚱뚱하든 말랐든, 그런 건 중요하지 않다.

엄밀하게 이야기해서 독일에 들어와 살려는 외국인들에게 감사해야 한다. 그들로 인해 독일인들의 삶은 더욱 다채로워지고 풍성해진다. 외국인들은 독일인들에게 새로운 풍습을 가르치고, 독일인들의 식생활을 더욱 풍요롭게 한다. 독일인들이 그들과 선을 긋고 멀리할수록 자신의 땅에서 더욱 이질적인 존재가 되고 말 것이다.

독일 정부는 최근에 국적을 취득하는 조건을 한결 완화했다. 새로 제정된 법은 예전보다 한 단계 진일보한 것임에 틀림없지만 정치는 여전히 천당과 지옥을 계속 오가고 있다. 마치 한 발로 불안하게 깡충깡충 뜀뛰기를 하고 있다고나 할까?

국가는 국적 문제말고도 처리해야 할 일이 수없이 많다. 독일 사회뿐만 아니라 이 지구상의 모든 사회는 일종의 거대한 공사장이다. 시공 회사는 국가이고, 우리는 모든 것을 더 자세히 알 권리와 날림 공사가 될 소지가 있을 경우 지체 없이 개입해서 바로잡을 의무가 있는 감시인들이다. 이것이 200년 전 목숨을 내걸고 신하에서 국민이 되었던 선조들이 우리에게 남긴 진정한 유산이다.

나라에 부치는 연애 편지

헌법은 왜 필요하고 어떻게 만들어질까

헤리베르트 프란틀(Heribert Prantl)

　사랑에 빠지면 연애 편지를 쓰고, 학교에서 과제를 내주면 숙제를 하고, 겪은 것을 기억해 두고 싶으면 일기를 쓰고, 중요한 것을 빨리 전달하고 싶으면 문자 서비스를 보내고, 같은 반 친구가 문집을 만든다고 하면 시를 써서 준다. 그런데 헌법은 언제 필요하고 왜 만드는 것일까?

　헌법은 아주 특별하다. 연애 편지, 숙제, 일기, 문자 서비스, 문집을 하나로 뭉쳐 놓았다고 할 수 있다. 헌법이란 어떤 때에는 일기에 가깝지만, 어떤 때에는 문자 서비스에 더 가깝다. 그것은 헌법이 만들어질 당시의 국가가 어떤 상황에 처해 있느냐에 따라 달라진다. 과거에는 혁명의 시기가 여러 번 있었다. 그럴 때마다 왕과 제후들이 물러나고 헌법이 새로운 국가 질서의 틀이 되었다. 그리고 왕과 제후들이 새로운 헌법으로 옛 질서를 복원하려고 시도한 시대도 있었다. 그럴 때마다 왕과 제후들은 자신들의 권력을 약간 줄이고 백성들에게는 어느 정도 권리를 허용했다.

헌법은 연애 편지처럼 종류가 많다. 마치 귓전으로 계속 종소리가 울려 퍼지는 것처럼 열광과 격정과 감격 속에 씌어진 헌법들이 있다. 독일의 첫 헌법이 그렇다. 1848년 독일 민주주의자들은 왕과 제후와 그들의 군대에 맞서 격렬하게 싸웠고, 마침내 1849년 독일 국민의회는 민족의 이름으로 프랑크푸르트 성 바울 교회에서 처음으로 헌법을 제정하였다. 이런 헌법말고 희망과 절망이 뒤섞인 상태에서 씌어진 헌법들도 있다. 연애 편지로 치자면 사랑의 환희와 절망이 동시에 담겨 있는 편지일 것이다. 제2차 세계대전이 끝나고 독일 전체가 잿더미 상태에 처해 있던 1949년에 제정된 '기본법'이 바로 그것이다.

개중에는 헌법을 각 나라마다 수천 개씩 존재하는 수많은 법률들 가운데 하나로 알고 있는 사람들이 있다. 노동법, 교육법, 형법 혹은 운전 면허나 혼인에 관한 규정을 담은 법률들과 비슷한 종류이겠거니 하는 것이다. 그러나 헌법은 매주 연방의회에서 가결되고 수정될 수 있는 여느 법이 아니라, 모든 다른 법률들의 토대가 되는 법이다. 우리는 독일 헌법을 '기본법'이라고 부르는데, 이 이름을 통해 헌법의 역할과 기능을 더 분명히 알 수 있다. 모든 법의 뿌리가 되는 기본법은 다른 법률들과는 달리 쉽게 바꿀 수가 없다. 보통 다른 법률들은 재적 의원의 과반수로 가결되고 변경되는 반면, 기본법은 재적 의원 2/3와 재적 연방 참의원 2/3의 찬성이 있어야만 바꿀 수 있다.*

---

* 독일은 연방의회(하원)와 연방 참의원(상원)으로 구성된 양원제로 운영됨. 국민의 손으로 직접 뽑은 대표인 연방의회의 힘이 더 셈.

그러나 헌법에는 무슨 일이 있어도 바꿀 수 없는 조항이 있다. 예를 들면 인간의 존엄에 관한 규정을 담은 기본법 제1조와 국가체제의 기본 원칙들을 규정한 기본법 제20조가 그것이다. 제20조에는 이렇게 적혀 있다.

"독일연방공화국은 민주적·사회적 법치국가다. 모든 국가 권력은 국민으로부터 나온다."

이 조항들은 헌법에도 분명히 명시되어 있듯이 결코 흔들리거나 수정되어서는 안 되고 영원히 지속되어야 한다. 이는 연인들끼리 굳게 약속하는 '사랑'에 대한 맹세보다 훨씬 더 영원하다. 연인들의 사랑에 대한 맹세란 길어야 몇 달 혹은 몇 년이 고작이기 때문이다.

헌법은 국민이 국가에 쓰는 연애 편지다. 국민은 이 편지에서 자신이 나라에 무엇을 바라고, 자신과 정부가 나라를 위해 무엇을 하고 싶고, 무엇을 해야 하는지를 적는다. 가장 중요한 내용은 대개 첫 문장에 나오듯 이 연애 편지의 첫 문장도 문자 서비스처럼 매우 짧게 압축되어 있다.

"인간의 존엄은 침범할 수 없다."

독일 헌법에 제일 처음 나오는 이 내용은 가장 중요한 문장이기에 '기본권'이라 불린다. 종종 헌법에 적힌 문장들은 시처럼 매우 아름답고 함축적이며 문학적이다. 그래서 헌법을 가리켜 모든 국민들을 위한 문집이라고 부르기도 한다.

그러나 독일 기본법은 그렇게 시적이지 않다. 그것은 기본법이 탄생할 당시의 시대 상황이 미사여구로 치장할 만큼의 여유가 없고 힘들었다는 것을 뜻한다. 기본법이 제정될 당시 독일인들 가운데에서 이에 환호하며 우쭐하는 사람은 아무도 없었다. 전쟁이 끝난 지 불과 몇 년밖에 지나지 않았을 뿐만 아니라 대부분의 독일인들은 지난 시절 자신들이 얼마나 추악한 범죄자들을 지도자로 추종했는지 그리고 히틀러와 나치가 얼마나 끔찍한 범죄를 저질렀는지 충분히 깨닫고 있었던 것이다. 그래서 기본법은 인간을 경멸하고 탄압했던 시절을 되돌아보면서 유대인이라는 이유 하나만으로 수백만의 인간을 학살했던 그 시절을 반성했다. 이런 점에서 독일의 기본법은 자신의 잘못을 되씹어 보는 일기에 가깝다. 기본법은 반성을 통해 모든 인간에게 똑같은 권리가 있다는 사실을 인정하기에 이르렀다.

"인간은 성, 혈통, 인종, 언어, 고향, 출신, 신앙, 그리고 종교적·정치적 신념 때문에 차별을 받아서는 안 된다."

기본법 제3조에 명시된 내용이다. 그리고 기본법은 모든 재판부에 이러한 원칙들이 제대로 지켜지는지 감시할 임무를 맡겼다. 그 중에서 가장 큰 임무를 맡은 곳이 바로 칼스루에에 설치된 헌법재판소다. 그 외에 기본법은 독일이 다시 한 번 잘못된 길로 빠져들지 않도록, 즉 다시는 독재자가 국가의 권력을 잡는 일이 없도록 여러 규정들을 제정했다.

그런데 제2차 세계대전에서 패전한 독일인들은 이러한 생각을 자발적으로 하지는 못했다. 온 나라가 연합군의 폭격으로 파괴되고, 많은 도시들이 잿더미로 바뀌었으며, 전국민이 굶주림과 궁핍으로 고통받던 시절에 어떻게 그런 데 생각이 먼저 미칠 수 있었겠는가? 대부분의 사람들은 독일이라는 국가를 어떻게 새로 조직하느냐 하는 것보다 현실적인 굶주림을 어떻게 해결하느냐 하는 문제에 더 큰 관심을 가지고 있었다. 먹고사는 문제가 무엇보다 절박했던 것이다.

하지만 미국, 영국, 프랑스 같은 전승국들의 입장은 달랐다. 그들은 독일이 다시는 예전과 같은 범죄를 저지르지 못하도록 국가의 기틀을 다시 짜는 데 최우선 과제를 두었다. 그래서 민주주의와 인권을 중시하는 새로운 헌법을 독일인들 스스로 만들도록 했다. 이렇게 해서 기본법은 제2차 세계대전의 전승국들이 서독의 정치가들에게 맡긴 일종의 숙제와 같은 것이 되었다. 숙제를 해본 사람들은 모두 알겠지만, 남의 것을 보고 참조하기는 쉬운 법이다. 독일의 기본법도 그렇게 만들어졌다.

과거 독일에는 기본법이 참조할 만한 민주적 헌법이 두 개 있었다. 제1차 세계대전 직후에 탄생한 '바이마르 공화국 헌법'(바이마르에서 제정되었다고 해서 이런 이름이 붙었다)과 1849년 독일의 혁명적 민주주의자들에 의해 만들어진 '제국 헌법'이었다. 그밖에 나치에 의해 탄압을 받았던 수많은 정치인들 가운데에는 전쟁 동안에 장차 이 나라의 기틀을 어떻게 새로 짤 것인가를 두고 숙고해 온 사람들이 있었다. 히틀러와 나치 제국의 탄압에서 살아남은 그들은 전쟁이 끝나자 새로운 헌법을 구상하며 헌법 제정에 참여했다.

이들은 1948년 9월 1일 본에서 만났다. 그러나 전쟁으로 황폐해진 독일에는 큰 회의장이 없었기 때문에 그들이 모인 곳은 퍽 특이한 장소였다. 곰, 침팬지, 고릴라들 사이로 독일 각 주의 휘장이 걸렸고, 이어 기본법 제정 작업에 들어갔다. 이렇게 이야기를 하면 마치 의회 대표단이 동물원에서 모였나 하고 생각할 수도 있을 것이다. 그러나 사실은 그렇지 않다. 동물들은 살아 있는 동물이 아니라 박제였고, 장소는 다름 아닌 쾨니히 박물관의 포유류 전시실이었다.

세계 각지에서 수집한 각종 동물 표본, 멸종한 공룡과 거대한 새들의 뼈, 포장지로 가린 매머드 해골, 그리고 당구대 위에 까는 녹색

천으로 덮은 두 마리 기린 등이 주위에 도열해 있었다. 그런데 당구대 천으로는 기린의 긴 목을 다 가리지 못해서 마치 기린 두 마리가 고개를 비죽 내민 채 의아한 표정으로 중요한 국사 결정 장면을 내려보고 있는 모습이 연출되기도 했다. 바로 이런 곳에서 독일 기본법을 제정하는 작업이 시작되었다. 당시 이 자리에 참석했던 의회 대표들 가운데 가장 유명한 인물 중의 한 사람인 카를로 슈미트가 회고록에서 밝혔듯이 아마 꽤나 '처량한' 광경이었을 것이다.

한 나라의 기초를 세우는 헌법을 이렇게 괴상한 장소에서 만든 나라는 아마 독일말고는 지구상 어디에도 없을 것이다. 그날의 분위기는 숙연했다. 좋은 뜻을 갖고 모이기는 했지만, 마음 한 켠에는 뭔가 개운치 않은 구석이 있었다. 정말 제대로 된 헌법을 만들 수 있을까? 기본권, 행정과 정부에 관한 규정, 입법부와 사법부에 대한 규정 등을 포함해서 한 나라의 모든 것을 총괄하는 좋은 헌법을 만들 수 있을까?

그러나 그건 불가능한 일이었다. 독일이 동서로 나뉘어져 있었기 때문이다. 할 수 없이 독일의 동쪽 부분은 제외하고 서쪽 부분, 즉 서독에만 한정된 헌법을 제정하기로 했다. 동독을 점령하고 있던 소련인들은 다른 체제의 헌법을 구상하고 있었기 때문에 동독과 서독의 정치인들이 한자리에 모여 하나의 헌법을 만들 수 없었다. 그래서 동물 박제들이 늘어서 있는 본의 한 박물관에 모인 서독 정치인들은 서독에만 한정된 헌법을 만듦으로써 나라의 분단을 고착화시키지 않을까 심각하게 염려했다.

분단된 한쪽 지역만을 상대로 사랑 고백을 하는 일은 어느 누구도 하고 싶지 않았을 것이다. 그 때문에 정치인들은 신중하게 작업에 들어갔다. 그들은 헌법을 만들기 위해 모인 대표들을 '국민 대표자 회의'가 아니라 '의회 대표자 회의'라고 불렀고, 헌법도 헌법이라 부르지 않고 그냥 기본법이라 불렀다. 기본법이 완성되었을 때도 여느 헌법처럼 국민투표에 부치지 않고 서독 주의회의 가결만 받았다.

새 출발을 하는 독일로서는 정말 여러모로 자랑스러운 헌법을 만들고 싶었지만 안타깝게도 분단이라는 특수 상황 때문에 반쪽짜리 기본법을 만들 수밖에 없었다.

기본법을 만드는 작업에 참여했던 사람들은 서독을 정식 국가로 보지 않았다. 서독은 부득이한 사정으로 임시로 만들어진 국가였고, 기본법 역시 통일되는 그날까지 잠정적으로 제정된 헌법일 뿐이었다. 따라서 기본법 전문에는 다음과 같은 내용이 분명히 명시되어 있었다.

"독일 국민이 새로운 국가 체제를 만든 것은 '과도기적' 성격을 갖고 있으며, 기본법은 '제정 작업에 함께 참여하지 못했던 동독 주민들에게도' 적용된다."

기본법의 임시적인 성격에도 불구하고 정치인들은 하나의 꿈을 갖고 있었다. 정확하게 말하자면 '자석 이론'이라는 꿈이었다. 정치 뿐만 아니라 경제적으로도 멋지고 기가 막힌 국가를 건설하면 동독 역시 자석에 이끌리듯 자연스레 서독으로 끌려들어올 수밖에 없다고 생각한 것이다. 여기서 자석의 핵은 기본법이 되어야 했다. 기본법 은 국가 행정을 규정하는 법률들보다 더 많은 것을 제공해야 했고, 한 집안의 가훈이나 학칙보다 훨씬 정교해야 했다. 이러한 꿈은 결 국 실현되었다. 물론 기본법을 제정할 당시에 생각했던 것보다 훨씬 더 많은 시간이 필요했지만 말이다. 서독인들은 자신들이 얼마나 훌 륭한 헌법을 가지고 있고, 헌법에서 보장된 기본권이 얼마나 소중한 보물이었는지 깨닫게 되기까지 20~30년이 걸렸다. 그리고 기본법이 진정으로 힘을 발휘하기까지는 또 몇십 년이 걸렸다. 기본법이 제정 된 지 40년, 마침내 독일은 통일되었다. 기본법을 만든 선조들의 꿈 이 실현된 것이다. 다시 말해서 동독이 자석에 이끌리듯 서독의 기 본법 안으로 들어왔기 때문이다.

한 나라의 헌법이 얼마나 엄청난 힘을 가질 수 있는지를 이것만큼 잘 보여 주는 예가 어디 있을까? 50년 전 기본법이 과도기적 의미로 제정되었다고 씌어진 전문의 바로 그 자리에는 이제 다음과 같은 자 랑스러운 문구가 대신하고 있다.

"독일인들은 … 자유로운 민족 자결의 원칙에 따라 독일의 통일과 자유를 달성했다. 이로써 기본법은 독일 민족 전체를 위한 법이 되 었다."

1949년 기본법을 만들기 위해 모였던 사람들은 통일의 날을 꿈으 로만 간직하고 있었다. 자연사 박물관에서 첫 모임을 가진 지 9개월 후 당시 의회 대표자 회의의 의장이자 전직 쾰른 시장이던 콘라트 아데나우어는 고향 도시 쾰른 시청에서 두 명의 황금 천사가 장식된 잉크병을 가져오게 했다. 기본법에 서명하는 데 쓸 공식 잉크였다. 1949년 5월 23일 의회 대표들은 이 잉크로 146개 항에 서명을 했다. 공산주의자 막스 라이만과 하인츠 레너 두 사람만 서명에 참가하지 않았다. 레너는 씁쓰레한 심정으로 이렇게 밝혔다. "나는 독일의 분단에 서명할 수 없다." 그 외 더 이상 반대가 없자 콘라트 아데나우어는 격정적인 목소리로 이렇게 선포했다. "오늘부로 독일연방공화국이 역사 속에 첫발을 내디뎠습니다." 이어 모든 사람들이 자리에서 일어나 감격스럽게 옛 독일 국가를 불렀다. "가슴과 손으로 복종하네. 그대 사랑과 생명으로 가득 찬 나라여. 나의 조국 독일이여!" 그러나 마음 한켠에는 불편한 구석이 있었다. 그들이 방금 서명한 기본법이 민족의 절반을 제쳐두고 만든 반쪽짜리 임시법이라는 사실을 잘 알고 있었기 때문이다. 유감스럽게도 1990년 10월 3일, 자신들이 만든 임시법이 독일 민족 전체의 헌법이 되는 영광스러운 자리에 함께 한 사람은 그들 중 아무도 없었다.

1999년 5월은 기본법이 선포된 지 정확하게 50년이 되는 시점이었다. 나토의 위임을 받은 독일 전투기들이 '코소보의 인권을 지키기 위해' 유고슬라비아의 수도 베오그라드로 출격했다. 이때의 출격이 과연 옳은 것인지에 대한 논란이 고조되었을 때 사람들은 기본법을 뒤적거렸다. 정치인들과 군대가 어떤 결정을 내려야 할지에 대한 원칙이 기본법에 적혀 있을 것이라고 믿었기 때문이다.

그러나 기본법은 모든 것의 원칙이 되는 성격을 서서히 잃어가고 있는 중이었다. 그 사이 법이 수십 차례나 개정되었기 때문인데, 항상 긍정적으로만 바뀐 것은 아니었다. 기본법은 제정된 지 50년 동안 무려 46번이나 개정되었다. 미국의 헌법이 200년 동안 단 15차례밖에 바뀌지 않은 걸 감안하면 정말 놀라운 숫자다. 그러나 독일의 기본법이 자주 바뀌었다는 사실을 그렇게 나쁘게 볼 것만은 절대 아니다. 이는 어쨌든 정치와 국가 조직에 있어서 헌법이 얼마나 중요한지를 다시 한 번 증명해 주고 있다. 만일 헌법이 우리의 삶에 중요하지 않다면 뭐 하러 그렇게 자주 법을 바꾸겠는가?

지난 몇 년 사이에 개정된 기본법은 국민의 기본권과 관련된 개정이었다. 이 개정을 통해 기본권은 두 차례 제한되었다. 한 번은 난민의 망명권에 대한 제한이었고, 다른 한 번은 사유 주택이라 하더라도 범죄 행위에 이용되는 곳은 도청할 수 있다는 내용이었다. 그전까지 불가침의 영역으로 간주되던 주택에 관한 기본권이 제한된 것이다. 이렇게 변경된 기본권은 더 이상 문자 메시지처럼 짧지 않다. 예를 들어 개정된 망명권에 대한 규정은 과거의 것과 비교하면 무려 40배나 길어졌다. 짧은 규정이 훨씬 더 포괄적이고 강력하다는 사실을 떠올리면 기본권이 점점 줄어들고 있다는 느낌이다. 규정이 길다는 것은 기본권을 제한하는 예외가 자꾸 늘어나는 것을 의미하기 때문이다. 이런 식으로 해서 하나의 헌법은 계속해서 그 힘을 잃어가고 있다. 그러나 국민의 기본권을 지키는 헌법이 이런 식으로 약해지는 것을 마냥 두고볼 수만은 없다.

기본권과 좋은 헌법이란 건강과도 같다. 한 번 잃고 나면 되찾기 힘들고, 잃고 난 뒤에야 얼마나 소중한지를 깨닫게 된다는 점에서 말이다.

대통령 전용차 번호판은 몇 번일까

대통령 노릇, 영부인 노릇

마인하르트 그라프 폰 나이하우스(Mainhardt Graf von Nayhauss)

옛날에는 독일에 왕이나 황제가 있었지만 지금은 연방 대통령이 있다. 대통령은 국민들 가운데 가장 높은 사람으로서 '국가 원수'라 불리기도 한다. 대통령은 왕과는 달리 왕관을 쓰지 않는다. 대신 현재의 요하네스 라우 대통령처럼 엘베 강에서 요트를 타는 사람들이 쓰는 모자를 쓰기도 한다. 주위 사람들은 이웃집 아저씨같이 푸근한 라우 대통령을 그냥 '요하네스 형'이라고 부르기도 한다.

왕은 태어나면서부터 정해진다. 아버지가 왕이면 나중에 자동으로 맏아들이 왕위를 계승한다. 아들이 없으면 맏딸이 왕위에 오르기도 한다. 그에 비해 대통령은 국민 누구나 될 수 있다. 이 책을 읽고 있는 여러분 자신도 말이다. 다시 말해서 대통령은 아주 평범한 사람이다.

왕이나 황제가 없어진 것은 그들이 너무 자주 전쟁을 일으킨 것과 관련이 있다. 그 때문에 독일에서는 왕과 황제가 나라를 다스리는 군주제가 1918년에 완전히 폐지되었다. 그런데 독일의 마지막 황제가 스스로 물러나려고 한 것은 아니었다. 혁명이 일어나고, 병사들이 더 이상 장교들의 명령을 따르지 않고, 노동자들이 시청으로 몰려들어가자 마지막 황제였던 빌헬름 2세도 어쩔 수 없이 네덜란드로 내뺄 수밖에 없었다. 그 이후 독일에는 군주제가 사라지고 대통령이 나라를 다스렸다. 처음에는 제국 대통령이라고 불렀으며, 1949년 이후에는 연방 대통령이라고 불렀다.

'요하네스 형' 이전에는 테오도르 호이스, 하인리히 뤼브케, 구스타프 하이네만, 발터 셸, 카를 카르스텐스, 리하르트 폰 바이체커 그리고 로만 헤르촉이 역대 대통령을 역임했다. 이 중에서 대학을 다니지 않은 사람은 둘이었다. 노래를 잘해서 음반까지 낸 적이 있는 쾌활한 성품의 셸 대통령과 아비투어* 전에 학교를 자퇴해서 서점 일을 배웠던 요하네스 라우 대통령이 그들이다. 이처럼 독일에서 최고 높은 사람이 되기 위해 반드시 대학을 나올 필요는 없다. 하지만 먼저 정치인이 되고, 열심히 일을 해야 하고, 여러 관직을 거치면서 자신의 능력을 충분히 발휘해야 한다. 예를 들어 시장, 연방 의원, 장관 혹은 주지사 등을 거쳐야 한다. 이런 것들을 거친 다음에야 대통령직에 오를 수 있고, 또 마지막 관문인 선거를 치러야 한다.

대통령은 국민이 직접 선출하는 것이 아니라 연방 회의라 불리는 천여 명의 특별 회의에서 선출된다. 이 회의를 연방의회(연방 하원)와 혼동해서는 안 된다. 대통령을 뽑는 연방 특별 회의는 연방 하원 의원과 각 정당이 지명한 주 의회 의원들로 구성된다. 그 외에 각 방

---

* 대학 입학 자격 시험.

면의 명사들도 포함된다. 예를 들어 요하네스 라우를 뽑는 회의에는 축구 국가대표 감독 오토 레하겔, 루지[*] 국가대표 선수 게오르크 하클, 두 명의 오페라 가수가 자리를 함께했다.

한표 한표가 중요하기 때문에 투표권을 가진 사람들은 하루 전에 투표지에 도착해서 한두 시간 전에 투표장에 들어와야 한다. 만일 한 사람이라도 결원이 생기면 사람들은 사방으로 수소문해서 그 사람을 찾아 나선다. 가령 그 사람이 호텔에 묵고 있다고 치자. 그러면 사람들은 호텔로 들이닥친다. 그런데 이걸 어쩌지! 그 사람은 여전히 꿈나라를 헤매고 있지 않은가! 지난밤에 주체하지 못할 정도로 술을 많이 마신 탓이다. 뭐 종종 일어날 수 있는 일이기는 하다.

대통령은 왕관을 쓰진 않지만 왕처럼 성에서 산다. 베를린 벨레뷔('벨레뷔'란 프랑스어로 '아름다운 전망'이란 뜻이다) 성이 그곳이다. 그밖에 대통령은 본의 라인 강변에도 하얀 빌라를 가지고 있어서 본에 갈 일이 있으면 그곳에 머문다.

대통령에게는 푸른색 제복을 입은 직원들과 보좌관, 비서, 운전사, 정원사, 집사, 경호원들로 구성된 수행원들이 딸린다. 밖으로 차를 타고 나갈 일이 생기면 자동으로 15마리의 '흰쥐들'이 따른다. 물론 진짜 쥐가 아니라 하얀색 재킷을 입은 오토바이 경찰대를 말한다. 대통령이 탄 차는 완전 방탄 차량으로 검은색 메르세데스 벤츠 500인데 경찰차처럼 사이렌 등이 설치되어 있다. 사이렌이 울리면 다른 차량들은 오른쪽으로 길을 비켜 주어야 한다. 대통령이 탄 차는 주차나 정차가 금지된 구역에도 설 수 있다. 차 안에는 하얀색과

---

[*] 나무나 쇠로 만든 작은 썰매를 타고 활주하는 경주.

빨간색으로 이루어진 지시봉이 설치되어 있는데, '잠깐, 경찰!' 이라고 씌어진 이 지시봉은 세상에서 가장 좋은 주차권이다. 이 지시봉이 자동차의 계기판 위에 놓여 있으면 어떤 주차원도 딱지를 뗄 수가 없다. 그렇다면 대통령은 무슨 일을 하기에 이런 좋은 대접을 받고 월급을 받는 것일까?

대통령은 우리 사회에 법과 질서가 잘 지켜지는지 감시하는 역할을 한다. 나라를 다스리는 것은 그의 몫이 아니다. 그것은 수상이 한다. 그러나 수상을 임명하는 건 대통령이다. 물론 장관들도 대통령이 임명한다. 하지만 대통령이 독단적으로 임명하는 것이 아니라 의회를 구성하고 있는 정당들의 의견을 참작한다. 대통령은 수상과 장관들을 해임하기도 한다. 대통령이 나라의 일인자라는 사실은 자동차 번호판을 봐도 분명히 알 수 있다. 수상의 자동차 번호는 '0-2'

인데 반해, 대통령은 '0-1'이다. 그러나 세금을 높이고, 광우병에 대해 조처를 취하고, 여자들이 군대에 갈 수 있도록 허용하는 일 등은 수상과 의회가 해야 할 일이다.

대통령과 수상은 각각 어떤 게 대통령이 처리해야 할 일이고, 어떤 게 수상이 개입해야 할 일

인지 헷갈릴 수도 있다. 그러나 두 사람 사이의 업무 분담에 대해서는 우리의 헌법인 기본법에 정확하게 규정되어 있다. 말하자면 경기 규칙이 있는 셈이다. 하지만 이런 경기 규칙 이전에 두 사람이 먼저 서로 잘 이해하고 협력하는 것이 나라에 도움이 될 것이다.

그런데 이 둘의 사이가 항상 좋았던 것은 아니다. 지금은 현직에서 물러났지만, 전 수상 헬무트 콜과 전 대통령 리하르트 폰 바이체커는 개와 고양이 같은 사이였다. 콜은 바이체커 대통령의 하얀 머리를 빗대 '은빛머리 왕' 이라고 놀렸고, 바이체커는 콜을 가리켜 '담배 피는 데만 대장일 뿐 나머진 아무것도 모르는 뚱보' 라고 비판했다.

실제로 나라를 다스리는 사람이 수상이라면 대통령은 연방 정부의 구성원들을 임명하고 해임하는 일말고 다른 무슨 일을 할까?

정치계에선 말 잘하는 사람이 큰소리를 치듯 대통령 역시 훌륭한 연설을 통해 현실 정치에 영향을 미친다. 가장 유명한 연설 가운데 하나로 리하르트 폰 바이체커 대통령이 제2차 세계대전 종전 40주년 기념식 때 연방의회에서 한 연설을 들 수 있다. 나중에 이 연설문은 인쇄되어 200만 부 이상이 배부되었고 20개 국어로 번역되기도 했다. 또한 그 연설과 관련해서 6만여 명의 시민들이 대통령에게 편지를 쓰기도 했다.

바이체커 대통령은 거의 모든 사람들에게 호감을 주는 말을 할 줄 아는 사람이었다. 죽은 사람, 살아 남은 사람, 독일 사람, 외국 사람 가리지 않고 모든 사람에게 해당되는 표현을 쓸 줄 알았다. 전쟁이 끝날 무렵, 수많은 도시들이 폐허로 변했고 수백만 명이 전사했다. 전쟁터에서는 군인들이 숨졌고, 폭격으로 내려앉은 건물 더미 아래에는 무고한 시민들이 묻혔으며, 강제 수용소에서는 많은 유대인들이 잔인하게 학살당했다.

그런데 대통령이라고 해서 항상 말을 점잖게 하지는 않는다. 그역시 집에서는 우리와 똑같이 말을 한다. 다시 말해서 아무 생각 없이 말을 하는 것이다. 전직 대통령이었던 구스타프 하이네만은 아직 감기가 낫지 않은 세 살짜리 손자 녀석을 손님에게 소개하면서 이렇게 말했다. "이제 곧 힘없는 파리 새끼처럼 비리비리한 녀석이 하나 들어올 겁니다."

아직 독일의 수도를 베를린으로 옮기기 전의 일이었다. 한 번은 하이네만 대통령이 머리를 손질하러 이발소에 가려고 했다. 그는 수행원들에게 "나 간다!"라는 말 한 마디만 남기고 밖으로 나갔다. 어디로 간다는 말인지 감을 잡지 못해 수행원들이 어리둥절하고 있는 사이에 대통령은 경호원과 '흰쥐들'을 따돌리고, 어쩔 줄 몰라 하는 정문 경비병 옆을 지나, 걸어서 연방의회 의사당 쪽으로 발걸음을 옮겼다고 한다(의사당 안에 있는 이발소는 값이 무척 싸서 대다수 정치인들이 머리를 자르곤 했는데, 여기서 머리를 자른 유명 정치인들의 사진이 오늘날까지도 걸려 있다).

대통령은 연설을 잘하는 재주 외에 다른 방법으로 국가에 영향을 끼치기도 한다. 그는 각 정당의 당수, 각부 장관, 의원들을 불러서 자신의 마음에 들지 않는 것을 말할 수 있다. 반면에 수상은 최소한 한 달에 한 번은 대통령에게 보고를 해야 한다. 또한 공직자들 역시 자신들이 겪고 있는 어려움을 대통령에게 토로할 수 있다. 예를 들어 어떤 점을 고쳐야 하고, 어떤 부조리가 시정되어야 하며, 어떤 사람에게 어떤 훈장을 주어야 하는지 건의하기도 한다.

대통령은 국가에 공로가 있다고 인정되는 사람에게 연방 공로 십자훈장을 내릴 권한이 있다. 훈장에도 여러 종류가 있다. 공로 대훈장, 공로 소훈장, 흑색-적색-황색 띠로 된 훈장, 별이 달린 훈장, 가슴에 다는 훈장, 목에 거는 훈장 등이 있다. 그런데 대통령이 모든 사람들을 만족시킬 수는 없다. 인간은 모두 자신이 최고라고 생각하기 때문이다. 그래서 하이네만 대통령은 무조건 공로 훈장만을 타기 위해 지나치게 열을 올리는 사람들의 자기 과시증에 종종 짜증 섞인 반응을 보였다. 서로 좋은 훈장을 타기 위해 고집하는 사람들을 향해 그는 더 이상 참지 못하고 이렇게 말했다. "자, 이제 그만합시다! 내가 집무실 앞에 훈장이 가득 든 상자를 갖다 놓을 테니 각자 알아서 필요한 만큼씩 가져가세요." 물론 진담으로 한 말은 아니다.

　　이따금 사람들은 대통령이 자신들의 마을이나 회사 혹은 단체를 방문하면 자랑스러워한다. 대통령의 방문은 그 자체만으로 크나큰 영광이기 때문이다. 그래서 대통령은 이런 방문을 통해 정치를 할 수 있다. 이를테면 좋은 목적으로 모금을 한 학교를 방문함으로써 그 학교의 명성을 드높여 주는 것과 함께, 그 사실이 신문에 실림으로써 다른 사람들에게도 착한 일을 하도록 장려하는 것이다.

　　또한 대통령이 군대를 찾아가는 것은 군대 없이는 우리 국민이 편히 지낼 수 없다는 것을 강조하는 행사이고, 경찰을 방문하는 것도 마찬가지 이유다. 한편 대통령이 열차 사고로 숨진 사람들이나 네오나치*의 폭력에 희생된 이들의 장례식에 참석하는 것은 우리의 동감을 불러일으키기 위함이다. 그리고 다른 나라를 방문하는 것은 두

* 히틀러를 추종하는 극우주의자들.

나라가 친구 사이임을 드러내는 행사다.

　대통령의 외국 방문은 여러분이 방학 때 엄마 아빠를 따라 외국으로 여행을 떠나는 것과는 비교가 되지 않을 정도로 복잡한 행사다. 선발대가 먼저 가서 방문 국가의 담당자들과 협의를 한다. 대통령이 묵을 곳은 어디며, 침대는 편안한가? 대통령이 좋아하는 음식은 무엇이고 싫어하는 것은 무엇인가? 방문하는 동안 어떤 곳을 둘러보아야 하는가? 그리고 어느 인디언 부족에서 대통령을 자신들의 명예 추장으로 임명하고 싶다는데, 머리에 인디언 깃털 장식을 쓰는 것에 대해 거부감은 없는가(우스꽝스럽게 보인다고 해서 그런 걸 쓰고 싶어하지 않는 사람들도 가끔 있기 때문이다)? 이처럼 대통령의 외국 방문은 사전에 모든 일정이 정해진다.

　대통령의 부인, 즉 영부인을 위한 일정은 따로 마련된다. 이를테면 학교를 참관하거나, 병원과 그밖의 다른 곳을 방문하는 것 등이다. 언젠가 구스타프 하이네만 대통령은 부인인 힐다 여사의 일정이 너무 빡빡하다며 버럭 화를 낸 적이 있다. "자네들은 지금 이 사람이 처녀인 줄 아는가!" 사실 힐다 여사는 이미 할머니라 할 수 있는 나이였다. 하이네만 대통령은 이런 할머니에게 무리한 일정을 강요한다며 수행원들이 낯을 들지 못할 정도로 꾸짖었다. "우리가 다른 나라를 방문하더라도 일정은 아침 9시에서 저녁 11시 사이에 끝내도록 짜야 돼. 그리고 점심 시간에도 적어도 두 시간쯤은 쉬어야 하고 말야. 그러고도 하루에 12시간이나 남지 않나? 그래도 모자라는 일은 달나라로 보내 버려!"

　이처럼 미리 일정을 다 짠 뒤 대통령 부부가 외국 방문길에 오르면 그것은 마치 유랑 서커스단이 길을 나서는 것과 비슷하다. 물론 동물은 없지만 말이다. 대통령 부부는 공군 에어버스 A-310기를 타고 간다. 이 비행기들 가운데 한 대는 독일 초대 대통령의 이름을 따서 '테오도르 호이스기'라고 불린다. 비행기 내부에는 대통령과 최측근들을 위한 특별칸이 마련되어 있다. 그 안에는 탁자가 두 개 있고, 침대 두 개, 샤워실, 화장실이 딸린 침실이 있다. 그밖에 회의실이 하나 있고 팩스와 위성 전화기가 설치된 방송실이 있다. 여기서 대통령은 흡사 집에 앉아 있는 것처럼 온 세상 모든 사람들에게 마음껏 전화를 걸 수 있다.

그 외 대통령 전용기 안에는 특별 손님과 수행원들을 위한 두 개의 큰 객실이 있다. 이곳에는 외교관, 공무원, 보좌관, 속기사, 화물 담당자, 의사, 사진사, 경호원, 기술자, 컴퓨터 전문가, 전화 전문가, 스튜어디스 그리고 기자들이 탑승한다. 기자들은 외국 방문 동안 가능한 한 좋은 것만을 쓰도록 되어 있다. 대통령의 외국 방문은 호텔비, 선물 값 그리고 답례 만찬 비용만 따져도 상당히 많은 돈이 드는 행사다. 한 번 방문할 때마다 수십만 마르크 이상이 소요되니 현기증이 날 정도로 어마어마하다. 그럼에도 양국의 국민이 좀더 가까워질 수 있는 계기가 된다면 충분히 해볼 만한 투자인 셈이다.

그밖에 국민들은 대통령에게 언제든지 편지를 써서 자신의 걱정을 털어놓을 수가 있다. 어린이들도 마찬가지다. 요하네스 라우 대통령에게도 아이가 셋 있다. 대통령의 주소는 다음과 같다. '요하네스 라우 대통령 귀하, 벨레뷔 성, 11010 베를린.' 모든 편지에는 답장이 간다. 물론 라우 대통령이 항상 직접 쓰지는 않지만 말이다. 대통령은 1년에 거의 10만여 통의 편지를 받는다. 그래서 대통령에게 오는 편지만 담당하는 우편 배달부가 따로 있다. 전속 우편 배달부는 하루에 세 번씩 우편물이 가득 든 작은 버스를 타고 대통령의 성으로 간다. 보통 사람으로서는 상상이 안 되는 양의 우편물이다.

대통령은 인터넷 홈페이지(www.bundespraesident.de)도 있다. 이 주소로 접속하면 대통령에게 이메일을 보낼 수 있고, 대통령이 무슨 일을 하는지 알 수 있고, 대통령의 연설 내용을 다운 받아 읽어 볼 수 있으며, 그밖에 다른 궁금한 것들도 알아볼 수 있다. 라우 대통령에게는 랩톱 컴퓨터가 있다. 그러니 그것으로 편지를 쓸 수도 있겠지만 그는 이메일을 쓰지 않는다. 나이가 너무 들었다는 핑계로 말이다. 그런 걸 보면 대통령도 우리와 똑같이 게으른 걸 좋아하는 모양이다.

고백하건대 독일의 대통령들은 젊은 사람들이 아니었다. 최소한 마흔 살이 되어야만 국가 원수가 될 자격이 생기는데, 실제로 대통령이 되는 것은 예순 살이 넘은 경우가 대부분이다. 물론 이것이 우리의 역대 대통령들이 젊음과의 접촉을 완전히 잃어버린 노인들이라는 걸 의미하는 건 결코 아니다. 요하네스 라우의 전임 대통령이었던 로만 헤르촉은 팝스타들을 초청해서 함께 젊음을 즐기곤 했다.

왕비 없는 왕이 있을 수 없듯이 영부인 없는 대통령은 없다. 많은 사람들이 상상하듯 영부인 역시 국가 원수의 부인에 걸맞는 대우를 받는다. 운전사가 딸린 전용차를 포함해서 비서와 사무실 그리고 경호원들을 배정받는다. 영국 여왕이나 미국 대통령이 방문하는 자리에 참석해서 이들과 환담을 나누고 자필 서명을 나눠주기도 한다. 영화배우나 유명한 운동선수들뿐 아니라 세상의 거의 모든 사람들은 대통령의 초청을 받으면 무척 자랑스럽게 여기고 초대에 응한다.

영부인에게도 책임이 있고, 해야 할 일이 많다. 일반 시민들의 편지에 일일이 답장하는 데만도 하루에 두 시간이 걸린다. 그러니까 편지 쓰기는 영부인의 매일 숙제인 셈이다. 그 외에 대통령이 벨레뷔 성의 잔디밭에서 공로가 있는 시민들이나 외교관들을 초청해서 파티를 열면 영부인은 그날 2천 번 이상 손을 흔들어 대야 한다. 악수할 때 손이 아프지 않게 하기 위해 미리 손가락에서 반지를 빼두지만 악수를 백 번 정도 할 때쯤 되면 벌써 손이 쑤시고 아파 오기 시작한다. 많은 손님들이 대통령 부인과 악수할 때는 특히 오래 그리고 더 세게 잡고 흔들어야 한다고 생각하기 때문이다.

영부인의 생활은 남편이 대통령이 되기 전하고는 완전히 다르다. 모든 게 새롭고 낯설다. 일반 가정집의 경우 외출하고 돌아오면 당연히 현관 입구에 깔려 있는 발닦개용 매트에다 신발을 털고 들어오는 게 당연하겠지만, 벨레뷔 성에서는 더 이상 그럴 필요가 없다. 청소부나 가정부가 일개 소대처럼 늘어서 있기 때문이다.

이제 영부인은 청소 같은 자질구레한 집안 일은 걱정할 필요가 없어졌지만, 다른 신경쓸 문제들이 생겼다. 사진을 찍을 때 안경을 벗어야 할까 써야 할까? 거의 매일 사진을 찍어야 하는 영부인으로서는 나중에 각종 신문에 실릴지도 모를 자신의 스타일에 신경을 쓰지 않을 수 없다. 또한 영부인의 치마 길이는 어느 정도가 적당할까? 그리고 남편이 대통령이 되기 전까지 연방의회 토론장에서 격렬하게 남편을 공격했던 정치인들을 만나도 아무 일 없었다는 듯이 웃으면서 악수를 해야 하는 걸까(그건 그렇게 해야 한다. 정치란 어차피 싸우는 것이기 때문이다)? 그밖에 사람들이 묻는 여러 가지 난처한 질문에 재빨리 적당한 대답을 찾아야 하는 것도 영부인의 고민거리다.

대통령의 아내로서 살아가는 것은 퍽 흥미롭고 흥분되는 일이기는 하지만 힘들기도 하다. 남편과는 달리 영부인은 일의 대가로 한 푼도 받지 않는다. '친애하는 영부인께, 제발 저희를 도와주십시오…' 등으로 시작하는 수많은 편지들에 답장을 보내는 것만도 무척 많은 시간이 걸리는 일인데도 말이다. 대신 남편은 껄껄 웃기만 해도 매달 상당한 액수의 월급을 받는다. 정확하게 3만 6,692마르크 39페니히다. 그 외에 손님들을 대접하거나 다른 공적인 일에 쓸 수 있는 판공비를 따로 받는다. 대통령은 자신에게 맡겨진 일을 잘하면 5년 뒤에는 다시 대통령으로 뽑힐 수 있다. 그러나 대통령직은 총 10년밖에 하지 못한다. 헌법에 그렇게 정해져 있다.

그렇다면 현직 대통령이 대통령직을 그만두면 실직자가 되는 것일까? 그런 염려는 할 필요가 없다. 대통령은 퇴직 뒤에도 예전에 받던 액수만큼의 돈을 매달 꼬박꼬박 받는다. 그뿐이 아니다. 죽을 때까지 운전사, 전용차, 사무실, 비서 그리고 경호원들이 딸린다. 나라를 위해 열심히 일한 전직 국가 원수가 말년에 누추하게 살아서는 안 되기 때문이다. 만일 그렇게 된다면 그건 예의가 아닐 뿐더러 국가의 체면에도 좋지 않을 것이다.

이처럼 기관차 운전사, 카레이서, 우주 비행사 등과 마찬가지로 대통령도 퍽 선망의 대상이 될 수 있는 직업이다. 그리고 여자도 대통령이 되지 말라는 법이 없으니 앞으로는 얼마든지 여자 대통령이 나올 수도 있다. 그런데 그렇게 되면 문제가 하나 있다. 만일 여자 대통령이 나오면 그 남편은 어떻게 불러야 할까? '퍼스트 맨' 아니면 '슈퍼맨'? 괜히 미리부터 염려하지 말자. 때가 되면 자연히 그 명칭도 만들어질 테니까 말이다.

난 공짜가 좋아

수상의 외국 방문

울리케 포쉐(Ulrike Posche)

내가 하는 이야기가 허풍이나 꾸며낸 이야기로 들릴지 모르겠다. 물론 내가 쓴 글에서 은근한 자부심을 읽을 수도 있을 것이다. 그러나 내가 가장 아끼는 양철로 만든 낡은 여행 트렁크에 대고 맹세한다. 지금 이야기하는 것은 모두 사실이라고 말이다. 나는 실제로 거의 모든 나라와 도시를 돌아다녔다. 핀란드, 나미비아, 홍콩, 캘커타, 리우데자네이루, 모스크바, 몽골 등 안 가본 데가 별로 없다.

나는 백악관 집무실로 초대받아 미국 대통령과 악수한 적도 있고, 바티칸에서는 교황 앞에 무릎을 꿇기도 했다. 인도 궁정에서는 18가지 산해진미로 차려진 코스 요리를 맛있게 먹었고, 베이징 인민대회당의 만찬에서는 해파리, 말벌, 뱀, 상어지느러미로 만든 요리를 독일 수상과 똑같이 실컷 먹었다. 최근에는 러시아 대통령의 집무실인 크레믈린 궁에서 오이를 넣은 차가운 빵 조각을 씹으며 복도를 거닌 적이 있는데, 흉측스런 벽지와 새빨간 전화기가 아직까지 기억 속에

생생하게 남아 있다. 일본 천황을 방문했을 때는 어리벙벙한 상태에서 나도 몰래 천황이 오기 전에 화병에서 국화꽃*한 송이를 기념으로 슬쩍한 사실을 이 자리를 빌려 고백한다. 인도네시아의 수도 자카르타에서는 대통령이 아끼는 암소를 쓰다듬은 적이 있고, 백악관에서는 대통령이 키우는 고양이를 어루만진 적이 있다.

이렇게 말하면 모두 지어낸 이야기라고 생각할 수도 있다는 것을 잘 안다. 그러나 수상이나 외무부 장관 혹은 다른 부서 장관들의 공무 여행을 따라갔다면 충분히 있을 수 있는 일이다. 정치에서 외국으로 여행을 떠나는 것을 정치적인 용어로 뭐라고 할까? 공식 방문이라고 하는데, 정치인들은 종종 우리 같은 사람을 데려간다. '우리'가 누군지 궁금할 터인데, 우린 바로 기자들이다.

이따금 수상은 외국에 갈 일이 생긴다. 큰 국제회의가 열리거나 대규모 국제 입찰을 앞두고 있는 경우다. 다른 나라에서 발전소나 자동차 공장 혹은 초대형 유조선을 지을 계획이 알려지면 수상은 세일즈맨으로서 '자신이 대표하는 회사', 즉 독일을 광고하기 위해 외국으로 직접 달려간다. 프랑스의 경우는 대통령이, 영국은 총리가 그런 일을 한다.

수상이 외국에 나갈 일이 생기면 참모들은 먼저 여러 가지 궁리를 한다. 일본 천황의 초청은 없었나? 중국에 철도를 팔아먹을 방법은 없을까? 그래, 맞아. 인도에서는 독일 발레 페스티벌을 개최하는 거야. 그리고 싱가포르의 총리가 바뀌었으니 찾아가 인사를 해야지.

"어서 서둘러!"

-----

* 국화꽃은 일본 왕실의 상징임.

수상의 외국 방문이 결정되면 수상 집무실의 직원들은 무척 바빠진다.

"짐을 싸, 공식 방문이야!"

그러면 연방 공보실과 외무부 관료들은 연신 비명을 지른다.

"이런, 어서 지도를 꺼내 봐!"

즉각 여행에 경험이 많은 공무원들이 차출되고, 그들은 여러 도시들을 찾아다니면서 수상과 수행원들이 묵을 호텔을 물색한다. 호텔을 고를 때는 방문국 대통령 집무실과의 거리도 따진다. 거리가 가까워야 수상이 땀을 뻘뻘 흘리며 뉴델리 시내를 운전하더라도 조수석에 앉은 부인이 꺼내놓은 지도를 보고 단번에 대통령 궁을 찾아갈 수 있기 때문이다.

수상이 아무 불편 없이 여행할 수 있도록 현지에서 모든 일을 체계적으로 준비하는 사람은 바로 선발대원들이다. 그래서 이들이 없으면 수상은 호텔을 찾아 허둥대야 할 뿐만 아니라 헤어드라이기도, 엘리베이터도, 사무실로 쓸 공간도 없는 싸구려 호텔에서 묵어야 할지도 모른다.

선발대가 현지에서 일을 보는 동안 베를린에 있는 여행 기획팀은 수상의 전용기에 함께 탑승할 사람들을 고른다. 외무부 관료는 해당국 주재 대사와 방문 일정을 협의한다. 언제 어디서 방문국 대통령과 만나서 회의를 하고, 어떤 주제를 놓고 대화를 할 것인지 미리 상의한다. 공식 방문이란 아무 말이나 내키는 대로 하고 내키는 대로 행동해도 되는 시골 외할머니 집 방문이 아니기 때문이다.

이런 이유에서 수상의 공식 방문단에는 반드시 형식과 절차를 주관하는 의전관이 포함된다. 대개 의전관은 이름에 '폰'(von)*이 들어

가는 남자가 한다. 의전관
은 어떤 자리에서 어떤 옷
을 입어야 할지 누구보다
잘 알고 있다. 긴 연미복을
입어야 할까, 짧은 연미복
을 입어야 할까 또 검은색
을 입어야 할까, 흰색을 입
어야 할까 하는 등의 일을
의전관이 알아서 충고한
다. 이런 걸 제대로 알고
있어야 수상이 공식석상에
서 망신을 당하는 일이 없
을 것이다. 그건 수상의 부
인도 마찬가지다. 그밖에

의전관은 사람들에게 악수할 때 누가 먼저 손을 내밀어야 하는지,
각국 원수들을 어떤 호칭으로 불러야 하는지, 여자라면 무릎을 살짝
굽히는 인사를 해야 하는지 혹은 두건을 써야 하는지 등을 포함해서
일반 가정집을 방문할 때는 하지 않는 형식적인 일들에 대해 잘 안
다. 영국 여왕과 친척이라면 몰라도 일반인들은 그런 격식에 대해
전혀 알지 못한다.

　독일 철도를 팔기 위해서라면 수상은 철도 회사 사장을 데리고 간
다. 그밖에 세일즈에 도움이 된다면 우아한 독일 발레 무용단과 독

＊ 독일 이름에서 'von'이 들어가면 귀족 출신임을 가리킴.

일의 유명한 작가 그리고 노벨상 수상자를 데리고 가기도 한다. 싱가포르에 갈 때는 싱가포르가 항구 도시라는 점을 감안해서 방문단에 같은 항구 도시인 함부르크 시장을 포함시킨다. 그리고 인도를 방문할 때는 인도 대통령의 오랜 학창시절 동창을 데려간다.

그리고 초청한 주인들에게 줄 선물도 마련해 간다. 일본 천황은 생선을 좋아하니까 슈퍼 돌비 시스템으로 녹음한 프란츠 슈베르트의 〈숭어 5중주곡〉 CD를 선물하고, 독일 시를 즐겨 읽는 인도 총리에게는 서서 읽는 탁자와 괴테가 쓰던 물컵(물론 원본이 아닌 복제품이다)을 선사한다. 그리고 철도광인 중국 총리에게는 실제 모습과 똑같이 생긴 매르클린 열차 모형과 승무원 제복을 선물한다. 그밖에 또 누구에게 선물을 해야 하지? 그래, 맞아. 대통령과 총리의 부인들을 잊을 뻔했어! 다시 선물을 사러 부지런히 달려간다. 대통령과 총리 부인들에게는 유명 디자이너가 만든 우아한 핸드백을 선물한다. 물론 각각 다른 색깔로 준비해야 한다. 혹시 나중에 각국 정상들이 함께 모이는 회담에서 정상들의 부인이 모두 똑같은 색깔의 핸드백을 들고 나타난다면 얼마나 무안하겠는가!

외국 방문에는 당연히 통역사들도 빠질 수 없다. 이들은 주로 외무부 소속인데, 외무부에는 지구상의 모든 언어에 정통한 통역사가 최소 한 명 이상씩 있다. 심지어 아프리카의 나미비아어, 산스크리트어, 나일사하라어, 현대 헤브라이어까지 하는 통역사들이 준비되어 있다. 그밖에 속기사, 경호원, 대변인, 공무원, 기자, 사진사, 의사, 화물 담당자, 대사, 외교관, 비서, 보좌관 등이 수상 전용기에 탑승한다. 이제 다 탔으면 출발이다.

"친애하는 수상 각하 그리고 승객 여러분! 저희 콘라트 아데나우어 기에 탑승하신 걸 진심으로 환영합니다. 우리 비행기는 베를린을 출발해서 베이징, 일본, 싱가포르를 거쳐 뉴델리로 갈 예정입니다."

수상과 수행원들이 베를린 테겔 공항의 군사 제한 구역을 지나 비행기에 자리를 잡고 앉은 후 기내에 울려 퍼지는 기장의 목소리다. 이제 이륙만 남아 있다.

콘라트 아데나우어 기는 수상 전용기 가운데 가장 큰 것으로 소위 독일의 '에어포스 원'으로 불린다. 비행기 안에는 참모들이나 기자들과 회의를 할 때 쓰는 거실이 하나 있고, 가장자리에 주름이 잡힌 빨간 이불과 침대 두 개가 놓여 있는 침실 하나, 그리고 호텔 욕실과 똑같은 욕실이 있다.

전용기에 탑승하면 수상은 먼저 넥타이를 풀고 세상에서 가장 편한 자세를 취한다. 많은 수상들이 전용기 안에서는 니트 재킷으로 갈아입고, 장관들은 청바지에다 두툼한 양말을 신는다. 비행기 안에서 편하게 다니기 위해서다. 이럴 때의 모습을 보면 이들이 정말 텔레비전에 나오는 그 사람들인지 하는 의심이 들 정도로 전혀 달라 보인다. 이륙 후 조금 있으면 기내 식사가 나오고 영화 상영이 이어진다. 수상은 몇 군데 전화 통화를 하거나 기내로 전송되어 온 팩스를 읽는다. 그밖에 참모들과 함께 중국 정치인들을 만나면 각각 무슨 말을 해야 하고 어떤 선물을 주어야 하는지 협의한다.

고비 사막의 상공을 지날 즈음 수상은 샤워를 한다. 중국 만리장성 위를 지날 때쯤에는 편안하게 아침 식사를 한다. 이어 콘라트 아데나우어 기는 중국인들이 붉은 융단을 깔아 놓은 자리에 정확하게 착륙한다. 붉은 융단 좌우로 초등학생쯤으로 보이는 아이들이 국기와 꽃을 들고 서 있다. 북과 트럼펫을 든 군악대가 준비하고 있음은 물론이다. 모든 사람들이 제자리에 서고 텔레비전 카메라까지 준비되면 비행기 트랩 아래에서는 수상을 영접하러 나온 사람이 긴장한 채 다시 한 번 머리를 매만진다. 대개 장관이나 대통령 부인 아니면 대사가 수상을 영접하러 나온다. 이렇게 완전히 준비가 끝나면 마침내 비행기 문이 열리고 충분히 잠을 잔 수상이 상쾌한 표정으로 트랩을 내려온다. 군인들이 엄숙한 표정으로 서 있다면 그건 의전 사열 행사가 기다리고 있다는 뜻이다. 융단 끝 부분에는 깃발 – 보통 사령기라고 부른다 – 이 꽂혀 있는 의전 차량이 대기하고 있다. 수상과 수행원들은 이 차량을 타고 중국 국가 주석이 기다리고 있는 곳으로 간다.

중국 국가 주석이 있는 곳에 도착하면 이제부터 진짜 쇼가 벌어진다. 외국 손님을 환영하는 공식 행사다. 대규모 군악대가 독일 국가를 연주하면 두 정상은 갑자기 막대기처럼 뻣뻣하게 선다. 그 순간에는 기자들도 얌전히 서 있어야 하는데, 만일 그렇지 않고 몸이라도 뒤틀라치면 즉각 의전관의 날카로운 시선이 옆으로 꽂힌다. 이어 두 정상은 붉은 융단 위를 걸어가며 의장대를 사열하고, 곧 분열식이 뒤를 잇는다. 이러한 절차는 세계 거의 모든 나라가 똑같을 뿐 아니라 외국 정상의 독일 방문시에도 마찬가지다.

이어 두 정상은 정치적 문제, 양국간의 골칫거리 그리고 서로간의 분쟁거리 등을 화제로 대화를 나눈다. 중간에 우리 수상은 이런 말을 할 수도 있다. "우리 나라엔 아주 훌륭한 고속 전철이 있습니다. 한 번 보신다면 분명히 마음에 드실 겁니다. 여기 이쪽이 고속 전철 회사 사장입니다. 그 부분에 대해서는 아마 이 사람이 저보다 훨씬 더 자세히 설명해 줄 수 있을 겁니다."

유감스럽게도 우리 기자들은 정상들이 마주 앉아서 흥미진진하게 대화를 나누는 회담 자리에 함께 할 수가 없다. 그 때문에 두 정상 사이에 오갔던 대화 내용은 나중에 대변인이 자세히 설명해야 한다. 역대 수상들 가운데는 정상 회담 내용을 정말 자상하게 설명하는 분들도 있었지만, 구렁이 담 넘어가듯 두루뭉술하게 얼버무리거나 아예 말을 안 하는 분들도 있었다. 만일 그런 수상을 만나면 기자들은 당황할 수밖에 없다. 기자란 신문사에 원고를 쓰거나 텔레비전 뉴스에 기사를 보냄으로써 먹고살기 때문이다.

　정상 회담 자리에는 정상의 부인들도 참석하지 않는다. 부인들은 남편들이 회담을 하는 동안 따로 마련된 특별 행사에 참석해야 한다. 대개 부인들은 학교나 병원을 참관하거나 박물관이나 무용극을 관람한다. 이러한 프로그램 역시 남편들의 회담과 마찬가지로 무척 피곤하다. 마음에 들지 않아도 늘 친절하고 상냥하게 대해야 하고, 계속해서 꽃다발을 받아야 하며, 내키지 않아도 늘 활짝 웃으면서 사진을 찍어야 한다. 그럼에도 부인들의 활동은 남편들이 하는 회담에 비하면 별로 중요하지 않다. 수상이나 장관이 여성인 경우에는 종종 그 남편들이 '영부인 프로그램'에 참여해야 한다. 이럴 경우 '영부인 프로그램'이라는 말이 무척 어색하게 들리는 게 사실이다.

　저녁에는 대개 환영 만찬 행사가 개최된다. 하루종일 협상을 하고 계약서를 작성하고 두꺼운 만년필로 서명하는 데 바빴던 사람들이 저녁이 되면 연미복을 멋지게 차려입고 만찬 행사장으로 간다. 만찬장에서도 그냥 먹기만 하는 것은 아니다. 먼저 환영 연설과 답사가 있고, 감사의 말과 당부의 말 등이 이어진다. 이런 말 잔치가 대충 끝나면 누군가 일어나 건배를 제의한다. 중국이라면 독일어를 잘하는 총리가 나와서 횔덜린의 시를 낭송할 수도 있다. 아니면 어린이 합창단이 들어와서 〈달려간다 달려가, 사냥꾼이〉나 〈슈바벤의 철도를 타고〉라는 동요를 부를 수도 있다. 설사 이런 장면들이 웃기더라도 절대 웃어서는 안 된다. 자칫 초대한 주인의 호의를 모욕하는 것이 될 수도 있기 때문이다. 그래서 한 나라의 정상이 외국을 방문하게 되면 말과 행동에 특히 조심해야 한다.

이 자리를 빌려 나는 최근에 우리 수상이 어떤 나라의 대통령을 방문하고 무슨 선물을 받았는지 폭로해야겠다. 그 선물은 다름 아닌 총이었다. 거짓말이 아니다. 진짜 셔터핸드 소총을 선물로 받았다. 혹시 이렇게 말하면 수상이 불법으로 무기를 소지하지나 않을까 걱정하는 사람들도 있을 것이다. 그러나 그런 염려는 할 필요가 없다. 수상이나 장관이 외국 방문에서 받은 선물은 모두 국가에 내놓아야 하기 때문이다. 그 물건들은 지금도 수상 집무실 창고에 차곡차곡 쌓여 있다.

만일 수상에게 외국 공식 방문과 시골 외할머니 집 방문 중 어느 쪽을 택하고 싶으냐고 물으면 십중팔구는 외할머니 집 쪽을 택할 것이다. 그쪽이 생기는 게 훨씬 더 많기 때문이다. 받은 선물을 몽땅 자기가 차지해도 되니까 말이다.

안녕, 대통령 아저씨!

대통령은 무슨 일을 할까

토마스 고트샬크(Thomas Gottschalk)

자신도 잘 모르는 것을 남한테 설명하려면 어떤 일이 벌어지는지 여러분도 잘 알 것이다. 그런 점에서 대통령에 대해 설명하는 것은 내게 일종의 숙제와도 같은 것이었지만, 스스로 많은 공부가 된 게 사실이다. 원고 청탁이 들어왔을 때 대뜸 나는 왜 수상이 아니라 대통령에 대해 설명해야 하느냐고 물었다.

대다수 독일인들은 독일에서 가장 중요한 사람이 수상이라고 믿고 있다. 독일의 수상은 미국으로 치자면 대통령이기 때문이다. 하지만 미국 대통령은 우리 수상과는 전혀 다르게 군다. 몹시 거만하

고 요란한 편이다.

내가 직접 겪은 일을 하나 소개
해 보겠다. 로스엔젤레스에 갔을
때였다. 어느 사거리 신호등 앞에서
대기하고 있는데, 갑자기 오토바이를 타고
머리에 번쩍거리는 헬멧을 쓴 경찰관이 나
타나더니 모든 교통을 차단시켜 버렸다. 이
어 최소한 스무 대가 넘어 보이는 오토바이
가 부르릉거리며 맹렬한 속도로 우리 곁
을 지나갔다. 오토바이 한 대마다
하얀 제복을 입은 경찰이 타고 있
었고, 그 뒤를 열 대가 넘는 경찰차와 몇 대의 회색 차량이 따르고
있었다. 회색 차에는 경호실이나 정보부 요원이 타고 있는 듯했다.
이어 엄청나게 긴 리무진 두 대가 나타났는데, 성조기를 단 두 대의
차량 중 한 대에는 미국 대통령이 타고 있었다. 나중에 들은 바로는
여가수 바브라 스트라이샌드와 점심 식사를 하고 돌아가는 길이라고
했다. 두 대의 리무진은 요란하게 사이렌을 울리며 달렸고, 그 뒤를
병원 한 동을 그대로 옮겨 놓은 듯한 대형 앰뷸런스가 따르고 있었
다. 미국에서 가장 중요한 인물이 도중에서 사고를 당하거나, 아니
면 점심 식사를 한 게 체했을 때를 대비하는 것 같았다. 그 뒤로

도 또 몇 대의 차들이 줄지어 따
라갔다. 이 요란한 차량 행렬이
모두 지나갈 때까지 족히 십
분은 걸린 듯했다.

미국 대통령과 내가 식사를 함께 할 일은 물론 없다. 그러나 황감하게도(?) 슈뢰더 수상은 내게 식사 초대를 한 적이 있었다. 그런데 미국 대통령의 나들이와 비교해 보면 수상의 외출은 정말 별 게 없었다. 아니 초라하다는 말이 더 정확한 표현일 듯하다. 먼저 경호원이 탄 푸른색 아우디 한 대가 멈춰 섰고, 뒤이어 또 다른 푸른색 아우디가 도착했는데, 거기에 수상이 타고 있었다. 그뿐이었다. 오토바이도 경찰 에스코트도 앰뷸런스도 사이렌도 없었다.

우리의 주제와 직접적인 상관은 없지만, 나는 내가 겪은 이 이야기를 여러분에게 꼭 해주고 싶었다. 미국과 우리가 얼마나 다른지 한 번 생각해 보라는 의미에서 말이다. 그런데 대통령과 함께 식사를 할 기회가 있었다면 어쩌면 오토바이 경찰을 봤을지도 모른다. 그만큼 대통령은 우리 나라에서 가장 중요한 인물이기 때문이다.

다음은 대통령이 어떤 일을 하는지 인터넷에서 퍼온 내용이다. 여러분들도 직접 인터넷에서 찾아볼 수 있을 것이다.

정부 구성, 장관의 임명과 해임

대통령은 헌법에 따라 정부 구성에 참여한다. 연방의회에 수상을 제안하고 거기서 뽑힌 사람을 수상으로 임명한다. 대통령은 수상의 권고에 따라 연방 장관들도 임명하고 해임한다. 그밖에 법이 특별히 정하지 않는 한 연방 재판관, 연방 공무원, 장교, 하사관을 임명하고 해임한다.

대통령의 직무 범위에 대해서는 약간 애매한 구석이 있는 것이 사실이다. 하지만 이건 여기서 별로 중요한 문제가 아니다. 중요한 건 대통령이 수상을 임명한다는 것과 모든 정부 관료들을 임명하고 해임할 수 있다는 사실이다. 이것만으로도 그는 아주 막강한 권력을 가지고 있는 셈이다.

자, 그럼 다음을 볼까!

정당 보조금 위원회의 구성

정당법 제18조에 따라 대통령은 재임 기간 동안 독립적인 전문가들로 이루어진 정당 보조금 위원회를 구성해야 한다. 이 위원회는 무엇보다 독일 연방의회에 정당 보조금의 세부 항목과 액수를 변경하도록 권고할 수 있는 권리를 가진다.

의회와 국민은 정당 보조금을 놓고 늘 다툰다. 정당들의 선거 싸움에 너무 많은 돈을 지원한다고 불만스럽게 생각하는 국민들이 많다. 어쨌든 그건 우리 이야기와는 다른 문제이니 넘어가기로 하자.

중요한 건 다음과 같은 대통령의 책임이다.

법안의 서명

각종의 연방법은 해당 부서 장관과 연방 수상의 서명에 이어 대통령이 마지막으로 서명함으로써 가결된다.

역대 대통령들은 지금까지 법안에 서명하는 것을 총 여섯 차례 거부했다. 최근에는 1991년에 바이체커 대통령이 항공 안전국의 민영화를 염두에 둔 항공 교통법 변경 법안에 대해 거부권을 행사했다. 항공 교통에 관한 행정은 국가가 담당해야 한다는 기본법 87조의 규정에 근거한 거부권 행사였다. 나중에 기본법의 해당 조항이 변경된 뒤에야 바이체커 대통령은 연방의회를 다시 통과한 그 법안에 서명했다. 대통령이 최종 서명한 법안은 연방 법령 관보에 게재된다.

대통령은 연방 선거법에 따라 연방의회 총선거일을 지정한다.

그밖에 연방의회 혹은 연방의회·연방 참의원 공동 위원회가 결정한 국가 긴급 사태의 개시 및 종결을 선포하는 것도 대통령이 하는 일이다.

이처럼 대통령은 독일의 모든 법률이 기본법에 맞는지 맞지 않는지 심사하는 역할을 한다. 이런 역할에 충실하게 독일의 리하르트 폰 바이체커 대통령은 기본법에 어긋나는 법률에 서명하지 않았다. 결국 의회는 다시 모여 논의한 결과 헌법을 바꿀 수밖에 없었고, 이 모든 것이 정돈된 다음에야 대통령은 법률안에 서명했다.

이처럼 대통령은 하는 일이 무척 많다. 그럼에도 나는 대통령이 왜 필요한지, 그리고 사람들이 왜 대통령을 보고 국가에서 가장 중요한 인물이라고 하는지 의문이 들었다. 실제로 책임을 갖고 나라를 다스리는 건 수상이 아닌가? 독일 대통령은 수상과 정부, 그리고 새로 제정된 법률들을 검사하고 감시하는 역할을 하는 사람이지만, 지금은 없는 존재에 대한 대리 만족으로서 만들어진 직책이 아닌가 하는 생각도 든다. 예를 들어 영국의 여왕과 스웨덴의 국왕처럼 실권은 없지만 가끔 멋진 사열을 받고, 화려한 잔디밭 축제를 베푸는 그러한 인물 말이다. 독일인들은 가끔 다른 나라의 여왕이나 국왕이 국민들의 환호를 받으며 등장하는 모습을 부러운 마음으로 바라보기 때문이다.

미국 대통령은 이런 역할들을 한꺼번에 다한다. 독일 수상도 맡겨만 준다면 분명히 미국 대통령처럼 잘할 수 있으리라고 믿지만, 독일인들은 그렇게 되면 수상이 지나치게 자만하지 않을까 걱정한다. 그래서 기본법을 만든 우리 선조들은 고심 끝에 실권은 그리 많지 않으면서도 제법 괜찮은 볼거리들을 제공하는 인물을 만들어냈다. 전문 용어로 '나라를 대표하는 인물' 이라는 뜻이다. 왕들은 늘 성의 발코니에서 손을 흔든다. 그 때문에 독일 대통령도 성에서 산다. 나도 언젠가 대통령 성에 가본 적이 있는데, 실제로 대통령은 부인과 함께 높은 계단 위에 서서 손님들에게 환영 인사를 했다. 그에 비해 수상은 훨씬 더 소박한 곳에 산다. 이렇게 소박한 곳에서 외국에서 온 국빈들을 맞을 수는 없는 노릇이다. 그래서 정치적인 문제에는 수상이 나서서 상대하고, 파티나 만찬을 베풀 때는 대통령이 대표로 나서서 외국 손님들을 접대한다.

대개 수상이 하는 일은 '통치한다' 라고 하면서, 대통령이 하는 일은 '영향을 끼친다' 라고 말한다. 대통령이 어떤 일에 어떻게 영향을 끼치는지 인터넷에서 자료를 찾아보았다.

대통령의 외교 활동

대통령은 헌법상 국가 원수이지만 실질적인 권한을 행사하는 자리는 아니다. 하지만 입법부·행정부·사법부 삼권의 수장이고 외교 영역에서도 국가를 대표한다. 그밖에 현실 정치의 대상은 아니지만 꼭 해결해야 하는 국가의 장기적인 문제에 대해서 여론의 관심을 환기시킬 수 있다.

대통령은 국제법상 독일연방공화국을 대표한다. 이러한 원칙은 대통령에게 중요한 외교적 입지를 제공한다.

대통령은 외국의 국가 원수와 정부 수반을 영접하고 방문하면서 정치적 대화를 나눈다. 이때 대화의 초점은 주로 양국간의 외교 문제다. 대화를 나누기 전에 대통령이 현안에 대해 정부 당국과 조율을 하는 것은 당연하다. 대통령은 이런 활동을 주로 외국 방문이나 연설을 통해 하는데, 대통령의 외국 나들이에는 국빈 방문 외에 공식 방문과 실무 방문이 있다. 기본법 제59조에는 대통령이나 대통령의 권한을 위임받은 사람이 독일연방공화국의 이름으로 국제법적 조약을 체결한다고 명시되어 있다. 그밖에 독일 대사에게 신임장을 주고 외국 사절들을 영접하는 것도 대통령이 하는 일이다.

아마 여러분 중에는 위의 내용을 읽지 않고 건너뛴 친구들도 있을 것이다. 그러나 이제 대통령에 관해 궁금한 게 있으면 최소한 어디를 찾아야 하는지는 충분히 알았으리라 믿는다.

마지막으로 내 개인적인 의견을 몇 자 적어 보겠다. 먼저 대통령이라는 직책은 더 이상 정당간 싸움의 대상이 되어서는 안 된다. 정치인들은 서로 자신들의 정파에 속한 사람을 대통령직에 앉히기 위해 싸우며, 그 때마다 수가 많은 정당이 내세운 인물이 대통령으로 당선된다. 항상 정치인들만 대통령이 되는 건 불만이다. 이 세상에는 다른 똑똑한 사람들도 많으며, 그들도 대통령이 될 수 있어야 한다고 믿는다. 예를 들어 학자나 작가 같은 사람이 대통령이 되지 말라는 법이 어디 있는가? 그리고 국민이 그런 사람을 대통령으로 직접 뽑아서는 안 되는 이유라도 있는가? 그런 사람이 대통령이 되면 국민들은 그를 모범으로 삼고 따를 것이다. 젊든 늙든, 돈이 많든 가난하든, 인기가 있든 평범하든 간에 모든 사람이 대통령으로 당선된 이 남자 - 물론 여자일 수도 있다 - 가 진정으로 우리를 이해하고, 우리도 그를 진정으로 이해한다는 믿음을 가질 수 있다면 그보다 아름다운 일이 또 어디 있겠는가! 그렇게 되면 대통령은 정당 정치와 완전히 손을 끊어야 할 것이다.

수상이 그렇게 재미있어요?

아빠의 집무실을 찾은 딸의 일기

베아테 플레밍(Beate Flemming)

1월 15일 월요일

사랑하는 일기에게!

나는 정말 바보야. 하지만 이 사실을 절대 남들한테는 알려주면 안 돼!

오늘 학교에서 각자 자기 아빠가 무슨 일을 하는지 이야기하는 시간이 있었다. 모두들 자기 아빠가 무슨 일을 하는지 잘 알고 있었다. 나만 빼고 말이다. 멜라니는 이렇게 말했다.

"우리 아빤 빵을 만들어요. 바케트도 만들고, 브뢰첸, 비스킷, 과자도 만드세요. 다른 사람들이 배불리 먹게 하기 위해서죠."

멜라니가 말한 것들은 모두 내가 아는 것들이었다.

필립의 아빠는 자동차 공장에서 일하시는데, 사람들이 직장에 가거나 휴가를 가거나 아니면 다른 볼일을 보러 갈 때 타고 갈 수 있도록 자동차를 만든다고 했다. 얀의 아빠는 은행의 대부계에서 일하시는데, 다른 사람들이 장사를 하고 집을 짓고 자동차를 사고 그리고 경제를 움직이기 위해 돈을 빌려준다고 했다.

그래, 다들 말을 잘하는군. 그런데 내 차례가 왔다.

"우리 아빠는 수상이에요. 그래서 연설도 하고 외국도 가고 회의도 하고 텔레비전에도 나와요. 뭐 때문에 그런 일을 하시느냐 하면요, 그건… 저… 그러니까… 저도 잘 몰라요."

이런 바보, 난 오늘 완전히 바보가 됐다. 아빠가 집에 오시면 꼭 물어봐야겠다.

너의 사랑하는 리자가.

1월 19일 토요일

사랑하는 일기에게!

아빠가 어제 저녁에 일본에서 돌아오셨다. 분명히 집에 들어오셨겠지만 난 일찍 잠이 들어서 아빠를 만나지 못했다. 그래서 오늘 아침에 식사를 하면서 아빠에게 물어보았다. 문제가 생기면 어떻게 해야 하느냐고 말이다.

그러자 아빠는 "모든 문제에는 해결책이 있는 법이란다."라고 말씀하셨다. 이건 아빠가 텔레비전에 나와서도 늘 하시는 말씀이었다.

"어린이들도 마찬가지예요?"

내가 물었다.

"물론. 아빠는 그렇게 확신한단다."

이것 역시 텔레비전에서 하던 답변 그대로였다.

"제게 문제가 있다면요?"

그러자 아빠는 내 머리를 쓰다듬으며 이렇게 말씀하셨다.

"그래? 그럼 함께 해결책을 찾아보자꾸나."

"아빠, 제 문제는 다른 게 아니라 아빠가 무슨 일을 하시는지 꼭 알아야 하는 거예요. 아빠 하루종일 무슨 일을 하세요? 그러니까 텔레비전에 나올 때말고요. 진짜 일요."

그러자 아빠는 눈을 동그랗게 뜨고 나를 쳐다보았다. 그런데 아빠가 뭔가 말을 꺼내기 전에 내가 먼저 입을 열었다.

"제 문제를 해결해 주실 수 있는 거죠?"

바로 그 순간 아빠의 핸드폰이 울렸다. 그러자 아빠는 곧 어디론가 전화를 하셨고, 끊고 나자 또다시 다른 곳으로 전화를 하시더니 갑자기 부리나케 사무실로 가셨다. 일을 하러 말이다. 결국 나는 아무 답변도 듣지 못한 채 가만히 앉아 있을 수밖에 없었다.

너의 사랑하는 리자가.

3월 6일 화요일

오전 8시 15분

사랑하는 일기에게!

내 글씨가 삐뚤삐뚤하더라도 놀라지 마! 지금 헬리콥터를 타고 가면서 써서 그래. 아빠와 함께 가는 중인데, 바로 내 문제를 해결하러 가는 거야.

"수상이 무슨 일을 하는지 궁금하면 아빠가 일하는 곳으로 함께 가 보자꾸나."

아빠가 내린 해결책이었어. 그런데 이렇게 헬리콥터를 타고 가는 건 오늘 교통 정체가 너무 심하기 때문이래. 조종사들은 헤드폰을 끼고 있는데, 그것으로 음악을 듣는 것이 아니라 말을 하는 거래. 나는 귀마개를 했는데도 너무 시끄러워서 도무지 아무 소리도 들리지 않아. 이렇게 위에서 내려다보니 마치 집들이 수학 책에 나오는 네모꼴들처럼 보여. 우리는 지금 수상 집무실로 가는 중이야.

"여기가 아빠 사무실이란다."

아빠가 말씀하셨어. 그러니까 이제 도착한 거야.

8시 45분

아빠의 사무실로 들어가려면 다른 방을 두 개 지나야 했다. 우리가 들어가자 앉아서 일하던 사람들이 우릴 올려다보더니 모두 "좋은 아침!" 하고 인사했다. 아빠가 이곳의 대장인 것은 분명했다. 아빠의 사무실은 학교 강당의 절반쯤 되어 보였다. 한쪽 구석에 아빠의 책상이 놓여 있었고, 다른 쪽 구석에는 소파가 몇 개 있었다. 그밖에 의자 여덟 개가 달린 긴 회의용 탁자가 하나 있었다. 사무실은 이런 물건을 빼고도 축구를 할 수 있을 정도로 공간이 넉넉했다. 아빠는 책상에 앉아 안경을 쓰고 한 뭉치의 편지와 빽빽하게 씌어진 서류를 읽었다. 편지 뭉치는 거의 소시지만큼이나 두툼했다.

"이걸 다 읽는 데 얼마나 걸려요?"

내가 물었다.

"십 분."

아빠가 대답했다.

"수상이 되려면 먼저 빨리 읽는 법부터 배워야 한다. 그렇지 않으면 서류를 읽느라 하루가 다 가버리거든. 그리고 수상은 우리 나라에서 일어나는 일들에 대해 모두 알고 있어야 해. 하루에 일어나는 일만 해도 무척 많아. 독일은 매우 큰 나라거든. 우리 나라엔 8천만 명이 모여 살아. 아빠는 이 나라에 사는 사람들이 모두 편안하게 살 수 있도록 해야 하는 책임이 있단다. 그래서 아빠는 우리 국민이 어떻게 지내는지 알아야 할 뿐 아니라, 모든 사람들이 잘 살기 위해서는 무엇을 어떻게 바꿔야 하는지 더 잘 알고 있어야 한단다."

"그러면 수상은 빨리 읽어야 할 뿐 아니라 아이디어를 내는 사람들의 말을 잘 들어야 하겠네요?"

"그것만 갖고는 안 된단다."

아빠가 말씀하셨다.

"수상이라면 엄청나게 많은 것을 알고 있어야 하지만, 읽고 듣고 질문을 던지고 생각하는 것을 한꺼번에 다 할 수 있다면 가장 좋을 게다."

"아빠는 그렇게 할 수 있어요?"

"응?"

서류를 읽고 있던 아빠가 놀란 눈으로 쳐다보았다.

"방금 뭐라고 그랬니?"

11시

나는 아빠 곁에 있는 푹신하고 넓은 가죽 소파에 앉았다. 아빠를 포함해서 많은 아줌마 아저씨들이 크고 둥근 탁자에 빙 둘러앉아 있었다. 아빠 자리 앞에는 '오늘의 안건'이라는 제목의 서류에 이렇게 씌어 있었다. '국민 보건 제도와 관련된 법과 다른 시행령들을 유로 체제로 전환시키기 위한 법규의 제정.' 응? 이게 무슨 말이야? 만일 내가 국어 작문 시간에 이런 문장을 썼다면 아마 우리 새우눈깔 국어 선생님은 그 옆에다 빨간 줄을 죽죽 그어 놓고 '좀더 알아듣기 쉽게 쓰도록!' 하고 토를 달았을 것이다. 회의는 약간 지루했다. 그래서 나는 내 옆에 앉아 있는 아줌마의 팔을 살짝 끌어당기며 물었다.

"수상이 무슨 일을 하는지 알려면 이 자리에 꼭 앉아 있어야 하나요?"

"물론이지."

그 아줌마가 대답했다.

"지금 열리는 이 회의를 내각 회의라고 하는데, 수상이 하는 일 가운데 가장 중요한 일이란다. 내각 회의는 수상을 포함해서 각부 장관들이 참석하는데, 여기 있는 사람들을 다 합쳐서 연방 정부라고 그래."

"쉿!"

아빠가 손가락을 입에 갖다댔다.

"아빠가 여기 계신 어른들의 대장이 맞아요?"

내가 속삭였다. 그러자 아줌마, 아니 이젠 여성 장관이라고 해야 겠지, 그 장관은 고개를 끄덕이며 대답했다.

"너희 아빠는 국정 지표를 정할 권한을 갖고 있단다."

"예? 국정… 뭐라고 하셨어요?"

"지표라고 하는데, 나라를 다스리는 기본 방향을 말하는 거야."

"장관님은 우리 아빠를 무서워하세요?"

여성 장관이 피식 웃으며 대답했다.

"그렇다고 봐야지. 너희 아빠가 시키는 대로 하지 않았다간 당장 잘릴 수도 있으니까 말이야."

순간 아빠는 약간 신경질적인 표정을 지으며 말했다.

"자, 이제 그만해요!"

12시 30분

"이제 무슨 일을 하러 가야 해요?"

"점심 먹으러 가야지."

아빠가 말했다.

"수상에겐 점심 식사도 일이란다."

계단을 한 층 올라가자 나무로 만든 큰 문이 나타났고, 그 문을 열고 들어가자 엄청나게 큰 홀이 있었다. 크기는 50미터 풀을 갖춘 수영장만했고, 높이는 체조 경기장처럼 높았다. 우리끼리만 먹는 자리가 아니었다. 긴 테이블에는 정확하게 95명의 어른들이 근엄한 표정으로 앉아 있었다.

"모두 기업인들이란다."

아빠가 속삭였다.

"근데 여기 왜 앉아 있는 거예요?"

내가 귓속말로 되물었다.

"나도 저 분들이 뭘 원하는지 직접 들어봐야겠구나. 하지만 저 분들은 지금 기분이 아주 좋을 거란다."

"예?"

"저 분들은 나와 식사를 하게 된 것만으로도 자기가 아주 대단한 사람인 것처럼 생각한단다."

아빠가 내 귀에다 대고 속삭였다.

내 접시 옆에는 포크 두 개, 나이프 네 개, 숟가락이 두 개 놓여 있었고, 뒤에서는 웨이터가 다가와서 별로 먹을 것도 없는 큰 접시를 계속 놓고 갔다. 내가 수상이 되면 제일 먼저 식단을 몽땅 바꿔서 내가 좋아하는 걸로만 다 채워 버릴 거다. 내가 좋아하는 건 식단에 나와 있는 것처럼 부르고뉴 소스에 오그랑 양배추와 버섯을 섞은 닭가슴살 요리가 아니라 스파게티나 피자였다. 나는 아빠에게 스파게티가 더 낫지 않느냐고 물어보았다.

"난 스테이크에 맥주 한 잔이 더 좋구나."

아빠가 귓속말로 말했다.

맞은편에 앉은 기업인 아저씨들은 마치 내가 바보라도 되는 듯 계속해서 똑같은 질문만 반복했다. 내가 바보가 아니라면 아저씨들이 바보겠지만 말이다.

"몇 살이니, 꼬마야? 아, 그래. 열두 살. 그럼 몇 학년이니? 아, 그래 5학년. 나중에 커서 뭐가 되고 싶니? 혹시 수상이 되고 싶은 건 아니니? 하하하."

"수상이 되려면 어떻게 해야 해요?"

내가 되물었다. 그러자 아저씨들은 대답 대신 멍청하게 씩 웃기만 했다.

"수상은 사람들이 뽑는 거란다."

아빠가 말했다.

"수상으로 뽑히기 위해서는 먼저 어느 당이든 가입을 해야 한단다. 그런 다음 다른 당원들이 '이 사람이야말로 수상감이야'라고 생각할 정도로 훌륭한 연설들을 많이 해야 한다. 그러면 수상 후보가 되지. 수상 후보가 되면 전국을 돌아다니면서 수많은 사람들을 만나고 악수하고 연설을 한단다. 목이 쉴 때까지 말이다. 그런 다음 가끔 텔레비전에 나와서 대담도 하고 토론도 해서, 악수를 하지 않았던 사람들까지 이 사람이면 수상감으로 어떨까 하는 생각을 가질 수 있도록 해야 한단다. 물론 다른 당의 수상 후보와 비교가 되겠지. 수상이 되려는 사람은 혼자가 아니니깐 말이다. 이렇게 어느 정도 준비가 되면 선거일이 다가오고 국민들은 결정을 한단다. 사람들은 각자 마음에 드는 당에 투표를 하고, 선거에서 이긴 그 당의 수상 후보가 마침내 수상이 되는 거란다."

"수상이 된 뒤에는 모든 사람들이 아빠가 시키는 대로 해야 하는 거예요?"

"아니지."

아빠가 말했다.

"나라를 다스리는 건 설득하는 것이란다. 우선 아빠는 국정 지표를 천명하지. 그것은 내가 나라를 어떤 방향으로 다스리겠다는 계획이야. 이를테면 교사들을 지금보다 더 많이 고용하고, 가난한 사람들에게 더 많은 돈을 나눠주고, 도로를 더 많이 건설하겠다는 이런저런 목표를 말하지. 그러면 내가 목표를 달성할 수 있도록 돕겠다는 사람들이 나선단다. 그 사람들이 바로 이 나라의 장관들이란다."

그때 아빠 뒤에 서 있던 어떤 아저씨가 아빠의 어깨 위로 몸을 숙이더니 말했다.

"그만 가셔야겠습니다."

아쉽게도 나 역시 맛있는 디저트인 과일을 넣은 아이스크림을 두고 그냥 갈 수밖에 없었다.

1시 20분

수상의 차가 지나가면 다른 차들은 모두 비켜야 한다.

"알바니아 총리를 만나려면 서둘러야겠네."

아빠가 운전사에게 말했다. 그러자 속도계의 바늘이 성큼 100으로 올라갔다.

"아빠! 이러다간 무인 카메라에 찍히겠어요."

그러자 아빠가 빙그레 웃으며 대답했다.

"그러면 좋지. 아주 멋진 추억이 될 사진이 만들어지지 않겠니?"

9시

사랑하는 일기야!

나는 완전히 파김치가 된 채 집으로 돌아왔어. 우린 시간에 맞춰 알바니아 총리를 공항에서 만났어. 안타깝지만 총리 아저씨의 이름은 잊어버렸어. 미안해. 어쨌든 그 아저씨는 참 친절했어. 그 아저씨의 말을 한마디도 알아들을 수는 없었지만 말야. 그건 아빠도 마찬가지였어. 그래서 아빠는 옆에 서 있는 어떤 부인에게 말을 하고, 그러면 그 부인이 알바니아 총리에게 알바니아 어로 말을 하고, 총리가 다시 부인에게 대답하고 그랬어. 사람들은 그걸 통역이라 부른대. 상당히 복잡하지?

"통역으로는 재미있는 이야기를 할 수가 없어."

아빠가 말했어.

"말을 옮기는 동안에 벌써 김이 빠지고 말 테니깐 말야."

아마 아빠는 지금도 일을 하고 계실 거야. 보좌관들과 두 시간 동안 회의를 한 뒤 비행기를 타고 투칭으로 가신댔어. 그곳의 한 대학에서 긴 연설을 해야 된다고 하셨어. 아빠는 1년에 100번도 넘게 공식 연설과 축사를 한다고 나를 집으로 데려다준 운전사 아저씨가 말했어. 근데 그 연설문들은 아빠가 직접 쓰는 것이 아니래. 아빠 집무실에는 다른 일은 하지 않고 매일 아빠의 연설문만 쓰는 비서가 두 명이나 있대. 나한테도 그런 사람이 있으면 얼마나 좋을까? 그러면 수학 숙제같이 귀찮은 걸 몽땅 맡겨 버릴 텐데 말야.

운전사 아저씨한테 아빠가 직접 차를 몰 때도 있냐고 물어봤어. 아저씨는 한 번도 그런 적이 없었다고 대답했어.

사랑하는 리자가.

4월 23일 월요일

사랑하는 일기에게!

혹시 너무 오랫동안 소식을 전하지 않아서 내가 죽었거나 아니면 다른 곳으로 몰래 이사를 가 버린 것으로 생각하지는 않았니? 하지만 착각이야. 이렇게 멀쩡하게 살아 있잖니? 그 사이 난 아빠랑 약속을 잡느라 무척 바빴어. 아직도 수상이 무슨 일을 하는지 잘 모르거든. 예를 들어 수상이 된 것이 재미있는지, 수상을 그만두면 무슨 일을 하는지 그리고 수상은 어떻게 다른 사람들이 자기 말을 듣도록 하는지 등등 아직 궁금한 게 많거든.

그런데 그 사이 아빠는 계속 해외로 돌아다니셨어. 러시아에 일주일, 브뤼셀에 세 번, 프랑스에 두 번, 미국에 한 번, 그리고 중간중간에 폴란드, 헝가리, 체코슬로바키아, 에스토니아, 슬로베니아, 사이프러스에 들르셨고, 마지막으로 스웨덴에서 닷새를 계셨어. 집에서

는 딱 이틀 밤을 주무셨
는데, 아침밥을 먹을 때
나는 차마 내가 궁금해
하는 것을 물어볼 수가
없었어. 수상이 되면 아
침에 일어나는 것이 귀
찮은지 아빠는 아침밥
을 먹으면서도 계속 투
덜대셨거든. 결국 내 문
제를 해결하기 위해 나
는 아빠 집무실로 편지
를 쓰기로 했어. 내용은
이랬어.

　친애하는 수상께

　지난주 수상께서 텔레비전에 나와서 직접 하신 말씀을 잊어버리
신 건 아니겠죠? 그때 수상께서는 "노력하는 자만이 승리할 수 있
다."라고 말씀하셨습니다. 저 역시 수상에 대해 모든 것을 알기 위해
노력하고 있습니다. 이제 겨우 절반 정도밖에 모르거든요. 언제 저
를 다시 데려가 주시겠어요? 그날이 빨리 왔으면 좋겠습니다.

　안녕히 계십시오.

4월 25일 수요일

리자 씀

오늘 답장이 왔어.

사랑하는 리자에게!
그래, 네가 이겼다. 내일, 그러니까 4월 26일에 시간 있니?
세상에서 리자를 가장 사랑하는 아빠가

정말 멋진 초대였고, 나는 당연히 시간이 있었어. 이제 아빠가 학교에 이렇게 써 주기만 하면 됐지.
"제 딸이 오늘 정부에 급한 볼일이 있어 학교에 갈 수 없게 되었습니다. 양해해 주시기 바랍니다."

4월 26일 목요일

사랑하는 일기에게!
수상은 어디든 혼자 다녀서는 안 되게 되어 있어. 화장실을 갈 때도 마찬가지야. 아빠가 가는 곳이면 어디든 두 명의 경호원이 쫓아다녀. 한 사람은 앞에서 다른 사람은 뒤에서 말야. 그 아저씨들은 귀에 이어폰을 꽂고 있는데, 이어폰에서 나온 가느다란 줄은 아저씨들이 입고 있는 와이셔츠 깃 속으로 쏙 들어가 있어. 경호원 아저씨들은 가끔 소매를 들어 말도 하곤 했는데, 무슨 소리인지는 알아들을 수가 없었어. 어쨌든 그 아저씨들은 아주 멋지게 생겼어. 특히 영화배우들처럼 선글라스를 끼고 있을 때면 정말 멋져. 아저씨들은 다른 사람들이 아빠를 해치지 못하도록 보호하는 일을 해. 그런데 아저씨들과 이야기를 해보니 무척 친절한 사람들이었어. 나하고 이야기한 마르쿠스 아저씨의 말로는 여자 경호원도 있대. 아저씨는 권총도 보여 주었는데, 아쉽게도 만져 보지는 못하게 했어.

오늘은 차가 막히지 않아서 헬리콥터가 아니라 자동차를 타고 아빠 집무실로 갔어. 아빠는 먼저 보좌관들과 협의를 한 뒤, 당에서 나온 사람들과 한 차례 더 회의를 했어. 아빠는 아빠가 소속된 당의 총재거든. 그 다음에 우리는 연방의회로 가려고 했어. 그런데 집무실을 나오는 순간 무척 힘든 일이 벌어졌어. 카메라와 마이크, 그리고 수첩과 볼펜을 든 삼사십 명의 기자들이 아빠를 발견하자마자 득달같이 쫓아와서는 우리를 졸졸 따라다니기 시작했어. 결국 우리는 걸음을 좀더 빨리 해서 잽싸게 차에 올라탔어. 순간 아빠는 그들을 향해 손을 흔들더니 "안녕!" 하고 말했어. 아빠는 무척 고소하다는 표정이었어.

틈틈이 나는 내가 가장 궁금하게 생각했던 문제들을 아빠에게 물어보았어. 수상이 된 것이 재미있느냐는 질문에서부터 말이야. 그러자 아빠는 그렇다고 대답하시면서 이렇게 덧붙였어.

"수상이 된 게 재미있느냐는 질문보다 수상이라는 직책이 즐거운지 묻는 편이 훨씬 더 정확할 것 같구나."

"그러면 수상이 더 이상 재미없어지면 어떻게 하시겠어요?"

"그런 상상은 아직 한 번도 해본 적이 없는걸."

아빠가 대답하셨어.

"수상은 많은 직업들 가운데 가장 멋진 직업인데 왜 그런 생각이 들겠니?"

"아빠보다 더 높은 사람이 없어서 그래요?"

"아니, 오히려 아빠한테는 8천만 명의 상관이 있는걸. 아빠는 독일에 사는 모든 국민의 심부름꾼이란다. 너를 포함해서 말이야. 국민들은 아빠를 자세히 감시하고 관찰하고 있어. 그래서 마음에 들지 않으면……."

"해고할 수 있다, 그 말씀이세요? 저도 아빠를 자를 수 있다고요?"

내가 아빠의 말을 앞질렀다.

"그래, 맞다. 네가 만으로 열여덟 살이 되면 말이다. 그때 가서 아빠가 마음에 들지 않으면 그냥 다른 당에 투표해 버리면 그만이란다. 그런 사람이 우리 나라의 절반을 넘으면 아빠는 해고되고, 다른 사람이 수상이 되는 거지."

"수상이 되려는 사람이 많아요?"

"물론이지. 조금 있으면 그런 사람들을 만나게 될 거다. 연방의회에는 그런 사람들이 무척 많거든."

연방의회에 들어서자 한 아저씨가 단상에 서서 열심히 손짓을 해 가며 빠른 속도로 연설을 하고 있었어. 연설은 주로 우리 아빠인 수상을 욕하는 말로 가득 차 있었어. 수상은 이것을 잘못했고, 저것을 소홀히 했으며, 충분히 예상되는 일을 내다보지 못했을 뿐 아니라 거짓말쟁이에다 허풍선이라는 거였어. 연설은 온통 이런 내용뿐이었어. 이 아저씨가 바로, 아빠가 말했던 수상이 되고 싶어하는 사람들 가운데 하나래.

단상에 서 있는 아저씨가 수상 욕을 잔뜩 늘어놓는 동안에도 아빠는 싱긋 웃기만 하거나 아니면 옆사람과 귀엣말로 뭔가 쑥덕거리기도 하고, 전화를 걸기도 하고, 신문을 읽거나 몸을 돌려 뒷사람과 잡담을 나누기도 하셨어. 심지어 잠깐이지만 밖으로 나간 적도 있었어. 의사당 안에 앉아 있는 다른 사람들도 열심히 듣지 않기는 마찬가지였어. 어떤 뚱보 아저씨는 초콜릿을 먹기도 했어.

"아빠, 다음에 저희 학교에 같이 한 번 가요."

내가 돌아오는 길에 이렇게 말했어.

"오늘 아빠를 포함해서 다른 아저씨들의 태도가 그게 뭐예요? 우리 어린이들도 수업 시간에 그렇게 안 해요."

"그래, 맞다. 다음에 기회가 있으면 너희 학교에 가서 아이들한테 좀 배워야겠구나, 허허."

그때 핸드폰이 울렸고, 끊자마자 다시 또 울리고, 또 울리고, 또 울렸어.

그 사이 차는 집에 다 왔어. 나는 내렸고, 아빠를 태운 차는 어두운 밤거리를 쏜살같이 달려갔어. 내 생각에 수상은 왕과 비슷한 직업인 것 같아. 하지만 동시에 나라의 가장 큰 하인일 수도 있다는 생각이 들어.

뭐가 뭔지 아직은 자세히 모르지만 어쨌든 내가 예전보다 훨씬 더 똑똑해진 것만은 사실인 것 같아.

너의 리자가.

백지장도 맞들면 낫다

정당은 왜 필요할까

클라우스 레게비(Claus Leggewie)

머리가 희끗희끗한 사람들은 옛날 이야기 하기를 좋아한다. 소위 옛날이 훨씬 더 살기 좋고 아름다웠다는 것이다. 내 이야기도 그렇게 시작된다. 1966년, 그러니까 우리가 열일곱 살이었을 때다. 그때 같은 반 친구였던 우리 셋은 정치에 참여하고 싶어했다. 어떻게 해야 할까? 간단했다. 정당에 가입하면 됐다. 당시에는 연방의회에 의석을 가지고 있는 정당이 4개 있었다. 기독교민주연합(기민당, CDU), 독일사회민주당(사민당, SPD), 독일자유민주당(자민당, FDP), 그리고 바이에른주에 있는 기독교사회연합(기사당, CSU)이었다.

친구들 셋 중 하나는 '청년 사민당원'이 되었고, 다른 하나는 '청년 기독교연합 당원(기민당과 기사당 연합)', 그리고 나머지 하나는 '청년 자민당원'이 되었다.

우리 셋이 이렇게 갈라지게 된 것은 각각 자라온 환경과 부모로부터 물려받은 인생관이 달랐기 때문이다. 사민당을 택한 친구는 노동자 가정 출신으로 더 많은 사회 정의를 원했고, 기독교연합을 택한 친구는 성실한 공무원의 아들로 성당에서 복사*로 일했다. 자민당을 택한 친구는 아버지가 사업을 하셨는데, 매일 목사들과 노동조합 간부들을 심하게 욕하는 아버지의 영향을 받고 자랐다.

셋에게는 공통점도 있었다. 토요일이면 함께 축구를 한 후, 깨끗이 샤워한 뒤 디스코텍으로 향했다. 그밖에 우리를 서로 연결한 것은 뭔가 바꾸어야 한다는 의식이었다. 다시 말해서 세상이 이대로는 안 되고 뭔가 바뀔 필요가 있다는 부분에 대해서는 의견을 같이했다. 청년 기독교연합에 가입한 비교적 보수적인 친구조차 말이다.

혹시 지금까지의 이야기를 듣고, 이 사람이 지난 시절에 대한 자랑이나 잔뜩 늘어놓으려고 하는 건 아닌지, 염려가 될지도 모른다. 그러나 그런 걱정은 말라. 과거를 예찬하고 싶은 생각은 없으니까. 시대는 변하기 마련이다. 우리가 오래 전에 탈당한 그 정당들의 모습도 예전처럼 그렇게 좋아 보이지는 않는다. 하지만 당시에 우리는 밤마다 각 당의 회합에 나가 죽치고 앉아서 당의 강령을 공부하고, 안건을 작성하고, 선거 벽보를 붙이고, 거리에서 사람들에게 당보를 나누어 주었다. 심지어 얼마 안 되는 용돈에서 몇 마르크를 떼내 자발적으로 당비로 내기도 했다. 당원이 된다는 것은 돈이 들고, 무엇보다 시간도 많이 뺏기는 일이었지만, 당시엔 그게 왜 그리 재미있었는지 지금도 잘 이해되지 않는다.

하지만 30년 전에는 정당들이 상당히 인기가 좋았다. 전체 국민들

---

* 가톨릭에서 미사를 집전하는 사제의 시종.

가운데 정당에 가입해서 적극적으로 활동하는 사람들은 불과 3~4퍼센트도 안 됐지만, 청년들이 정당에 가입하는 것을 스포츠클럽이나 보이스카우트에 가입하는 것처럼 아무렇지도 않게 생각하던 시절이었다. 당시엔 단체에 가입하고 조직의 일원이 되는 게 유행이었다. 성인들은 대부분 무슨 무슨 단체에 가입되어 있었는데, 대리 의장직 단체, 경리원 단체, 기록원 단체 등 각종 모임이 결성되어 있었다.

정당 역시 이러한 단체에 속했다. 많은 어른들이 정치에는 무관심했고 정치를 '사람 버리는 더러운 장사'라고 욕했지만, 우리가 참여한 정치 활동에 대해서는 꼭 필요하고 유익한 일이라고 칭찬해 주었다. 모든 사람들이 정치를 외면하면 누가 나라를 다스리고 국민을 먹여살릴 것이냐는 이유에서였다. 이런 점에서 연방 하원 의원들은 사람들로부터 꽤 존경을 받았고, 사람들은 어디서건 치열하게 정치에 대한 논쟁을 벌였다. 특히 집에서는 아버지와 아들이 열띤 정치 논쟁을 벌였는데, 한참 설전을 벌이다 보면 엄마가 지겹다는 표정으로 소리를 지르곤 하셨다.

"그만 좀 해! 크리스마스 이브까지 꼭 정치 얘기를 해야겠니?"

어머니가 이런 반응을 보이면 우린 '화 안내기 게임'을 하거나 다른 나쁜 짓을 하면서 놀았다. 당시에는 아직 컴퓨터 게임이 없었고, 텔레비전 채널도 세 개뿐이었기 때문이다.

지금은 정치의 재미를 대신하는 텔레비전 채널이 훨씬 많아진데다 정치에 무관심해져서, 정치인들의 명성도 완전히 바닥에 떨어졌다. 아니, 바닥이 아니라 지하로 미끄러져 들어갔다고 해야 할 정도다. 오늘날 대부분의 정당들은 후진들이 없어 고민에 빠져 있다. 각 당의 당원들은 점점 나이가 많아지고 있는데, 젊은 세대들이 그만큼 정당에 가입하지 않는다는 얘기다. 어쨌든 나 역시 청년 시절에 가입했던 정당에 더 이상 발을 들여놓지 않는다. 하지만 정치에 대한 관심은 식지 않아서 현재는 대학에서 정치학을 가르치는 교수가 되어 있다.

정치학자로서 나는 여러 가지 궁금한 문제들이 많았는데, 그 중 하나가 바로 정당의 필요성에 대한 문제였다. 정당은 왜 만드는 것일까? '생각이 같은 사람'들끼리 '우리'라는 감정으로 똘똘 뭉치고 싶은 것이 첫 번째 이유다. 사람은 원래 같은 생각을 가진 사람들끼리 한데 어울리고, 그럼으로써 생각이 다른 사람들과 구분짓길 좋아한다. 매사에 자신들과 반대로 생각하는 사람들을 함께 욕하고 비난하는 것만큼 재미난 일이 있을까? 그래서 이렇게 뭉친 사람들은 '세상에 우리 같은 사람만 있으면 세상이 훨씬 더 좋아질 텐데!' 라고 생각한다. 이처럼 편을 가르고 당파를 만드는 일은 우리 주위 어디서나 쉽게 볼 수 있다. 아파트에서도, 회사에서도, 학교에서도, 교무실에서도 그리고 서로 치고 박고 싸우다 법정까지 간 사람들 사이에도 이러한 파당과 편가름은 있기 마련이다. 달리 말해서 파당과 편가름은 세상 곳곳에 존재한다.

정치에서 생각이 같은 사람들끼리 뭉친 것을 정당이라고 한다. 정치에는 많은 쟁점들이 해결되지 않은 채 그대로 남아 있거나 아니면 밤이 지나면 아침이 오듯이 계속 반복된다. 연금 문제가 그 일례가 될 수 있는데, 이것은 1966년에도 쉽게 해결책을 찾지 못하던 문제였다. 그 외에도 해결할 수 없는 문제들은 많다. 숲이 죽어 가는 것을 어떻게 막고, 맑은 공기를 어떻게 만들 것이며, 어떻게 하면 가난을 뿌리뽑고 전쟁을 막을 수 있을까 하는 등등의 문제들이다.

이런 문제들에 대해 이상적인 해결책이 나오지 않는다고 해도 사람들이 포기하지 않는 건 참으로 다행스런 일이다. 그런데 정당들끼리 싸움을 그만두고 초당적으로 처음부터 하나의 노선으로 나아가는 게 더 낫지 않을까 하는 생각을 할 수도 있다. 나아가야 할 노선은 똑똑한 사람들이나 가장 힘센 사람이 정하면 그만이라고 생각하면서 말이다. 실제로 히틀러와 국가사회주의자들이 지배하던 제3제국 시대가 그랬다. 당시엔 단 하나의 정당만 허용되었는데, 이것은 불행한 결과로 이어졌다. 유일 정당의 노선에 찬성하지 않는 사람들은 감옥에 갇히거나 강제 수용소로 보내졌고, 아니면 외국으로 추방되거나 고문당하고 학살당했다. 하나의 정당만 존재하는 국가는 독재국가다. 그런데 사람들 가운데에는 왕왕 이러한 독재 국가를 동경하고, 100여 년 전에 어느 황제가 한 말에 동조하는 사람들도 있다. "나는 더 이상 정당이 뭔지 모른다. 단지 독일인들만 알 뿐이다!" 이러한 분위기 속에서 수천 명의 젊은이들이 전장으로 향했다. 평화 시기라 하더라도 항상 하나의 정당만이 옳고, 하나의 정당만이 나라를 다스릴 수는 없다. 여러 정당들이 존재하면 자연스레 경쟁이 생겨나는데, 경쟁은 일을 활발하게 하고 능률을 극대화시킨다. 시장에서 경쟁이 붙으면 자연히 가격이 내려가는 것처럼 말이다.

예전의 동독에도 독일통일사회당(통사당, SED)이라는 하나의 정당이 국정을 독점했다. 하지만 통사당 보스들은 겉으로는 자기네들 국가가 민주 국가인 것처럼 보이기 위해 형식상 몇몇 군소 정당들을 허용했다. 그러나 그건 눈가림일 뿐이었다. 민주주의는 이루어지지 않았고, 결국 그 때문에 동독은 무너졌다.

똑똑한 사람들이 왜 혼자서 다 결정해서는 안 되는 것일까? 아무리 똑똑하다고 하더라도 모든 분야를 다 잘 알 수는 없고 오직 자신의 전공 분야에서만 똑똑하기 때문이다. 게다가 똑똑하다고 다 선한 것은 아니다. 수많은 사람들의 목숨을 앗아간 원자폭탄을 만든 사람도 똑똑한 과학자들이었다. 그리고 아무리 똑똑한 사람이라도 해결할 수 없는 문제들이 있기 마련이다. 예를 들어 광우병 같은 문제는 아직 그 방면의 전문가들조차 치료법을 개발해 내지 못하고 있다. 각 방면의 전문가들끼리 건설적으로 싸우게 하고, 동시에 규칙을 정해 어느 정도 질서 있게 싸우도록 하는 게 정당이 할 일이다.

정치적 문제를 둘러싼 싸움은 인간의 기본 성향에 속한다. 마치 마우스 없는 컴퓨터나 타이어 없는 자동차란 생각할 수 없듯이 말이다. 우리 인간은 원래부터 싸우길 좋아하는 족속이었다. 종종 끔찍한 결말로 이어지고, 어떤 문제든 싸움으로 해결하려는 사람들 때문에 골치가 아프다고 하더라도 싸움은 각기 다른 생각을 가진 사람들끼리 어울리며 살아갈 수밖에 없는 우리 사회를 떠받치는 힘 가운데 하나라는 사실을 부인하긴 어렵다. 싸움이 평화적으로 진행되고 한쪽이 다른 쪽 사람들의 의견을 존중하는 사회라면 정당들끼리의 싸움도 쉽게 합의에 이를 수 있을 것이다. 그러나 인간 사회에서 완전한 합의란 있을 수가 없다. 단지 게임 규칙을 정해 놓고 그것을 존중하고 따라야 한다는 데에만 합의할 뿐이다.

정당이 왜 필요한지에 대한 두 번째 이유는 좀더 설명하기가 어렵다. 정당은 민간 클럽과 비슷하게 조직되지만 그렇다고 테니스 클럽이나 '주말 농장을 사랑하는 사람들의 모임' 같은 단체는 아니다. 정당이 하는 일은 일반 시민들의 사적인 일과는 관계가 없다. 정당법에 나와 있듯이 정당은 정치적 의견을 형성하는 데 그 목적이 있다.

의견이란 사람들이 모이는 공공 장소에서 형성된다. 공공 장소란 모든 사람에게 해당되는 문제들에 대해 자유롭게 이야기할 수 있는 그런 공간을 말하는데, 시의회나 학교의 대강당일 수도 있고, 대중이 우연히 혹은 의도적으로 모인 전혀 뜻밖의 장소일 수도 있다.

정당은 이익 단체와 국가 사이의 중재자 역할을 한다. 다시 말해서 오로지 자신의 돈벌이와 만족만을 추구하는 이익 단체와 그 이익 단체의 이익 추구가 다른 사람들에게 해를 끼치지 않고, 더 많은 사람들에게 도움이 되는 쪽으로 유도하려는 국가 사이의 불협화음을 조정하는 역할을 한다는 말이다. 국가는 질서를 만든다. 하지만 그것이 국가의 전부는 아니다. 유일 정당 체제와 독재 국가도 질서를 만들지만, 국민이 직접 결정에 참여하고 국민이 국민 대표를 감시하는 것은 민주주의 체제 하에서만 가능하다. 물론 민주주의 역시 누군가 통치하는 사람이 있어야 하는 지배 체제이고, 그 지배자가 우리 국민에게 원치 않는 일을 강제로 시킬 수도 있다. 하지만 원론적으로 민주주의의 특성은 국민이 직접 자기 자신을 지배하는 체제다. 국민의 손으로 직접 뽑은 지배자가 국민을 다스리니 당연히 자기가 자신을 지배하는 형태가 되는 셈이다. 이러한 '국민에 의한 국민의 자기 지배'를 최선의 형태로 이루기 위해 고안해 낸 것이 바로 정당이다. 다시 말해서 의견과 이해와 관점들이 자유롭고 공정하게 경쟁할 수 있도록 정당이 만들어진 것이다.

경쟁을 하기에 앞서 각 정당들은 먼저 다른 정당과 자신을 구별해야 한다. 저마다의 색깔을 담은 강령이 만들어지고, 각기 다른 인물들로 당이 채워진다. 그리고 다른 당과 좀더 선명하게 구별하기 위해 상징물과 색깔이 고안되었다. 이러한 상징물이 만들어진 것은 대부분의 정당이 탄생한 19세기다. 사민당은 빨간색, 기민·기사당 연합은 검은색, 자민당은 노란색, 그리고 녹색당은 이름 그대로 녹색을 당의 상징적인 색깔로 삼았다. 극우주의자들은 갈색을 표방하지만 그런 자들은 여기에 포함시키지 않는 게 좋겠다. 외국에는 다른 상징물들이 있다. 예를 들어 미국의 양대 정당인 공화당과 민주당은 각각 코끼리와 당나귀를 상징물로 쓰고 있는데, 아주 오래 전 미국의 한 만화가가 그린 것이다. 오늘날엔 거의 모든 사람이 이 상징물들을 알고 있다.

정당의 필요성에 대해 더 자세히 알려면 정당들이 탄생한 과거의 시대로 되돌아가 보는 것도 퍽 유익해 보인다. 정당이라는 이름으로 처음 등장한 사람들은 자유주의자들이었다. 그들은 왕가 출신이라는 이유만으로, 혹은 신이 미리 신분을 정해 두었다는 이유만으로 태어나면서부터 사람들 위에 군림해야 한다고 생각하는 왕과 귀족들에 대항해서 시민의 권리를 부르짖었다. 시민의 자유와, 독일의 경우 독일 민족의 통일을 부르짖었던 자유주의자들에 맞선 세력은 보수주의자들이었다. 이들은 오늘날에도 옛 질서와 전통을 지키기 위해 노력하는 사람들로 대변된다. 그런데 항상 자유당과 보수당에는 항상 동조하는 사람이 적었던 반면에 사회민주주의자, 사회주의자, 공산주의자들은 지난 역사 속에서 수십만 명 혹은 수백만 명의 노동자들을 움직였다. 그러나 사민당과 사회당과 공산당은 19세기뿐 아니라 20세기에 들어서도 집권 세력의 탄압 대상이 되었고, 당원들은 감옥에 가거나 죽임을 당하기까지 했다.

정당들의 목표는 크게는 기존의 사회 질서를 송두리째 뒤엎으려는 혁명과 점진적인 변화를 주장하는 온건한 개혁으로 나눌 수 있다. 이 목표들을 어떻게 생각하느냐 하는 것은 별개의 문제다. 단지 여기서는 이런 과거를 되돌아봄으로써 알아낸 것이 하나 있다. 당시에는 수백만 명의 사람들이 어떤 정당이건 하나의 정당에 가입하는 것을 마치 피할 수 없는 시대적 의무로 여기고 있었다는 사실이다. 대신 그들은 많은 것을 희생해야 했다. 당원이 된다는 것은 많은 시간을 투자해야 할 뿐 아니라 심지어 목숨까지 잃을 수 있는 위험한 일이었다. 그러나 오늘날엔 다르다. 현대인들은 재미가 있는지 없는지에 따라서 정치 참여 여부를 결정한다. 하지만 잊어서는 안 되는 건 오늘날에도 여전히 매우 많은 사람들이 갖은 위험을 감수하며 정당을 세우고 활동하고 있다는 사실이다. 그리고 오늘날의 독일에는 없지만 다른 곳에서는 여전히 독재 체제가 존재하고 있다는 사실 또한 잊어서는 안 될 것이다.

민주 국가라면 어느 나라건 할 것 없이 모두 좌파와 우파로 나뉘게 마련이다. 좌파와 우파라는 명칭은 프랑스 의회에서 보수파는 우측에, 개혁파와 혁명당원들은 좌측에 앉은 데서 유래했다. 오늘날에는 이런 식으로 의원들에게 앉으라고 한다면 아마 서로 중간 자리에 앉으려고 애를 쓸지도 모른다.

민주주의에서는 투표 수에 따라 모든 것이 결정된다. 학급 반장 선거나 축구 선수단의 주장 선거처럼 말이다. 누가 뽑히면 가장 잘

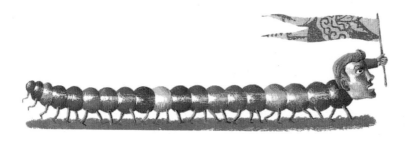

할 수 있을지를 설득하기 위해 각 정당은 후보들을 내세우고, 그 후보들은 자신을 소개하면서 자신이 뽑히면 나라를 어떻게 다스릴지 그 계획을 설명한다. 이따금 누가 될지 너무 뻔해서 상대 당 후보가 선거를 해보기도 전에 낙담하는 경우도 있다. 그러나 여러 가지 가능성들 가운데 하나를 선택할 수 있다는 것만으로도 선거는 상당히 매력적인 제도임에 틀림없다. 그건 아마 선거를 해보지 않은 사람들은 잘 모를 것이다.

당원이 된 사람은 사람들 앞에 나서고 싶은 욕구를 느낀다. 그래서 쉴새없이 이런저런 논쟁에 참여한다. 정당 정치인이라면 무엇보다 다른 사람들을 설득하는 재주가 있어야 하고, 그런 일에 재미를 느껴야 한다. 정치인이 남을 설득하는 일은 텔레비전의 토크쇼와는 다르다. 다시 말해서 자신이 하고 싶은 것만 요구할 수는 없고, 자기 이야기만 해서도 안 되고, 또한 괜한 우스갯소리를 해서도 안 된다. 사람들로 하여금 귀기울이게 하기 위해서는 비슷한 문제에 비슷한 관심을 가진 이들의 의견을 대변해야 한다. 이 자리에는 없는 사람, 혹은 지금 이 자리에는 있지만 말을 잘 못해서 끙끙대는 사람들을 위해 그들이 하고 싶은 말을 조리 있게 대신해 주어야 하는 것이다. 정치인들 가운데에는 자신이나 자신이 속한 집단만을 위한 일이 아닌 데도 발벗고 나서는 사람들이 있다. 예를 들면 깨끗한 공기와 환

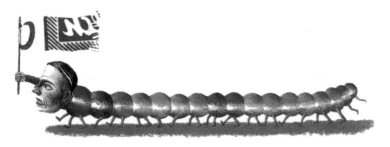

경을 보호하는 일 등에 말이다. 이런 일은 모든 이들에게 이익이 되는 일이다. 한편 비록 자신과는 전혀 상관이 없지만, 텍사스주나 테헤란에서 사형 선고를 받은 사람들을 위해 자기 일처럼 뛰어 다니는 사람들도 있다. 이처럼 정치적으로 뜻이 같은 사람들끼리 함께 뭉치고, 여론을 한데 모으는 것이 정당의 중요한 역할이다.

세 번째는 당원들 중에서 선거에 출마하고 관직을 맡을 후보들을 양성하는 역할이다. 현재의 각료들 가운데에서 당적이 없는 사람은 단 한 사람뿐이다. 투표 용지에도 해당 인물의 소속 당이 항상 명기되어 있다. 정당 제도 없이 '직접 민주주의'의 형태를 꾸려 가는 국가들도 있지만, 독일을 포함해서 많은 나라들이 정당 정치 체제를 유지하고 있다.

정당은 정치적 의견을 형성하고 국민을 대표한다. 그러나 그것을 제대로 실천하느냐가 문제다. 철저한 정당주의자인 당의 간부들조차도 현재의 정당이 그러한 역할을 제대로 수행하지 못하고 있고, 정당들에 대한 국민의 불신이 높다는 것을 인정할 수밖에 없는 실정이다. 따라서 사람들이 정당을 외면하고, 그로써 정당이 후진 양성에 어려움을 겪는 악순환이 반복되고 있다.

최근 불거져 나온 정당에 대한 몇 가지 문제점을 지적해 보겠다.

▶ 정치인은 전문가가 아니다. 그 때문에 공기업 사장이나 대학 총장 혹은 방송국 프로그램 편성을 감시하는 방송 자문 위원회에 결코 정치인이 임명되어서는 안 된다. 그럼에도 정당은 소속 정치인들을 여러 공직에 진출시키려고 한다. 얼마 전 이웃 나라인 체코슬로바키아에서는 한 방송사 편집국 직원들이 파

업을 벌였다. 정부가 당 간부를 방송사 고위직에 임명했기 때문이다. 그 당 간부는 언론에 대해 아무것도 모르는 사람이었다. 독일이라고 해서 사정이 크게 나아 보이지는 않는다. 사민당은 사민당원을, 기민당은 기민당원을 사회 곳곳의 공직에 임명하려고 하는 게 사실이다. 이런 것이 문제가 되자 몇몇 정치 지도자들은 더 이상 공직에 진출하지 않겠다고 약속했다. 정당은 여론을 형성하는 기관이다. 하지만 그런 역할을 정당만 수행해야 한다는 법은 어디에도 없다. 우리는 차기 대학 총장이 당원 수첩을 가지고 있는 사람인지 아닌지, 그리고 바이에른 방송사 사장에 누가 임명되는지 눈여겨볼 것이다.

▶ 당의 고위 정치인들은 방송 프로그램의 편성에만 영향을 미칠 뿐 아니라 방송 프로그램에도 쉼없이 출연한다. 그래서 사람들은 방송 카메라가 정치인들의 허영심을 채워주는 거울이라고 생각하기도 한다. 이에는 물론 담당 언론인이나 토크쇼 진행자의 책임이 크다. 하지만 방송에 나와서 시청자들에게 얼굴을 알리고 자신의 이미지를 선전하려는 정치인들의 책임은 더욱 크다. 그들은 입만 열면 내용이 중요하다고 떠벌리지만 그들 역시 겉포장에 신경을 쓰고 있다는 의심을 지울 길이 없다.

▶ 정치인이 방송사에 낙하산으로 임명되거나 텔레비전에 직접 출연하는 것보다 더 나쁜 일이 있다. 바로 부정 부패다. 정당 – 혹은 수상이 몸소 할 수도 있다 – 이 부자들, 대기업들 혹은 막강한 이익 집단들에게 합당한 설명없이 정치 자금을 받으면 필연적으로 부정이 생기게 된다. 정치인들은 기부금을 제 주머니에 챙겨 넣어서는 안 된다. 만약 그렇게 되면 어떤 사안에 대해

최선의 방향이 아닌, 돈을 가장 많이 낸 사람을 위한 쪽으로 결정이 내려질 것이라는 의심을 받는다. 이익을 대변하고 압력을 행사하는 것도 좋지만, 정당이 이익 단체의 이익에만 너무 열심인 나머지 만인을 위한 정책을 펴야 하는 공공의 의무를 잊어버려서는 안 될 것이다.

정당은 가장 훌륭한 사람들을 정부의 주요 공직에 앉혀야 하고, 시민들이 스스로 의견을 가질 수 있도록 도와 주어야 하며, 만인에게 해당되는 문제에 있어선 최선의 해결책을 마련하기 위해 지혜를 모아야 한다. 하지만 이는 꿈이다. 정부의 최고위층에 앉아 있는 사람들이 가장 훌륭한 사람들이라고 말할 수 없고, 정당 정치인들이 정말 국민의 의견을 모으기 위해 노력했는지에 대해서도 장담하기 어렵다. 또한 '어느 정당이 우리가 안고 있는 문제들을 가장 잘 해결해 줄 수 있을까' 하는 설문 조사에서도 '하나도 없다'는 대답이 독일 국민의 절반 이상을 차지한다.

정당 정치인들도 이 설문 조사 결과를 잘 알고 있다. 그럼에도 그들은 마치 모든 문제에 정답이 있는 것처럼, 어떤 복잡한 문제에도 이상적인 해결책을 갖고 있는 것처럼 말하고 행동한다. 이처럼 가식적인 행동을 할 수밖에 없는 것은 정치가 일반적으로 30년 전보다 훨씬 더 신뢰를 잃었다는 사실과 관련이 있다. 30년 전의 국가는 못할 게 없는 전지전능한 존재였지만, 지금은 많은 사람들이 국가를 아무 쓸모없는 존재로 여기고 있다. 그 때문에 사람들은 어느 정당도 국민이 안고 있는 문제점들을 제대로 해결할 수 없다고 생각한다.

사람들로부터 소외받는 건 비단 정당들만의 문제가 아니다. 스포츠 단체들도 젊은 회원들이 없어 골치를 앓고 있다. 그건 청소년들에게 인기가 있는 스포츠도 마찬가지다. 요즘은 농구를 좋아하는 사람도 클럽에 가입하기보다는 길거리 농구를 더 좋아한다. 그건 비치발리볼의 경우에도 매한가지다. 이로써 생기는 문제점은 분명하다. 제대로 게임을 즐기거나 프로 선수가 되려면 길거리가 아닌 체육관에서 오랫동안 정식으로 연습을 해야 하는데, 많은 사람들이 그런 단체에 가입하는 것을 외면하고 있으니 실력 있는 프로 선수가 나오기가 어려운 형편이라는 사실이다.

스포츠에서 프로 선수를 배양하는 곳이 스포츠클럽이라면 정치에서 전문가를 키우는 곳은 정당이다. 정당 없는 전문 정치란 생각할 수 없다. 이렇게 말하면 내가 혹시 정당 예찬론자가 아닐까 하고 의심하는 사람들도 있겠지만, 일방적으로 정당을 찬양하고 싶은 마음은 추호도 없다. 단지 나는 선악을 떠나 정당의 필요성을 역설하고 있는 것이다. 정당에 무관심한 사람들은 만일 정당이 없어진다면 지금까지 정당이 해온 역할을 누가 맡을지 먼저 생각해 봐야 한다. 그리고 살을 빼고 건강을 유지하는 것과 같은 개인적인 문제를 국가와 정당에 해결해 달라고 떼를 써서는 안 된다.

아무리 생각해 봐도 나는 개인과 집단의 한계를 넘어서는 복잡한 문제들을 해결할 수 있는 단체가 정당 외에는 떠오르지 않는다. 한때 폐쇄 가옥을 불법으로 점거해서 사회 문제를 일으켰던 요쉬카 피셔도 정당에 가입해서 녹색당의 총수가 되었고, 지금은 외무부 장관을 하고 있지 않은가? 게다가 광우병 파동으로 소떼 전체를 도살하는 정부 시책에 반대해서 격렬한 시위를 벌였던 농부들도 결국 마지막에는 다시 정당으로 가서 자신들의 어려움을 호소하고 해결점을 찾으려고 하지 않았는가?

　이렇게 말하면 "그래, 알았어, 정당은 필요악이야. 하지만 나는 안 해."라고 말하는 사람들이 있을 것이다. 민주주의 국가에서는 어느 누구에게도 정치에 적극적으로 참여하라고 강요할 수 없고, 정치에 무관심하다고 벌을 줄 수도 없다. 하지만 이런 경우를 한 번 생각해 보자. 만일 미국 대통령이 미국인들의 1/4만 투표해서 뽑은 대통령이라면 좋겠는가? 혹은 독일의 경우처럼 시장이나 시의회 선거에서 선거권을 가진 열 명 가운데 네 명만이 선거에 참여하는 것이 좋아 보이는가? 또 자신은 아무 일도 안 하면서 정당에서 활동하는 몇몇 멍청이들 – 사람들은 정치인들을 이렇게 부른다 – 로부터 어부지리만 얻는 것이 좋은가? 그리고 자신은 정치에 나 몰라라 하면서 나중에 그렇게 뽑힌 정치인들이 잘못했을 때는 신나게 욕이나 하는 게 올바르다고 생각하는가?

　옛날이 좋았다고 이야기하는 것보다 더 나쁜 건 나이 지긋한 분들이 "요즘 젊은 것들은….." 하고 욕하는 것이다. 정치란 늘 소수의 사람들만이 하는 일이었고, 가장 좋았던 시대에도 정당에 가입한 사람은 대개 나이가 지긋한 사람들이었다. 이 글을 쓰다가 갑자기 궁금해져서 나는 옛날에 함께 정당에 가입했던 세 친구에게 전화를 걸어 요즘은 무엇을 하고 있는지 물어보았다. 이어 우리는 예전의 이상에 대해 새삼 이야기를 나누었다. 누가 알겠는가, 다시 마음을 고쳐먹고 정당에 가입할지. 하지만 한 가지 사실만은 분명하다. 설령 가입하더라도 옛날의 그 정당은 아니라는 것을.

보드도 타고 롤러도 타고

연정은 무슨 뜻일까

아르눌프 라팅(Arnulf Rating)

사람들은 종종 무슨 일을 할 때 다른 사람과 힘을 합친다. 혼자서는 도저히 해내기 어려운 일이라든지, 아니면 자신의 힘이 남보다 약할 때 더더욱 그렇게 한다. 우리의 티미도 그랬다. 티미는 처음부터 자신의 힘만으로는 안 된다는 것을 알고 페르디팀과 합치기로 결정했다. 티미와 페르디팀은 모두 스케이트보드를 잘 탔고, 같은 음악을 좋아했고, 팀워크도 좋았다.

그런데 페르디팀과 힘을 합치는 것만으로도 안 되는 일이 있었다. 아랫동네 도시 공원팀 애들과 맞붙는 일이었다. 도시 공원팀은 페르디팀보다 인원이 많았기 때문에 페르디팀으로선 승산이 없었다. 도시 공원팀은 얀을 포함해서 철면피 페터, 절친한 친구 사이인 아이제와 미리암 그리고 늘 함께 다녀서 언뜻 보면 한 사람 같아 보이는 스케이트 쌍둥이 형제, 이렇게 여섯이었다. 그러나 페르디팀은 페르디를 포함해서 티미와 베니, 이렇게 단 세 명뿐이었다.

그래서 페르디팀은 이제 캐츠비 골목팀과 힘을 합치고 싶었다. 캐츠비 골목팀은 최근 들어 스케이트를 타는 데 아주 열심인 애들로 숫자가 많았다. 사실 모든 문제는 스케이트에서 비롯되었고, 도시 공원에서 아랫길로 내려가는 '죽음의 코스'와 관련이 있었다. 죽음의 코스는 위에서 가파르게 내려오다가 중간 정도에서 멋지게 커브를 그린 뒤 다시 평평한 길로 끝나는 매끈하게 잘 닦인 아스팔트였다. 차도 없고 사람도 별로 다니지 않아서 롤러스케이트나 스케이트보드를 타기엔 이 동네에서 최고의 코스였다.

도시 공원팀 아이들은 말도 못할 정도로 콧대가 셌다. 자기네가 최고라고 생각했기 때문이다. 그들은 죽음의 코스에서 스케이트보드를 타고 가장 빨리 내려오는 아이들이었다. 그래서 그들은 다른 팀 아이들한테 무척 공격적이었다. 특히 얀과 스케이트 쌍둥이 형제가 그랬는데, 그들은 마치 죽음의 코스가 마치 자기들 것인 양 굴었고, 페르디와 티미와 베니가 활강 코스에 설치해 둔 콜라 깡통을 계속 넘어뜨리곤 했다. 게다가 다른 팀 아이들이 죽음의 코스를 한 번 타고 내려가게 하는 걸 마치 큰 은총이나 베푸는 것처럼 굴었다. 티미는 이런 도시 공원팀 아이들이 너무 얄미웠고, 언젠가 한 번 본때를 보여 주려고 작정했다.

철면피 페터는 입으로 떠들고 다니는 것과는 달리 실제로 스케이트보드를 잘 타지는 못했다. 그래서 페르디는 자신이 페터보다 더 빨리 탈 수 있다는 것을 잘 알고 있었다. 그런데도 페터는 이런 말로 페르디를 놀리곤 했다.

"그런 싸구려 보드로 죽음의 코스를 탈 수 있겠어? 나 같으면 당장 포기할 거야!"

페르디의 스케이트보드가 별로 좋아 보이지 않아서 한 소리였지만, 그건 터무니없는 소리였다. 물론 페르디의 보드가 형한테서 물려받은 것이긴 했지만, 그 사이 바퀴를 새것으로 끼우고, 베어링에 기름을 쳐서 아주 멋지게 길을 들여놓았던 것이다.

반년 전까지만 해도 캐츠비 골목팀 아이들은 항상 도시 공원팀 편이었다. 다시 말해서 그들은 BMX 자전거 점프대를 설치해 놓고 자전거 착지 공간이 필요하다며 페르디팀한테 스케이트보드 활강 코스 자리를 내달라고 주장하던 아이들이었다. 그러나 그건 순 억지였다. 점프대를 조금만 오른쪽으로 옮겨놓으면 그 아이들뿐 아니라 다른 사람들도 모두 죽음의 코스를 편안하게 이용할 수 있으니까 말이다. 그래서 페르디와 티미와 베니는 캐츠비 골목팀 아이들이 BMX 자전거는 잘 타지만 상당히 멍청한 애들이라고 생각했다.

그러나 지금은 상황이 완전히 달라졌다. 캐츠비 골목팀 아이들이 거의 같은 학교 같은 반에 들어가고, 야나가 생일 선물로 롤러블레이드를 받으면서 갑자기 아이들 사이에 롤러블레이드 붐이 일어났기 때문이다. 이제 아이들은 활강 코스를 만들어 놓고 거의 매일 연습을 했다. 그런데 처음에는 페르디팀이랑 항상 티격태격 싸웠다. 캐츠비 골목팀 아이들이 활강 코스에 콜라 깡통을 너무 좁게 설치해 두는 바람에 페르디팀 아이들의 스케이트보드에는 맞지 않았기 때문이다. 게다가 그 아이들은 페르디팀의 깡통을 그냥 슬쩍 가져가기도 했다. 그래서 매일 오후 페르디팀과 캐츠비 골목팀 사이에 시비가 붙었고, 그 틈을 이용해서 도시 공원팀 아이들은 활강 코스를 누비고 다니며 페르디팀 애들이 설치해 놓은 모든 도구들을 엉망으로 만들어 버리곤 했다.

힘을 합치자고 제일 먼저 제안한 건 티미였다. 하지만 정확하게 말해서 그건 티미 아빠의 아이디어였다. 그날도 티미가 캐츠비팀 아이들과 싸우고 씩씩거리며 집에 들어서자 아빠가 무슨 일이냐고 물었다. 티미는 지금까지 있었던 일을 죄다 이야기했다. 캐츠비 애들이 훔쳐간 콜라 깡통을 다시 채우기 위해 더 이상 용돈을 쓸 생각이 없으며, 다시는 도시 공원팀 애들과도 부딪치고 싶지도 않다고 말했다. 그러자 아빠는 연합을 하는 것이 어떻겠냐고 제안했다.

"예? 연… 뭐라고요?"

티미는 처음에 아빠가 무슨 콜라 깡통에 대해 말하는 줄 알았다. 그러자 아빠는 연합이란 아빠가 출입하는 시의회에서도 자주 하는 일이라고 덧붙였다. 티미의 아빠는 신문사에 다녔는데, 시의회에 대한 기사를 썼다.

"어른들도 당연히 싸움을 한단다. 예를 들어 돈이 많이 걸린 일이라든지, 아니면 새로 만들어진 자전거 도로의 첫 테이프를 끊는 일 등을 두고 말이다. 그런 일은 신문에 사진이 실리니까 서로 자기가 하겠다고 나서는 게지. 시의원들은 종종 아주 격렬하게 싸운단다. 물론 주먹질까지 하면서 싸우지는 않지만 말이다. 어쩌면 모두 겁쟁이이거나 아니면 체면을 구기고 싶지 않은 거겠지. 그 사람들은 또 그게 정치라고 해. 어쨌든 그 사람들은 싸우더라도 대개 말로만 싸운단다. 매우 격렬하게 말이다."

이런 말싸움이 있으면 다음날 신문에 서로 오고갔던 말들이 적나라하게 실린다. 그러면 다른 사람에 대해 좋지 않은 말을 했던 시의원은 그 발언을 취소하거나 아니면 자신은 그런 말을 하지 않았는데 기자가 잘못 받아 적은 것이라고 시치미를 뚝 떼기도 한다. 그러나 티미의 아빠는 맹세컨대 결코 잘못 받아 적지 않았다고 대답했다.

어쨌든 시의원들은 엄청나게 많은 말들을 나눈 뒤 더 이상 할말이 없거나 말로 결정이 나지 않으면 표결에 들어간다. 이렇게 투표가 끝나면 더 많이 득표를 한 쪽으로 결정이 내려진다. 모두가 이 결정에 만족하는 것은 아니지만 투표에 참여한 사람들은 모두 이 결정에 따라야 한다. 가끔 결정에 승복하지 못해서 법정으로까지 가는 경우들도 있는데, 이럴 때는 판사가 최종 결정을 내린다.

티미의 아빠 말로는 시의회에도 세 개의 팀이 있다고 했다. 각각 이상한 이름들이었는데, 어른들이 정당이라고 부르는 팀이다. 여하튼 어른들의 팀들 간에는 페르디팀과 도시 공원팀처럼 누가 먼저 도착하느냐, 아니면 누가 다른 애들을 더 잘 내동댕이치느냐에 따라 결정이 나는 것이 아니었다. 힘이 세고 나이가 많은 것도 상관이 없었다. 다만 각각의 제안에 대해 누가 더 많은 표를 얻느냐에 따라 승자가 결정되었다.

시의회에서도 정당이 세 개 이상이고, 어느 당이든 혼자서 과반수를 차지하지 못할 경우 다수를 확보하기 위해 두 개의 정당이 연합을 한다. 다시 말해서 두 개의 정당이 일정한 시간을 정해 놓고 그 시간 동안 하나의 팀이 되기로 약속을 하는 것이다. 이것을 정치에서는 연립 정부, 혹은 줄여서 연정이라고 말한다. 연정이 맺어지면 양당 가운데 좀더 큰 당에서 시장 후보를 내세우고, 그 후보가 양당의 공조 아래 시장으로 선출된다. 연방의회에서도 마찬가지다. 대개 가장 의원 수가 많은 당에서 수상 후보를 내세우면 연정 파트너들이 힘을 모아 그를 수상으로 뽑는다. 물론 여자 수상도 얼마든지 나올 수 있다고 티미의 아빠는 말한다. 그러나 아직까지 한 번도 여자가 수상에 뽑힌 적도, 여자들만의 정당이 생긴 적도 없었다고 한다.

"죽음의 코스를 둘러싸고 너희들이 티격태격하는 것도 마찬가지란다. 가만히 생각해 보렴. 도시 공원 애들은 여섯이야. 그리고 캐츠비 애들은 다섯, 너희 페르디팀은 셋이지. 만일 캐츠비 애들과 너희 페르디팀이 힘을 합치면 도시 공원 애들도 더 이상 자기네들이 숫자가 많다고 함부로 하지는 못할 거다. 그렇지 않니?"

"하지만 우린 좀 곤란한 문제가 있어요."

티미가 대답했다.

"캐츠비 애들은 활강 코스를 우리와는 다르게 만들려고 해요."

"그래서 연정 협상이 필요한 거란다."

티미의 아빠가 말했다.

"예? 뭐가 필요하다고요?"

"연정 협상이라고 하는데, 정치에서는 서로 힘을 합칠 양당이 미리 협상을 벌여 입장을 조정하는 것을 말해. 이 과정은 반드시 필요한데, 만일 그런 게 없으면 연합을 해놓고도 매일 옥신각신 싸우지 않겠니?"

"싸운다고요?"

"진짜 싸운다는 얘기는 아냐. 잘 들어 봐라. 모든 정당은 생각이 약간씩 달라. 모든 사람들의 생각이 다르듯이 말야. 그래서 연정 파트너들은 실제로 연정

을 구성하기 전에 서로 다른 생각을 일치시켜야 된단다. 그렇지 않으면 서로 하나로 단결하지 못하고 매일 싸우지 않겠니? 그래서 협상을 벌여서 타협을 하고 절충점을 찾는 거지. 이건 정치에서 굉장히 중요한 거야. 그들은 모든 일에 대해 타협하고, 또 타협하고, 또 타협해. 이것이 민주주의야. 예를 들어 의료 보험 재정 문제나 국민 연금 문제 혹은 국방비나 교육비 문제를 놓고 그들은 치열하게 싸운 뒤 하나의 절충점을 만들어낸단다."

"절충점이 뭐예요? 처음 듣는 말이에요."

티미의 아빠가 웃었다.

"그래. 잘 들어 봐. 너희들이 캐츠비 애들과 연합을 하려고 하면 먼저 너희들끼리 활강 코스를 어떻게 만들지 합의를 해야 돼. 그게 없으면 연합이 이루어질 수가 없어. 그래서 협상을 통해 서로 주장을 조금씩 양보하면서 양쪽 다 만족할 수 있는 접점을 찾는 거야. 그

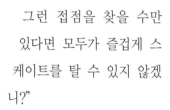

게 바로 절충이란다. 너희들이 그런 접점을 찾을 수만 있다면 모두가 즐겁게 스케이트를 탈 수 있지 않겠니?"

티미의 페르디팀은 아빠의 의견대로 했다. 다시 말해서 페르디팀은 캐츠비 골목팀과 연합하기로 결정했다. 그러나 일이 제대로 되지 않았다.

"아빠가 시키는 대로 했는데도 안 돼요. 캐츠비 애들의 롤러블레이드에 맞게 콜라 깡통을 설치해 놓으면 우리한테 안 맞고, 우리의 스케이트보드에 맞게 좀더 넓게 벌려 놓으면 그 애들한테 안 맞아요. 그리고 어중간하게 하면 또 양쪽 다 안 맞고요. 이건 절충이 아니라 순 똥통이에요."

티미가 투덜거렸다.

"하하, 그래 맞다. 어른들도 절충이 아니라 그런 똥통에 빠지는 일이 종종 있단다."

"똥통에 빠질 줄 알면서 왜 그런 일을 해요?"

"음. 다른 방법이 없어서겠지. 연정이 깨져서는 안 되니까 말야. 그래서 이따금 양쪽이 처음에 원했던 것과는 전혀 다른 결론이 나오기도 한단다."

티미의 아빠는 연방의회의 예를 들어 설명했다. 연방의회에서 한 당이 원자력 발전소의 운행을 중지시키려고 했다. 원자력이 너무 위험했기 때문이다. 그러나 그들은 바로 그렇게 하지는 못했다. 그들이 의회에서 다수당이고, 정권을 잡고 있어서 원자력 발전소 운행 중단에 대한 결정을 내리면 그뿐이었는데도 말이다. 그들은 원자력 발전소를 철폐하는 데 뜻을 같이하는 다른 당과 연합을 하고 있었고, 동시에 15년 전에 원자력 발전소 문제로 생각이 달라 연정이 깨진 또 다른 당과도 연합을 하고 있었다. 결국 그들은 일반 발전소의 수명만큼만 원자력 발전소를 돌리기로 절충했다.

"왜 그렇게 했어요?"

"원자력 발전소는 그들 것이 아니란다."

티미의 아빠가 말했다.

"원자력 발전소를 가진 사람들이 연정보다 힘이 더 셌어요?"

"그렇지는 않단다. 하지만 그게 정치란다. 형편없는 결정이지만 결론을 내지 못해서 계속 싸우는 것보다는 낫지 않겠니?"

"그런 일로 연정 파트너끼리 자주 싸우나요?"

"물론이지. 그 사람들은 종종 적보다 자기네들끼리 더 치열하게 싸운단다. 너도 그런 경험이 있을 텐데."

티미도 그걸 똑똑히 알고 있다. 예를 들어 팀 내의 모든 일을 페르디 혼자서 결정하려고 할 때 팀원들끼리 치열하게 싸운 적이 있었다. 팀을 이루어 뭔가 함께 하려고 하면 항상 혼자서 결정해서는 안 되는 법이다. 그리고 여러 사람이 모이면 생각도 방향도 다르기 마련이다. 어떤 사람은 이쪽으로, 어떤 사람은 저쪽으로 방향을 틀게 되어 있는 것이다. 티미는 이렇게 팀을 이루고 연합을 하는 것이 깡통을 피해 스케이트를 타고 내려오는 것과 비슷하다는 생각을 했다.

"그래, 네 생각이 맞겠구나!"

아빠가 말했다.

"정치도 그렇게 스케이트를 타고 내려오는 것과 비슷하단다. 깡통을 피하기 위해 한 번은 이쪽으로 몸을 틀고, 또 한 번은 다른 쪽으로 몸을 트니 말이다. 연정 협상이란 것도 코스를 표시하는 콜라 깡통을 어떻게 설치하느냐 하는 문제와 비슷하겠지."

"그럼, 훌륭한 정치인이란 그런 코스를 가장 잘 빠져 나온 사람을 말하겠네요?"

티미가 궁금해서 물었다.

순간 아빠는 너털웃음을 터뜨렸다.

"하지만 정치인들은 스케이트보드를 전혀 탈 줄 모르는 걸."

그때 티미는 아홉시 뉴스에 나오는 정치인 아저씨들이 갑자기 활강 코스를 타고 내려오는 스케이트 선수처럼 느껴져서 웃음을 감추지 못했다. 아마 죽음의 코스를 달린다면 모두 다 나자빠져 버릴 것 같았다. 그러면 아저씨들은 다시 일어나서 협상을 하고 말싸움을 하겠지!

4년 행복은 고르기 나름

선택의 어려움

마이브리트 일너(Maybrit Illner)

정부를 해산하고 다른 것을 뽑는 게

더 간단하지 않을까?

– 베르톨트 브레히트(1898~1956. 독일의 시인 겸 극작가)

내가 선거를 난생 처음으로 경험한 것은 서커스가 열리던 천막 안에서였다. 때는 한여름이었고, 장소는 발트해 동부 연안이었다.

내 기억으로는 누군가 갑자기 서커스장 안에 있던 사내아이들을 모두 중앙 공연장에 반원 형태로 모이게 했던 것 같다. 이렇게 다 모이자 서커스 단장은 지금부터 가장 아름다운 소년을 뽑겠다고 선언했다. 그런데 그 소년은 단장이 뽑는 것도, 어릿광대들이 뽑는 것도, 무슨 특별한 선발 위원회가 뽑는 것도 아니었다. 이 선거는 사람이 뽑는 것이 아니라 단장이 가장 아끼는 말이 뽑기로 되어 있었다. 드디어 단장이 자신의 애마를 소리쳐 부르더니 가장 아름다운 소년을 뽑으라고 했다. 그러자 예쁘장하고 아담하게 생긴 조랑말이 나타나서 죽 서 있는 소년들 앞을 지나가며 코를 킁킁거리기도 하고, 유심히 관찰하기도 하고, 약간씩 침을 묻히며 핥기도 하면서 몇 번 왔다 갔다했다. 그러더니 갑자기 내 오빠 앞에 우뚝 서서 그 큰 머리를 오빠의 얼굴에 들이밀며 입맞춤을 했다. 이로써 오빠가 승리자로 뽑혔고, 오빠는 우레와 같은 박수갈채를 받으며 말을 타고 공연장을 다섯 바퀴나 돌았다. 몹시 상기되고 자랑스러운 표정이었다. 솔직히 말해서 이렇게 뽑는 것이 세계 미인 선발 대회나 남성 육체미 대회보다 백 배는 더 좋았다.

동독에서의 선거도 늘 서커스에 가까웠다. 국가 서커스였다고나 할까? 내가 오빠와 함께 부모님의 손을 잡고 처음으로 선거하는 곳에 따라간 것이 정확하게 몇 살 때였는지는 기억이 잘 나지 않지만, 대충 여섯 살 정도였던 것 같다. 우리 가족은 동독의 수도였던 동베를린에 살고 있었다. 당시 독일은 동서 두 개의 국가로 나뉘어져 있었는데, 지금은 하나의 국가로 통일되었다. 1990년에 무너진 동독이 독일연방공화국의 다섯 개 주로 편입된 것이다.

어쨌든 내가 처음으로 투표소에 따라간 것은 오월의 어느 화창한 일요일이었다. 그러나 나는 꽉 조이는 팬티 스타킹과 거추장스러운 비단 원피스를 입고 투표소로 지정된 라스데너 가의 낡고 시커먼 학교로 들어가는 것보다 차라리 호숫가에 앉아 마음껏 뛰어놀고 싶었다. 그 학교는 내가 다니던 유치원 바로 옆에 있었는데, 평소에도 약간 무섭게 느껴지던 곳이었다. 그러나 모든 어른이 어린이처럼 다시 이렇게 등교해야 하는 것은 기분 좋은 일이었다.

교실로 들어간 어른들은 일렬로 죽 서서 책상 위에 신분증을 내려

놓고, 작은 쪽지를 한 장씩 받아서는 작은 방같이 생긴 곳으로 들어가더니 금방 다시 나왔다. 그런데 커튼이 쳐진 작은 방에서 나온 사람들은 한결같이 배시시 웃고 있었는데, 마치 커튼 뒤에서 뭔가 유쾌하고 은밀한 짓을 하고 나온 표정이었다. 어머니 말로는 그 안에서 모두들 '자기 목소리를 내놓고' 왔다고 했다. 처음에 나는 이 말을 듣고 깜짝 놀랐다. 자기 목소리를 내놓고 나오면 다음부터는 벙어리가 되지 않을까 염려했던 것이다. 그러나 커튼이 쳐진 방에서 나온 사람들은 모두 멀쩡하게 말만 잘했다. 어머니는 '목소리를 내놓다'는 말이 '투표를 한다'는 뜻이라고 알려 주었다.[*]

투표를 마친 뒤 우리는 동베를린의 번화가인 칼 마르크스 가로수 길을 산책했다. 예전에는 스탈린 가로수 길이라 불리던 이 거리는 파란만장한 역사를 지니고 있다. 오빠와 나는 이렇게 좋은 오월의 휴일에 긴 거리를 아래위로 어슬렁거리며 돌아다니는 것이 따분해서 미칠 지경이었다. 선거일을 축하하기 위해 곳곳에 갖가지 노점상들이 문을 열었고, 풍선이 날고, 깃발들이 나부끼고 있었지만 말이다.

저녁에 아빠가 어떤 사람이 투표 용지에 다른 건 모두 지워 버리고 크게 'APO'라고만 써 놓았다는 이야기를 했다. 'APO'란 당시 서독에서 쓰던 말로 '원외 야당'[**]이라는 뜻이었다. 당시 서독에서 원외 야당은 집권 세력과 기성 세대에 철저하게 반대 운동을 벌이던 대학생들을 가리켰다. 그들은 고리타분한 대학교수와 부모 세대 그

---

[*] 독일어의 'Stimme'라는 단어는 '목소리'와 '투표'라는 뜻으로 함께 쓰임. 투표가 원래 '자신의 목소리를 내놓다'라는 의미이기 때문임.
[**] 의회에서 의석을 갖고 있지는 않지만 의사당 밖에서 정권에 반대하는 활동을 하는 단체

리고 그들의 교육 방식, 정치인들, 나치주의, 베트남 전쟁 등에 총체적으로 반대하는 운동을 펼쳤다. 물론 당시까지만 해도 나는 이런 것들에 대해 전혀 모르고 있었다.

어쨌든 동베를린의 선거 관리 위원회는 '원외 야당'이라고 쓴 투표 용지를 기권으로 처리해야 할지 아니면 무효표로 간주해야 할지를 두고 심각한 고민에 빠졌다. 그러나 그것은 어리석은 고민이었다. 원외 야당이라고 쓴 그 사람은 선거에 나온 동독의 모든 후보들을 지워 버리고, 있지도 않은 후보를 선택함으로써 동독의 선거 제도 자체를 비웃고 있었기 때문이다.

그날 밤 할아버지께서도 선거와 관련된 다른 이야기를 하나 해주셨다. 동프로이센이 고향이신 할아버지는 제2차 세계대전 때 북아프리카에서 전쟁 포로로 붙잡혔다가 나중에야 고향으로 돌아왔다. 할아버지는 일주일에 한 번 우리 집에 오셨는데, 목욕을 하기 위해서였다. 할아버지 집에는 욕조가 없었던 것이다. 할아버지는 오빠와 내게 카드 놀이를 가르쳐 주셨고, 지금은 서베를린에 살고 있는 다섯 누이 – 나한테는 대고모가 된다 – 와 동프로이센에 대해 이야기하는 걸 좋아하셨다. 할아버지는 매번 '철책 너머'에서 온 초콜릿을 가져다 주셨고, 고향에서 있었던 재미있는 이야기를 해주셨다. 한번 들어보겠는가?

1920년대의 어느 날이었단다. 동프로이센에 어느 대지주가 살고 있었는데, 그 사람이 어느 날 소작농들을 불러 놓고 이번 선거에서 절대 공산당을 찍어서는 안 된다고 거의 협박 조로 윽박질렀단다. 그런 다음, 만일 이번 선거에서 공산당 표가 하나도 나오지 않으면 황소 한 마리를 잡아 동네 잔치를 벌여 주겠다고 약속했단다. 그래서 투표일이 다가와 투표를 했는데, 결과가 어떻게 되었겠니? 소작농 150명에다 대지주까지 총 151명이 투표했는데, 글쎄, 모두 공산당 표가 나왔던 거야. 어찌된 일인 줄 알겠니? 대지주까지 공산당을 찍었던 거지. 그러니까 약아빠진 대지주가 소작농들에게 황소 한 마리를 주기 싫어서 엉큼하게 자기가 공산당에 투표를 했던 게야.

할아버지는 정치엔 관심이 없는 분이셨다.

동독에서는 선거로 뽑은 사람을 '의원'이라고 하지 않고 '민족 전선 후보'라고 불렀고, 연방의회도 '인민 회의'라고 불렀다. 앞서 언급했던, 오월의 어느 화창한 일요일에 있었던 행사 역시 선거라 부르지 않고 '쪽지 접기'라고 불렀다. 왜냐하면 선거라고 하면 여러 명의 후보자들 가운데 하나를 고르는 것이 되어야 하는데, 실제로는 그렇지 못했기 때문이다. 선거에 나올 후보들은 뻔했다. 모두 독일 통일사회당(통사당), 통사당의 '연합 정당들'(통사당의 피리 소리에 맞춰 춤을 춘다고 해서 '연합 피리'라고도 불리는 통사당의 꼭두각시 정당들), 그리고 여성 연맹, 문화 연맹, 노동조합, 농민 연대 출신들이었다. 언뜻 보기에는 각 계층의 후보가 망라되어 있으니 참으로 민주적이구나 하고 생각할 수도 있다. 그러나 이것은 진정한 선택이 아니었다. 투표 용지에는 앞서 언급한 여러 당의 후보들이 열 서너 명 정도 나열되어 있었는데, 모범적인 시민이라면 그저 투표 용지를 받자마자 얌전히 접어서 투표함에 넣기만 하면 되었다. 동독에서는 이것을 '집단 선거'라고 불렀다. 물론 기표소에 들어가서 후보의 이름을 하나든 두 개든 지울 수도 있으나, 표시하지 않은 나머지 후보들은 모두 찬성으로 간주되었다. 만일 누군가가 투표 용지에 적힌 후보의 이름을 모두 지워 버린다면 그건 기권으로 처리되었다.

동독의 역사에서 정해진 후보가 당선되지 않고 다른 사람이 시장으로 뽑힌 경우는 딱 한 차례 있었다. 브란덴부르크 주의 한 작은 시골 도시에서 있었던 일로, 당시 주민들은 99퍼센트의 찬성으로 정해진 후보가 아닌 다른 사람을 시장으로 뽑았다. 이 도시의 이름은 노이글로프소브라고 하는데, 나중에 이 이름은 역사에서 독재 정치에 대한 저항의 상징으로 기록되었다.

그러나 대다수 동독 주민들은 성실하게 '쪽지 접기'를 하러 갔다. 그것이 자신의 의무라고 생각해서 그러는 사람들도 있었고, 그 투표는 으레 하는 것이라는 생각에 투표소로 가는 사람들도 있었다. 투표하러 가지 않고 집에 있는 사람들은 그날 오후에 몇몇 상냥한(?) 사람들의 방문을 받았다. 그들은 투표하러 가지 않는 사람들에게 어려운 일도 아닌데 왜 선거에 참여하러 가지 않느냐고 물었다. 그러면 집주인은 집 바깥에 있는 화장실이 항상 얼어붙는다든지 아니면 지금 살고 있는 방 세 개짜리 집은 네 자녀를 기르기에는 너무 비좁다고 불평을 늘어놓으면 그 상냥한 사람들은 곧 잘 처리해 주겠다고 약속했다. 우습게 들릴지는 몰라도 이처럼 내가 살던 땅에서는 투표하러 가는 행위가 집을 고치거나 거주 환경을 바꿀 수 있는 좋은 기회로 이용되기도 했다.

동독에서는 선거 때만 되면 집집마다 찾아다니는 이 상냥한 사람들을 '동원꾼'이라고 불렀다. 이들은 거동이 불편하거나 몸이 아파서 투표소에 가지 못하는 사람들에게도 투표 용지와 투표함을 들고 직접 찾아갔다. 그 외에 병원과 양로원 그리고 가끔 정신병원을 찾기도 했는데, 한 정신병원에는 선거일이 되면 '당이 있기에 오늘의 우리가 있다'라는 구호가 적힌 대형 현수막이 걸렸다. 아마 이는 장난기 많은 사람의 익살이 아니라면, 대단히 열심이지만 별로 머리는 좋지 않은 선거 동원꾼의 아이디어일 것이다.

소위 이러한 동원꾼들은 다른 나라에도 있다. 예를 들어 미국 같은 나라에도 선거 동원꾼은 있다. 한 표라도 더 모으기 위해 고심하는 정당들로서는 지지표를 투표소로 끌어들이는 동원꾼의 역할을 무시할 수 없다. 그럼에도 미국의 투표율은 대단히 낮다. 그에 반해 우리 동독은 투표율에서만큼은 타의 추종을 불허한다. 투표율이 보통 99퍼센트에 달하였으니 상식으로는 도저히 납득이 되지 않을 정도다. 게다가 희한한 것은 '민족 전선 후보들'의 득표율도 이와 비슷한 수치(98퍼센트)를 기록했다는 점이다. 어떻게 이런 우연의 일치가 있을까! 어쩌면 이리도 투표율과 득표율이 비슷할 수 있을까!

언제부턴가 사람들은 더 이상 이런 숫자 놀음을 믿지 않게 되었다. 투표소에 가지 않거나 모든 후보들의 이름을 지워 버리고 '동독 원외 야당'이라고 쓴 사람들이 주위에 꽤 있다는 것을 잘 알고 있었기 때문이다. 그런 사람들만 따져도 100퍼센트에 가까운 투표율이나 득표율은 나올 수가 없었다. 많은 사람들이 당국이 선거를 조작하는 것이 아닌지 상당히 오래 전부터 의심했고, 결국 1989년 5월에 실시된 마지막 지방 자치 선거에서 들통이 났다. 그것은 곧 동독의 붕괴로 이어졌다. 국민을 무시하고 국민의 목소리를 조작한 정부가 어떻게 살아남을 수 있겠는가? 마침내 1989년 민주화를 요구하는 주민들의 목소리가 동독 방방곡곡에서 울려 퍼져 나왔다.

"우리는 인민이다!"

역사를 통해 볼 때 인간들은 올바른 사람들만이 자신들을 다스리도록 하기 위해 여러 가지 방법들을 강구했다. 그런 방법들 가운데에는 최소한 못된 사람들만이라도 권력을 잡지 못하게 하는 방법이 있었다.

2,500년 전 고대 아테네에서 고안된 도편 추방 제도가 그 중 하나였다. 이 제도로 평이 좋지 않은 인물이나 위험한 정치인들을 도시 바깥으로 쫓아낼 수가 있었다. 어떤 사람에 대해 6,000개의 표가 나오면 그 사람은 10일 이내에 도시를 떠나 10년 동안 돌아올 수가 없었다. 페르시아 전쟁에서 큰 전과를 거두어 아테네에 상당한 공적을 쌓은 키몬이나 테미스토클레스 장군도 이 '인민 재판'의 희생양이 되었다. 다시 말해 이것은 투표를 통해 사람을 뽑는 것이 아니라 사람을 쫓아내는 제도였다. '빅 브라더'*의 조상이 이렇게 고대에까지 이어져 있을 줄 누가 알았겠는가! 지난 백 년 사이에도 인류에게 이런 도편 추방 제도가 있었다면 역사는 바뀌었을지 모른다.

지금으로부터 30여 년 전 서독 수상이었던 빌리 브란트조차 많은 사람들이 싫어하던 정치인이었다. 당시 그는 '더 많은 민주주의를 위해서!'라는 구호로 선거에 임했다. 그를 뽑은 사람들은 당연히 이 구호를 좋아했다. 그러나 빌리 브란트를 혐오하는 사람들도 상당히 많았다. 주로 그의 동방 정책**을 못마땅하게 생각하던 사람들이었다. 브란트 수상은 서독 주민이 동독에 사는 가족과 친지들을 방문할 수 있도록 하는 데 전력을 기울였다. 당시는 동·서독을 가르는 장벽이 존재하던 시대였다. 그래서 가족 방문을 한다고 해서 짐을

---

* 조지 오웰의 공상 소설 「1984년」에 나오는 주인공으로 인간의 일거수 일투족을 철저하게 감시·통제하는 지도자의 상.
** 동구 공산권 세력과 화해·협력·교류를 추진하던 정책.

꾸려 이쪽에서 저쪽으로 단순하게 넘어갈 수가 없었다. 빌리 브란트 수상의 정책을 무조건 나쁘게 생각하던 사람들은 그가 히틀러와 나치 정권 이전에 외국으로 망명했던 사실과, 독일에서 군복무를 하지 않고 제2차 세계대전 때 연합군의 편에 서서 독일 나치군에 대항했던 것까지 잘못된 행동으로 보았다. 이런 사람들의 눈에 비친 빌리 브란트는 늘 잘못투성이였다. 대체 이런 사람이 어떻게 수상으로 당선되었을까?

빌리 브란트가 선거 유세를 다닐 즈음 내 친구 어머니가 바이에른 지역(바이에른 지방은 특히 보수적이어서 브란트를 싫어하는 사람들이 많았다)을 여행하면서 겪은 일이다. 시골길을 가다가 자동차가 도랑에 빠져 버렸다. 끙끙거리고 있는데 마침 한 농부가 튼튼한 트랙터를 타고 지나가고 있었다. 농부는 차가 빠진 것을 보더니 두말 않고 트랙터를 세워 차량 견인용 밧줄을 풀었다. 그런데 그때 그는 자동차 뒷면에 붙어 있는 스티커를 보았다. 거기에는 '빌리를 뽑자'라고 써 있었다. 순간 농부는 불같이 화를 내며 소리쳤다.

"당신네 그 빌리한테 자동차를 꺼내 달라고 하쇼!"

이 말과 함께 농부는 트랙터에 올라타더니 횡 하니 자리를 떠나 버렸다. 선거전도 말 그대로 싸움이고 전쟁이다. 말로 하는 전쟁이라는 뜻이다.

"선거 직전과 전쟁 기간과 사냥이 끝난 뒤만큼 거짓말이 많이 오가는 때는 없다."

1871년에 독일 제국을 건설한 뒤 첫 수상에 오른 비스마르크의 말이다. 오늘날에도 별반 달라진 것은 없어 보인다. 사람들은 정치인의 입에서 많은 약속이 흘러나오면, 아하, 선거가 다가오는구나 하고 생각한다. 그리고 선거가 끝나면 아무 일도 없었다는 듯이 약속이 지켜지지 않으리라는 것도 잘 안다. 그러나 국민은 뛰어난 후각을 가지고 있어서 대체로 현명한 선택을 한다. 우리 국민은 선거에 더 열심히 참여해야 한다. '나 하나 안 한다고 뭐가 달라지겠어?' 혹은 '어느 정당이건 다 똑같애'라고 생각하는 사람들이 많다. 그렇다고 투표를 하지 않아서는 안 된다. 나쁜 정치인을 뽑은 책임은 선거를 하지 않은 사람들에게 있기 때문이다.

사실 선거 그 자체는 별로 대단한 일이 아니다. 만으로 열여덟 살이 되고 정신병 같은 특별한 질환만 없으면 누구든 선거권을 행사할 수 있기 때문이다. 대략 선거 한 달 전쯤에 국민들은 선거 통지서를 받는다. 선거일이 되면 이 통지서를 들고 투표소로 가서 신분증을 제시한 뒤 투표 용지를 받는다. 투표는 지역구에 출마한 후보에 한 번, 자신이 지지하는 정당에 한 번, 이렇게 두 번 한다. 서독의 선거 제도는 구동독과는 달리 직접·자유·비밀·평등·보통 선거다. 다시 말해서 사회적 신분이나 교육, 재산, 인종, 신앙, 성별에 상관없이 일정한 연령에 달한 모든 국민에게 선거권을 인정하고(보통 선거), 모든 유권자에게 똑같

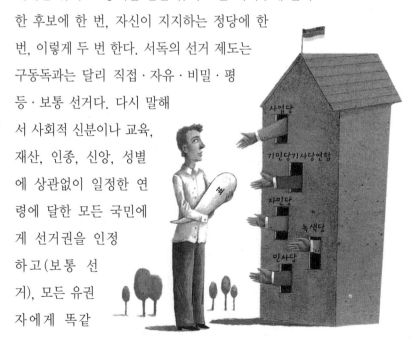

이 1표씩을 부여하며(평등 선거), 유권자가 직접 후보를 선출하고(직접 선거), 선거인이 어느 후보자를 선출했는지 알 수 없게 하고(비밀 선거), 어떤 압력이나 영향 그리고 불이익을 받지 않고 자유롭게 자신의 의사를 표시할 수 있다(자유 선거).

선거권이 있는 사람은 먼저 여러 정당의 정책과 강령들을 비교해 본 뒤 어느 정당의 정책과 목표가 흥미를 끌고, 어느 정당이 마음에 들지 않는지 숙고할 필요가 있다. 또한 마음에 드는 정당이 있으면 직접 뛰어들어 뜻을 펼치는 것도 한 번쯤 생각해 봄직하다. 그런 건 절대 엉뚱한 생각이 아니다. 그렇게 되면 누구를 찍을까 하는 고민에서 벗어날 수 있다. 모든 국민은 만으로 열여덟 살이 되는 해부터 선거를 할 수 있을 뿐 아니라 자신이 직접 선거에 나갈 수도 있다. 그러기 위해서는 먼저 정당에 가입해서 정당의 후보가 되어야 하는데, 후보는 대개 당의 간부들이 정한다. 이것은 장점이 없다고 할 수는 없지만, 일반 평당원들이 적합한 후보를 고르는 데 함께 참여하지 못한다는 단점이 있다. 이런 문제와 관련해서 정당들마다 당내 민주주의를 먼저 이루어야 한다는 목소리가 활발하게 일고 있는 것은 고무적인 현상이다.

어쨌든 독일연방공화국의 선거 제도는 대단히 훌륭하다. 누구든 영원히 권력을 쥘 수 없고, 선거권을 가진 사람은 누구나 투표로서 국정에 참여할 수 있으며, 패배자에게도 다음 선거에서 만회할 기회가 주어진다. 이것이 민주주의다!

사람은 당연히 잘못 선택할 수도 있다. 예를 들어 전화 번호를 잘못 돌릴 수도 있는데, 그런 건 별로 문제가 되지 않는다. 다시 돌리면 되기 때문이다. 옷을 잘못 고르거나, 텔레비전 프로를 잘못 골라도 별로 문제될 게 없다. 다른 것으로 바꾸거나 돌려 버리면 그만이다. 그러나 배우자는 좀 다르다. 배우자는 한 번 잘못 선택하면 상당히 오랜 기간 동안 어려움을 겪어야 한다. 우리 아버지가 늘 하시던 말씀이다. "신랑을 잘못 고르면 평생 고생길이다."

다행스럽게도 정당과는 결혼을 할 수가 없다. 그리고 연방의회에 앉아 있는 의원들도 영원히 그 자리에 앉아 있는 것이 아니다. 우리는 4년마다 한 번씩 우리의 과거 선택이 옳았는지 반성해 보고, 그렇지 않다고 생각되면 얼마든지 다른 사람으로 바꿀 수 있다.

정부와 의회 중 누가 더 힘이 셀까

의회의 역할

베르너 페르거(Werner A. Perger)

어린 시절 등교길은 지금도 생생하게 기억이 난다. 학교까지는 전차를 타고 갔는데, 나는 어떤 일이 있더라도 매일 아침 정각 7시 30분에 전차를 탈 수 있도록 신경을 썼다. 우리 집 앞 정류장에서 학교쪽으로 절반쯤 가다 보면 빈 국립 오페라 극장이 나타나는데, 그 정류장에서 매일 아침 여덟 시쯤에 한 빨강 머리 소녀가 전차에 올라탔기 때문이다. 우리 학교 바로 옆의 학교에 다니는 들창코에다 주근깨가 다닥다닥 난 여학생이었다. 당시 나는 뭐가 그리 좋았는지 모르지만 그 소녀를 열렬히 사모했다. 남들은 몰랐지만 매일 아침 내가 정확하게 등교했던 것은 그 여학생과 함께 전차를 타고 가는 기회를 놓치고 싶지 않아서였다. 이 정도면 첫사랑이 아니었을까!

이 정류장에서 학교 쪽으로 반쯤 가면 긴 진입로가 있는 큰 건물이 나타났다. 지붕은 신비로운 돌 조각상들로 장식되어 있었고, 현관 앞에는 거대한 기둥들과 머리에 투구를 쓰고 손에는 창을 들고

서 있는 거대한 여인상이 우뚝 서 있었다. 이 어마어마한 건축물은 의회였고, 그 앞에 있는 돌로 만든 여인상은 그리스 신화에서 지혜의 여신을 뜻하는 아테나였다. 그런데 아테나가 의회를 등지고 있고, 그 시선이 백성들의 휴식처인 폴크스가르텐* 너머 궁정의 성곽으로 향하고 있다고 해서 말 많은 사람들은 지혜의 여신인 아테나도 의회를 외면할 정도로 백성의 대표 기관인 의회가 어리석고 모자라기 그지없는 기관이라고 빈정댔다. 또한 의회를 가리켜 '백성의 대표라는 작자들이 모여 한낱 수다나 떠는 장소'로서 아무 쓸데없는 곳이라고 수군거렸다. 의회에 대한 이런 끈질긴 선입견은 비단 빈에만 있었던 게 아니었다. 독일 역사에서도 의회를 무시하는 풍조는 만연했고, 그것이 결국 국가사회주의자들(나치주의자들을 가리킨다)이 멋대로 날뛰게 하는 계기가 되었다.

의회의 역할

차츰 시간이 지나면서 나는 정부와 의회가 같은 것이 아니라는 사실을 깨닫게 되었다. 그리고 수상이 의회를 보고 어떻게 돌아가고 있는지 보고하라고 명령할 수 있는 게 아니라 반대로 정부(수상을 포함해서 모든 각료들을 가리킨다)가 의회에 자신들의 활동을 보고할 의무가 있다는 사실도 알게 되었다. 의회 민주주의에서는 의회가 가장 중요한 기관이고 의회의 주요한 역할은 정부의 활동을 감시하는 것이었다.

....

* '백성의 공원'이라는 뜻.

수상은 독일 연방의회에서 의회 구성원들, 즉 의원들에 의해 선출된다. 그리고 의원들은 다시 투표에 의해 수상을 해임할 수 있다(수상에 대한 해임안을 제출할 때엔 정부의 기능이 마비되지 않도록 다른 수상 후보를 함께 제시해야 하는데, 이것이 건설적 불신임안이다). 다른 나라의 의회와 독일의 주 의회에서는 장관들도 투표에 의해 선출된다. 과반수를 얻지 못하면 장관도 될 수 없다.

정부는 의회에서 거의 항상 다수당의 지지를 받는다. 그렇지 않으면 맨날 싸움으로 날이 샐 것이기 때문이다. 선거에 참여한 각 정당들은 당선된 의원 수와 정당에 대한 득표수만큼 의석을 차지한다. 같은 정당에 속한 의원들은 의회에서 원내 교섭 단체를 구성한다. 공동으로 정부 구성에 합의하고, 연합을 통해 의회에서 과반수를 넘긴 정당들의 원내 교섭 단체를 연정이라고 한다. 연정은 수상을 뽑을 뿐만 아니라 헌법에 보장된 대로 장관들도 뽑는다.

의회에서 과반수를 차지하지 못한 원내 교섭 단체를 야당이라고 한다. 야당은 이따금 정부의 잘못을 호되게 질책하고 나무란다.

의회와 의원은 어떤 일을 하는가

원칙적으로 독일 연방의회는 328개의 선거구에서 직접 선출된 328명과 각 주별 비례 대표제에 의해 당선된 328명을 합해서 총 656명의 의원으로 구성된다. 하지만 선거법 때문에 몇 명이 늘어나거나 줄어들 수도 있다. 예를 들어 1998년 총선 때는 비례 대표제 외에 지역구에서 추가로 당선된 의원들이 있어 의원 수가 667명으로 늘었다(이것은 특별한 경우이니 만큼 더 이상 왈가왈부하지 말자). 독일어에서 '의원'은 말 그대로 국민이 대신해서 보냈다고 해서 '압게오르트 네테'*라고 부른다. 이들은 국민들을 대표한다. 국민이 모두 한 장소에 모이기엔 숫자가 너무 많기 때문이다. 이처럼 우리를 대표한다고 해서 국민 대표라고 불린다.

의원들은 베를린의 연방의회(구 제국의회 건물이다) 의사당 본회의장에서 회의를 연다. 이것이 의원들의 공식적인 주요 업무다. 본회의장은 플레눔이라고도 하는데, 라틴어에서 온 이 단어는 모든 사람이 함께 모여서 여는 총회를 뜻한다. 그러나 모든 의원들이 한꺼번에 모이는 경우란 아주 드물다. 중요한 법안에 대한 표결이 있거나 상당히 논란이 많은 안건이 상정되는 경우에만 의원들이 모두 모일 뿐 대부분의 경우는 텔레비전에서 보는 것처럼 의사당이 텅 비어 있다. 그래서 국민들은 다시 입을 삐죽 내밀고 의원들이 일은 안 하면서 비싼 봉급만 챙겨 간다고 욕한다. 그러나 이러한 비난이 항상 옳은 것은 아니다. 의원들은 다른 할 일도 무척 많을 뿐만 아니라 본회의장에 없으면 대개 다른 회의에 참석하고 있기 때문이다.

논쟁

의원들은 법을 만든다. 그래서 의회를 입법 기관이라고 한다. 법안이 의결되기 전까지는 의원들끼리 치열하게 토론을 벌인다. 저마다 생각이 다르기 때문이다. 주장과 반박이 쉼없이 오간다. 논쟁은 의원들의 일중에서 가장 큰 부분을 차지한다. 논쟁을 하지 않는 의

---

* '파견된 사람, 대표권을 받은 사람'이라는 뜻.

회는 의회가 아니다. 그래서 아무 논쟁 없이 정부가 원하는 대로 법을 만들어 주는 의회를 가리켜 '거수기'*라고 비꼬아 부른다.

논쟁들 가운데는 사람들의 기억에 오래 남을 만큼 중요한 논쟁들이 있다. 이런 논쟁들을 '역사적 논쟁'이라고 하는데, 온 나라와 전 민족의 장래가 걸릴 만큼 중대한 논쟁들을 말한다. 독일 역사에서 가장 최근의 역사적 논쟁은 독일의 '재무장'을 둘러싸고 벌인 논쟁이다. 독일은 제2차 세계대전 이후 다른 나라를 침공하기 위해 무장하는 것을 헌법으로 금지하였는데, 그런 독일이 이제 다시 무장을 해도 되는가? 혹은 미국의 중거리 미사일을 독일에 배치해도 되는가? 망명법을 제한하는 것이 과연 옳은 것인가? 등등의 문제도 역사적 논쟁의 주요 테마였다. 이런 논쟁들은 의회라는 국에 들어가는 소금과 같은 역할을 한다.

위원회

위원회는 행정부로 치면 각 부처에 해당한다. 각 위원회는 해당되는 행정 부처를 하나씩 담당하는데, 그 밑에 분과 소위원회가 설치되어 있다. 오랫동안 의정 활동을 한 의원들의 말에 따르면 의회에서 가장 중요한 일은 이 위원회들에서 다 처리한다고 한다. 이유는 간단하다. 본회의장은 공개되지만 위원회 회의는 비공개를 원칙으로 하기 때문이다. 그래서 위원회 안에서는 방송 카메라와 마이크와 속

---

* 손을 드는 기계라는 뜻으로, 표결에서 줏대 없이 남이 시키는 대로 손을 드는 사람을 말함.

기사 없이 정치인들과 고위 공무원들끼리만 툭 터놓고 대화를 나눈다. 하지만 중요 회의는 공개되기도 한다. 기자들이 방청하는 가운데 회의가 열리고, 의원들은 카메라 앞에서 어떻게 좋은 인상을 남길지 신경을 쓴다. 종종 무슨 내용을 말하는가 하는 것보다 어떻게 말하느냐가 더 중요하게 비치기도 한다.

조사 위원회

이것은 일종의 특별 위원회로서 사회적 파장이 큰 사건이나 스캔들 등에 대해 의회에 직접 조사권을 부여한 것이다. 전문 위원, 증인 그리고 피의자가 출석하는 조사 위원회는 여러모로 형사 소송과 비슷하게 진행되지만 피고나 검사, 판사는 없다. 위원회의 모든 구성원들은 진실을 밝힐 의무가 있다. 주로 부패나 정책 결정상의 실수 그리고 공무원들의 잘못된 행태 등 정치적 사건이 다루어지기 때문에 경우에 따라서는 정치인들이 조사 대상이 되기도 한다. 이런 경우에는 조사 위원들 간에 갈등이 생긴다. 조사 대상이 된 정치인과 같은 당의 의원들은 조사 위원회의 활동을 의도적으로 방해하고 그 동료 정치인을 비호하기 때문이다. 따라서 조사 위원회를 통해 많은 것이 밝혀지는 경우는 매우 드물다.

공청회

의원들은 중요한 문제를 결정하기 전에 먼저 해당 분야의 전문가들을 불러 여러 의견들을 듣는다. 예를 들어 교통 정책, 교육 문제,

원자력 문제, 보건 정책 혹은 국방 문제 공청회 등이 있다. 의원들은 이런 자리를 통해 많은 것을 배운다. 지금까지 전혀 들어 보지 못했던 새로운 관점들을 알게 되기도 한다. 공청회는 국민 대표들이 여론을 환기시키고 복잡한 문제에 대해 스스로 입장을 정리하는 데 중요한 수단으로 사용된다.

표결

위원회가 아무리 좋은 법률을 내놓더라도 본회의에서 과반수를 얻지 못하면 아무 소용이 없다. 위원회를 통과한 법안들은 본회의에서 표결을 기다린다.

모든 의원이 모든 법안에 대해 상세히 알지는 못한다. 예를 들어 뮐러 의원은 보건 복지 정책이나 의료 산업 그리고 마약 퇴치 정책 등에 대해서는 잘 알지만, 경찰 관련 법규, 현행법, 복잡한 농업 문제 등에 대해서는 잘 모른다. 다른 한편 석탄, 광산, 금속 산업과 관련해서는 탁월한 전문가인 마이어 의원도 우주 산업, 군사비, 군대 혹은 남아프리카의 상황과 독일의 저개발국 원조 계획 등에 대해서는 문외한이다. 그래서 자신의 전공 분야가 아닌 법안이 표결에 붙여지면 뮐러 의원과 마이어 의원은 자기 당의 전문가들이 내린 결정에 따를 수밖에 없다.

당론의 강요

법안이 상정되면 각 당의 전문가들은 의원 총회(같은 당의 의원들끼리만 모이는 자리다)에서 다른 의원들에게 법안에 대해 설명하고 표결에서 어떤 결정을 내려야 할지 권고한다. 그러면 당은 당론을 정하고, 의원들은 본회의장의 표결에서 당론을 좇아 투표한다. 대부분 이렇게 진행되는데, 이를 가리켜 '당론의 강요'라고 한다. 의원들로서는 내키지 않아도 당의 결정에 따라야 하기 때문이다. 원내 총무와 총무단은 당원이면 누구나 당론에 따라야 한다는 당의 기율을 강조하며 의원들을 휘어잡는다. 그래서 영국 의회에서는 원내 총무를 가리켜 기율을 잡는 사람이라는 뜻으로 '회초리'라고 부른다. 어쨌든 원내 총무는 고집이 세서 당론과는 다르게 투표하려는 의원이 있으면 찾아가서 압력을 행사한다. 처음에는 좋은 말로 설득을 하다가(자, 같이 한 번 생각해 봅시다), 안 되면 달콤한 약속으로 구슬리기도 하고(뜻을 굽히고 당론에 따른다면 다음에 약속하죠), 그래도 안 되면 협박까지 불사한다(그러면 별로 좋지 않을 겁니다). 가만히 보면 당이란 것도 가정과 비슷하다는 생각이 든다.

양심과 소신

내게는 오랫동안 이해가 되지 않는 문제가 하나 있었다. 헌법에 의하면 의원은 양심에만 책임질 뿐 어떤 지시도, 명령도, 주문도 받지 말아야 한다고 되어 있다. 다시 말해서 그들은 양심에 따라서만 결정하면 되는 것이다. 그런데도 당론에 따라 투표하도록 강요하는 것은 헌법에 위배되는 것이 아닐까?

타당한 항변임에는 분명하다. 그러나 의원들이 자발적으로 당론에 따르지 않는다면 엄청난 혼란이 생길 게 뻔하다. 정부는 의회에서 자신들이 추진하는 법안이 통과되리라는 확신을 더 이상 가질 수가 없다. 이런 혼란은 신문이나 텔레비전에서는 흥미진진하게 다루어질 수 있지만 정치에서는 그렇지 않다. 정치에서 중요한 건 신뢰와 안정이다. 그걸 잘 알기 때문에 당론의 강요를 폐지하라고 진지하게 주장하는 사람은 없다.

정치학자들을 포함해서 많은 의원들이 당론의 강요를 개인의 양심을 억압하는 제도라고 비난하고 있지만 말이다. 그런데 가끔 정말 중요한 문제일 경우에는 당론을 정하지 않고 의원들의 소신에 맡기기도 한다. 예를 들어 특정한 상황에서 낙태 수술을 인정할 것인가 하는 문제가 그러한 경우에 속한다. 이러한 문제는 의원들 각자 양심의 문제이지 당론으로 정해서 일괄적으로 밀어붙일 문제가 아니기 때문이다.

표결이 시작되면 의원들은 원내 총무나 그의 조수(연방의회에서는 이 사람을 '의회 총장'이라고 부른다)가 언제 손을 드는지 유심히 지켜보고 있다가 그 사람들이 손을 들면 재빨리 따라 든다. 실수 없이 투표하기 위해서다. 왜냐하면 연속해서 몇 번씩 투표를 해야 하는 날이면 헷갈리기가 쉽기 때문이다. 그래서 의원들은 잘못 투표하지 않기 위해 온통 신경을 곤두세운다. 만일 실수라도 하게 되는 날에는 창피한 것은 물론이고 자신의 경력에도 상당히 지장을 받기 때문이다.

치열한 논쟁이 붙은 법안일 경우 의원들은 자신의 이름이 적힌 작은 카드 석 장을 받는다. 일종의 투표 용지인데, 하나는 '찬성', 다른 하나는 '반대', 나머지는 '기권'이라고 적혀 있다. 기권은 찬성도 반대도 하고 싶지 않을 때 쓰는 카드다. 나중에 누가 어떤 결정을 내

렸는지 정확하게 확인할 수 있는 이 투표 방식을 가리켜 '기명식 투표'라고 한다.

비밀 선거

사람에 대한 투표일 경우에는 비밀 투표를 실시한다. 누가 누구에게 투표를 했는지 알 수 없게 하기 위해서다.

일례로 수상은 연방의회에서 비밀 선거로 선출된다. 그런데 영악하게도 수상 후보로 나올 사람은 미리 과반수를 얻도록 공작을 해둔다. 자신의 당이 의회에서 절대 과반수를 차지하고 있는 경우라면 상관없지만, 그렇지 않을 경우에는 최소한 하나의 다른 당과 연립 정부를 구성하기로 사전에 약속을 하는 것이다. 그러면 수상 후보는 과반수를 확보한 연합 정당이 자신을 뽑으리라고 확신한다. 만일 그렇게 되지 않으면 정부는 구성되지 못한 채 새 수상을 물색하거나 아니면 의회를 해산해서 다시 선거를 치러야 한다. 이를 가리켜 '정치 위기'라고 부른다.

어떤 사람이 의원이 되는 것일까

이것은 내가 옛날부터 궁금하게 생각하던 문제였다. 난 나중에 커서 의사가 될 거야, 텔레비전 사회자가 될 거야, 기자가 될 거야 하고 말하는 것처럼 그냥 의원이 되겠다고 마음먹으면 의원이 될 수 있는 것일까? 아니면 정치인도 배워야 할 수 있는 것일까?

그 사이 정치도 여느 직업과 똑같다고 말하는 사람들이 많아졌다.

하지만 그건 틀린 말이다. 정치는 특별한 직업이다. 정치인들은 제법 돈을 많이 번다. 이건 중요한 일이다. 경제적으로 안정되지 못하면 언제든지 돈의 유혹을 받을 수 있기 때문이다. 정치를 하려는 사람이 모두 정치에 적합한 것은 아니며 의원이 되려면 어느 정도 특별한 자질이 있어야 한다. 정치인이 되려면 우선 사람 사귀길 좋아해야 하고, 자신감이 있어야 하고, 똑똑해야 하고, 야망이 있어야 하고, 자기를 표현하는 능력이 있어야 한다. 이것은 기본이다. 그 외에도 우리 사회에 내재하는 모든 문제에 관심이 있어야 하고, 공동의 문제에 참여하는 적극성과 그 문제들을 다른 사람들과 힘을 합쳐 저돌적으로 해결하려는 용기가 필요하다. 의원이 된 사람들에게 물어보면 학창 시절부터 학교 대표로서 학교 일에 열심이었고, 대학생때는 학생 운동과 정치 활동에 적극 가담했거나 스포츠 서클의 간부를 맡았으며, 그 외에 보이스카우트, 기독교 청년단체, 노동조합 청년단체 혹은 시민단체에서 활동한 경험이 있는 사람들이 많다. 이처럼 정치는 어릴 때부터 익힐 수가 있다.

입후보

학교 다닐 때 훌륭한 반장이었다고 해서 커서도 반드시 의원이 된다는 보장은 없다. 정치계에 뛰어들기 전에 일반적인 직업을 먼저거쳐 봐야 한다. 그래야 보통 사람들의 삶과 그 사람들이 갖고 있는 문제를 더 자세히 알 수 있기 때문이다. 의원이 되는 길은 그 과정만따져 보면 무척 단순하다. 먼저 자신과 성향이 맞는 정당에 가입한다. 가끔 정당들에서 유능한 자질을 가진 청년들을 모집하기도 하는

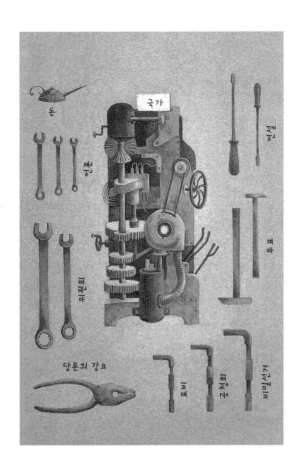

데, 규모가 작은 정당이라면 새로 당원이 된 사람이 입후보자 명단에 끼는 일도 드물지 않다. 그렇게 되면 예상했던 것보다 훨씬 더 빨리 공직을 맡을 수 있는 기회가 생기게 된다. 최소한 구의원이라도 말이다.

선거에 당선된 사람에게는 새로운 삶이 시작된다. 배우고, 배우고 또 배워야 한다. 처음은 항상 어렵기 때문이다. 처음부터 수상에서 시작한 사람은 없다. 그건 자신이 수상이 될 거라는 사실을 다른 이

들보다 더 일찍 알고 있었던 헬무트 콜이나 게르하르트 슈뢰더 같은
사람도 마찬가지였다.

연설

의원이 되면 언젠가 본회의장에서 첫 연설을 하게 된다. 사람들은
이를 '처녀 연설'이라고 부른다. 어느 의원이 처녀 연설을 하게 되면
국회의장은 축하 인사를 건네고, 다른 의원들도 여당 야당 할 것 없
이 박수를 치며 축하한다. 아마 이런 일은 처음이자 마지막일 것이
다. 나중에는 연설을 해도 여당과 야당 의원들로부터 한꺼번에 박수
를 받는 일은 거의 없기 때문이다. 야당 의원들은 야당 연사에게만,
여당 의원들은 여당 연사에게만 박수를 친다. 그렇지 않고 다른 일
이 생기면 그건 다음날 토픽감이다.

의원들은 힘이 셀까

텔레비전이나 신문을 보면 정치판의 거물이 누군지 알 수 있다.
예를 들어 수상과 장관들은 물론이고, 그 외에 야당의 중진 인사들,
몇몇 주지사들, 그리고 큰 도시의 시장들 가운데에도 그런 거물이
있을 수 있다. 그렇다면 의원들은 어떨까?

사람들이 잘 모르는 의원들 가운데에도 정치계에서 큰 영향력을
행사하는 인물들이 많다. 그들은 주로 정부의 정책을 감시하고 저지
할 수 있는 위치에 있는 사람들이다. 예를 들어 행정 부처의 예산을
심의하고 의결하는 위원회의 위원장과 위원들은 해당 부처에 막강한

영향력을 행사한다. 하지만 영향력이 큰 의원일지라도 의회에서 다수의 지지를 받는 경우에야 비로소 진정한 '힘'을 갖게 된다. 아니면 반대파들을 설득할 수 있는 특별한 능력이 있든지 말이다.

민주주의에서 정부와 맞서 실질적인 힘을 갖고 있는 기관은 전체 국민을 대표하는 의회다. 지난 역사에서 의회는 오랜 세월 동안 의회의 정치적 권리를 인정하지 않으려고 한 제후와 왕과 교회에 맞서 정치적 힘을 얻기 위해 투쟁해 왔다.

민주주의에서 의회가 얼마나 힘이 세고 중요한지는 거꾸로 의회의 기능이 위협받을 때를 생각해 보면 확연해진다. 예를 들어 자신들의 정치적 목적을 달성하기 위해서는 수단 방법을 가리지 않는 사람들이 있다고 치자. 그들은 정치적 야욕을 채우기 위해 제일 먼저 의회를 공격한다. 의회의 해산은 곧 민주주의의 종말을 뜻하기 때문이다. 종종 군인들이 쿠데타로 권력을 잡을 때 이런 일이 일어난다. 그들은 정부 인사들과 의원들을 감옥으로 보내고, 일부를 죽이기도 한다. 의회를 존속시킨다고 하더라도 이미 본연의 의무를 다하는 의회가 아니다. 국민 대표들도 실제로 국민들이 비밀 투표로 뽑은 사람들이 아니고, 정부가 시키는 대로 '예'와 '아멘'을 반복하는 거수기일 뿐이다.

예산

의회의 힘은 헌법이 보장한 두 개의 권리에 바탕을 두고 있다. 하나는 정부 수반을 뽑고 교체할 수 있는 권리이고, 다른 하나는 예산법에 따라 매년 정부가 지출하는 재정과 예산을 심의하고 의결하는 권리다. 예산법을 의결할 수 있는 권리는 의회주의의 알파요 오메가이자, 세계 각국 의회들이 수백 년 동안 투쟁해서 간신히 얻은 권리였다. 13세기에 영국 의회가 왕과의 지루한 싸움 끝에 이 권리를 획득한 것이 세계 최초였다. 이 권리를 획득하면서 의회는 힘을 갖게 되었고, 정부와의 대결에서도 정부를 밀어붙일 수 있게 되었다.

몇 년 전 미국의 빌 클린턴 대통령은 의회와 사이가 아주 나빠져서 의회가 더 이상 대통령이 요구한 돈을 승인해 주지 않았던 적이 있다. 그래서 대통령은 국가 공무원들에게 월급도 주지 못하는 처지가 되었다. 당시 전 세계는 이런 일이 일어날 수도 있다는 사실에 경악했다. 하지만 이런 코미디 같은 상황은 그리 오래가지 못했다. 미국인들은 대통령보다 의회가 잘못하고 있다고 생각했기 때문이다. 여론이 좋지 않은 것을 간파한 의원들은 즉각 기존의 입장을 바꿔 클린턴 대통령이 요청한 돈을 승인했다. 아마 다음 번 선거를 의식하지 않을 수 없었을 뿐 아니라, 자칫 예산안을 계속 거부하다가는 미국이라는 나라가 문을 닫을지도 모를 노릇이었기 때문이다.

입법

꼭 돈 문제가 아니더라도 의회의 동의 없이는 나라를 다스리기가 어렵다. 헌법에 의하면 법을 만드는 기관은 정부가 아니라 의회다. 실제로 법안을 준비하고 내각 회의에서 법률 초안을 가결하는 것은 정부지만 정부는 의회의 승인을 받기 위해 모든 법안을 의회에 제출해야 한다. 정부에서 제출한 법안들은 대개 의회에서 여러 곳이 수정된다. 그래서 의회에는 이런 말이 있다. '들어온 대로 나가는 일은 없다.' 의원들이 상당한 자부심을 느끼면서 하는 말이다.

정부가 체결한 중요한 국제 조약들도 의회의 동의를 받아야 한다. 이것을 전문 용어로 '비준 동의'라고 하는데, 여러 국가가 서명한 조약(예를 들어 국제연합 창설에 관한 조약)은 조약 체결국의 과반수가 의회에서 비준 동의를 얻은 뒤에야 효력이 발생한다.

원외 세력

아침에 전차를 타고 통학하던 시절이 몇 년 지난 뒤에야 나는 의회와 정부 외에 정치적 힘을 가진 세력이 또 있다는 사실을 깨달았다. 그들은 의회 밖의 세력이라고 해서 '원외 세력'이라고 부르는데, 고용주 단체, 노동자 단체, 산업별 단체, 자영업자 단체, 은행 단체, 상인 단체 등의 각종 경제 단체들이 여기에 포함된다. 개별 대기업도 원외 세력이라고 볼 수 있다. 폴크스바겐 자동차 사장, 도이치방크 은행장 혹은 바스프사 사장은 일반 의원들보다 정치에 훨씬 더 큰 영향력을 행사한다. 시민 운동을 주도하는 민간 단체들도 시위와 감시 활동 등을 통해 정치에 영향력을 행사하는 원외 세력이다.

언론

텔레비전과 라디오, 그리고 신문과 잡지가 없으면 의회의 가치도 떨어진다. 의회 출입 기자들은 국민의 대표도 아니고 민주적 절차로 뽑힌 사람들도 아니다. 그들은 오로지 방송사나 신문사를 대표해서 나온 사람들이다. 모든 기자가 언론의 사명에 충실한 것은 아니지만, 어쨌든 그들은 의회 운영에 없어서는 안 될 사람들이다. 의회에는 반드시 기자가 있어야 한다. 언론이 없으면 의원들이 무슨 말을 하고 무슨 일을 하는지 국민들이 어떻게 알겠는가? 특히 야당의 경우, 언론이라는 매체가 없으면 자기를 선전할 기회가 없어서 늘 선거에서 정부 여당에 밀릴 수밖에 없을 것이다.

여당이건 야당이건 할 것 없이 의원들은 하나같이 매스컴에 자신의 이름과 말을 싣게 하고, 매스컴과 인터뷰를 하기 위해 무척 애를 쓴다. 언론으로부터 주목을 받지 못하는 사람은 정치적 영향력도 현저하게 떨어지는 사람으로 간주되기 때문이다. 세상에 이름과 얼굴이 알려지지 않은 의원들, 다시 말해서 지명도가 떨어지는 의원들은 다음 선거에서 공천을 받기가 어려워진다. 심한 말로 매스컴에 등장하지 않는 순간부터 그 사람의 정치 생명은 끝장난 것이나 마찬가지다. 그래서 많은 정치인들이 볼썽사납게 언론에 추파를 던지고 아양을 떤다.

영웅과 악당

각국의 의회 건물은 대개 수백 년씩 된 거대하고 인상적인 건축물로서 벽돌 하나하나마다 수많은 사연들이 깃들여 있다. 의회는 그 자체로 파란만장한 역사이고, 역사가 만들어지던 현장이었다. 그 역사적 무대에는 숱한 영웅과 악당들, 투사와 선동가들이 나타났다 사라졌다. 그러나 의회의 주역은 뭐니뭐니해도 우리 손으로 뽑은 평범한 국민 대표들이었다. 여러분과 나, 그리고 똑똑하고 우둔한 사람, 부지런하고 게으른 사람, 소심하고 용기 있는 사람 등 세상의 모든 사람들이 뽑은 대표들인 것이다.

　의원들 가운데는 나하고 잘 알고 지내는 사람들도 있고, 더러 친구들도 있다. 그들과 정치 이야기를 나누는 건 무척 흥미진진한 일인데, 때론 즐겁기도 하고 때론 화가 치밀기도 한다. 하지만 어쨌든 그들로부터 많이 배우는 건 사실이다. 내가 여기서 이야기한 내용들은, 어린 시절 내가 빈에서 매일 아침 전차를 타고 아테나 여신상이 우뚝 서 있는 그 건축물 앞을 지나다닐 때는 전혀 알지도 못하던 내용이다. 들창코에다 주근깨투성이인 빨강머리 여학생한테 신경을 쓰느라 다른 생각을 할 겨를이 없었던 것이다.

마법사 로비스트

호텔 로비 그리고 로비스트

한스 페터 마르틴(Hans-Peter Martin)

사랑하는 마누엘에게.

하이케 아줌마가 마법사인지 아닌지, 우리가 함께 수수께끼를 풀었던 기억 나니?

"하이케 아줌마는 마법사란다. 주로 공항에 많이 나타나는데, 빗자루를 타고 내리는 걸 봤지?" 내가 이렇게 말하면 넌 즉각 "아니에요, 머글 세계에서는 마법사가 요술을 부릴 수 없어요. 그래서 빗자루를 사용할 수도 없다구요."라고 소리치며 황홀한 표정으로 환하게 웃곤 했지. 그러면 하이케 아줌마는 무슨 말인지 몰라 어리둥절한 표정을 지었고, 넌 아줌마에게 머글 세계가 무슨 뜻인지 설명해 주었지. 「해리 포터」라는 책에서는 마법의 세계와 반대되는 보통 인간의 세계를 그렇게 부른다고 말이다. 그때 넌 하이케 아줌마가 마법사가 아니라는 사실을 분명히 알게 되었지. 마법사라면 머글 세계를 모를 리 없을 테니까 말이다.

이튿날 아빠는 다시 한 번 시도해 보았지. 하이케 아줌마가 호텔 식당에 들어갔을 때는 사람들로 꽉 차 있었어. 그래서 하이케는 우리 방에 와서 식당에 사람이 많으니 천천히 내려가라고 말했어. 하지만 잠시 뒤 우리가 아침을 먹으러 식당에 들어갔을 때 식당은 텅 비어 있었지.

"어때, 아빠 말이 맞지? 하이케는 마법사야. 그렇지 않고서야 어떻게 그 많던 사람들이 이렇게 한꺼번에 없어질 수 있겠니?"

그러면 너는 다시 깔깔 웃으면서 그건 하이케 아줌마가 마술을 부려서 그렇게 된 것이 아니라 사람들이 모두 나갔기 때문이라고 말했지. 하지만 그렇게 말하면서도 네 표정은 더 이상 확신하지는 못하는 눈치였어.

아침을 먹은 다음 우리는 호텔 로비로 갔어. 나는 하이케 아줌마와 유럽 의회 의원들 주위를 어슬렁거리며 돌아다니는 많은 사람들에 대해 이야기했단다. 바로 로비스트를 말하는 게지. 그러자 넌 이렇게 물었어.

"아빠, 로비스트가 뭐예요?"

"넌 뭐라고 생각하니?" 내가 반문하자 넌 이렇게 답했지.

"무슨 새 종류처럼 들리는데요."

순간 아빠는 네게 뭐라고 대꾸해 주고 싶었지만 퍼뜩 떠오르는 말이 없어 그냥 넘어가고 말았단다. 이어 우린 스키와 스키스틱과 스키 헬멧을 집어 들고 밖으로 나가 신나게 스키를 탔지. 마법사니 호텔 로비니 로비스트니 하는 생각은 까맣게 잊은 채 말이다.

늦었지만 이제야 네 질문에 대답을 하게 되었구나. 가만히 생각해 보면 그때 우리가 함께 마법사 수수께끼를 풀고, 호텔 로비에 있던 것이 모두 네 질문과 관련된 것이라는 생각이 드는구나. 다시 말해서 로비스트란 머글이란다. 그러니까 다른 사람들이 자기 뜻대로 움직이도록 마법을 걸고 요술을 부리고 싶어하는 사람을 말하지. 하지만 머글은 그런 요술을 부릴 수가 없기 때문에 말로써 사람들을 꿘단다. 다른 사람들이 자신의 말대로 할 때까지 말이다. 그밖에 이들은 호텔 로비에서 이런 일을 하기 좋아하기 때문에 이 머글들을 가리켜 로비스트라고 부르게 된 거란다.

사람들이 알고 있는 게 정확하다면 로비스트라는 말은 미국의 율리시스 그랜트 대통령(1869~77년 재임)이 처음 사용했단다. 그러니까 지금으로부터 130여 년 전의 일이지. 당시 그랜트 대통령은 워싱턴에 있는 윌러드 호텔 로비에서 자기에게 뭔가 청탁이 있는 사람들을 정기적으로 만났단다. 그래서 그는 이 사람들을 '로비스트'라고 불렀던 거야. 윌러드 호텔은 아직도 남아 있는데, 우리가 스키를 탔던 호텔보다 별이 두 배는 많을 정도로 고급 호텔이란다. 하지만 지금은 호텔 로비가 더 이상 남아 있지 않구나. 그렇게 유명한 곳인데도 말이다. 아마 네 엄마라면 "그게 바로 미국인이에요. 그 사람들은 뭐든 지킬 줄도 모르고 금방금방 망가뜨려 버려요."라고 말할지도 모르겠다. 어쨌든 그건 다른 문제니, 기회가 되면 다음 번 편지에서 다시 이야기해 보자꾸나.

네가 원격 조종 모터보트가 너무나 갖고 싶어서 아빠가 호텔 로비에서 체크인이나 체크아웃을 할 때마다 옆에서 사 달라고 조른다면 너도 로비스트라고 말할 수 있을까? 약간은 그런 측면이 있지만 엄밀하게 이야기하자면 아니란다. 사전을 보면 로비스트란 '특정 집단의 이익을 위해 의원들에게 공작을 펴는 사람' 이라고 나와 있단다.

"하지만 아빠도 의원이잖아요."라는 네 항변이 바로 옆에서 들리는 것 같구나. 그래, 네 말이 맞다. 그러나 진짜 로비스트들은 원격 조종 모터보트 같은 것보다 훨씬 더 많은 걸 요구한단다. 다시 말해서 그들은 의회에서 어떤 법이 만들어진다고 하면 다른 사람들보다 자신들에게 더 이익이 되는 쪽으로 법을 만들어 달라고 청탁을 하는 사람들이지.

예를 들어 네가 아는 엠마 아줌마도 로비스트란다. 엠마도 자신을 마법사라고 생각하지만 실은 그냥 보통 사람일 뿐이야. 빗자루가 없거든. 하지만 빈에서 유럽 연합의 수도인 브뤼셀까지 아주 비싼 비행기 좌석에 앉아서 오간단다. 그것도 몇몇 의원들과 맥주 한 잔 혹은 샴페인 한 잔을 하는 그 짧은 시간을 위해서 말이다. 술을 마시면서 그녀는 이동 전화에 관련된 새 법률이 어떻게 만들어져야 하는지 설명한단다. 그러니까 엠마는 오스트리아-독일 텔레콤사를 위해 일하고, 그녀가 여행하는 데 드는 경비는 모두 그 회사가 지불하는 거지. 그래서 엠마는 그 회사가 잘 되기를 바라는 거고.

하이케 역시 자신이 일하는 자동차 회사가 잘 되기를 바란단다. 그 회사는 벌써 유럽과 미국에서는 따라올 경쟁사가 거의 없을 정도로 큰 회사인데도 말이다. 하이케가 빗자루를 탈 수 있든 없든 간에 — 물론 아빠와 넌 지금도 하이케가 마법산지 아닌지 잘 모르지 — 하이케는 브뤼셀에 갈 때 비행기를 타고 가지도 않고, 그렇다고 자신이 일하는 회사에서 생산하는 화살보다 더 빠른 은색 스포츠카를 타고 가지도 않는단다. 그럴 필요가 없는 거지. 그녀의 회사는 18명이나 되는 로비스트를 1년 내내 브뤼셀에 상주시키면서 로비 활동을 펴게 한단다. 그만큼 부자라는 거지.

이 사람들과 다른 자동차 회사에서 나온 로비스트들은 아빠 같은 의원들에게 끊임없이 전화를 건단다. 예를 들어 수명이 다한 자동차를 폐차시켜야 할 때 그 비용을 과연 누가 부담해야 하는지를 정하는 법을 만들 때 말이다. 자동차 회사를 위해 일하는 로비스트들은 당연히 회사가 그 비용을 부담할 필요가 없다고 주장한단다. 전적으로 자동차를 소유하고 있는 사람의 문제라면서 말이다. 만일 우리 의회가 실제로 그런 결정을 내린다면 자동차 소유자들은 앞으로도 계속해서 폐차 비용을 지불해야 하지만, 자동차 회사들은 그 비용을 아낄 수가 있게 되지. 그렇게 되면 로비스트들은 상사로부터 칭찬을 듣고, 모터보트 같은 값비싼 선물을 받을지도 몰라. 네가 갖고 싶은 원격 조종 보트가 아니라 진짜 모터보트지. 네 브라질 친구 지랄도가 리우데자네이루에서 리우그란데까지 타고 갔던 그 멋진 모터보트 같은 것 말이다.

이처럼 모든 문제에 많은 돈이 걸려 있기 때문에 로비스트들은 자신의 의견을 받아들이도록 뇌물로 의원들을 유혹한단다. 하지만 의원들을 돈으로 사는 것, 즉 매수 행위는 엄격하게 금지되어 있어. 실제로 그런 일을 한 로비스트가 있으면 그는 감옥에 가야 한단다. 로비스트에게도 지켜야 할 법이 있기 때문이지. 그리고 돈을 받고 자신의 의견을 판 의원도 의회에서 쫓겨날 수밖에 없단다.

하지만 로비스트가 의원들을 위해 돈을 쓰는 것은 괜찮단다. 그래서 우리 의원들은 중요한 결정을 앞두고 번쩍거리는 포크와 나이프가 여러 벌 놓여 있는 고급 식당으로 자주 초대를 받곤 하지. 그런 데서 웨이터가 와서 따라 주는 오래 묵은 포도주는 음식값보다 훨씬 더 비싸단다. 집이었다면 너는 분명히 유리잔에다 코를 박고 냄새를 맡아 본 뒤 장난기 어린 눈으로 이렇게 말했을 게다. "어휴, 며칠 동안 갈아 신지 않은 양말처럼 고린내가 진동하네!" 그런 고약한 냄새가 나는 포도주가 무척 비싸고 귀하다는 걸 너도 잘 알고 있겠지? 그런 걸 보면 어른들은 참 입맛도 희한한 것 같구나. 음식값을 지불할 사람들은 식사가 끝난 뒤에도 의원들에게 자신들의 입장을 설명하고 이해를 구하기 위해 이런저런 얘기들을 끊임없이 늘어놓는단다. 아빠와 네가 눈이 잔뜩 덮인 스키장에서 오전 내내 스키를 타는 시간보다 더 길게 말이다.

"그래서 브뤼셀에 가신 이후로 그렇게 뚱뚱해졌군요?" 하고 묻는 네 목소리가 들리는 것 같구나. 하지만 그 때문은 아니란다. 아빠 그런 식사 초대 자리에 잘 가지 않으니까 말이야. 비록 그런 자리가 불법이 아니라곤 하지만 아빠 생각엔 별로 좋은 자리 같지는 않구나. 종종 사냥을 함께 가자는 초대도 받는데, 그런 자리도 마찬가지라고 생각한단다.

아빠 배가 갑자기 이렇게 나온 건 매주 비행기를 타고 오고가면서 기내식으로 제공되는 값싼 브뢰첸*을 너무 많이 먹어서 그런 게 아닌지 모르겠구나. 스튜어디스가 활짝 웃으면서 권하면 차마 거절하지를 못한단다. 게다가 - 아마 이게 더 큰 이유일 게다 - 의원들은 앉아 있어야 하는 시간이 무척 길단다. 열다섯 나라에서 온 대표들이 하는 연설을 다 들으려면 정말 끔찍할 정도로 오래 앉아 있어야 하지. 그 사람들은 무슨 할 말이 그렇게 많은지, 아마 너와 네 친구들이 하는 말을 몽땅 합쳐도 그보다 길진 않을 게다. 이건 절대 거짓말이 아니란다. 지금은 작고했지만 대단히 재미있는 사람으로 알려져 있는 독일 예술가 칼 발렌틴 같은 사람도 의회를 가리켜 이렇게 말한 적이 있거든.

"의회란 알고 있는 것을 몽땅 털어놓지 않고는 배길 수가 없는 곳이다."

그래서 아빠 배가 점점 더 나오는 거란다. 어쩔 수 없지, 너와 함께 스키와 썰매를 열심히 타는 수밖에. 그러면 다시 원래 모습대로 돌아가지 않겠니?

자, 이제 네가 아빠한테 로비스트가 뭐냐고 물었던 그 호텔로 다시 돌아가 보자꾸나. 왜, 너도 잘 알지? 네 쌍둥이 친구의 엄마이면서 아빠처럼 유럽 의회 의원으로 있는 메르세데스 아줌마 말야. 아빠하고도 친하게 지내는 메르세데스 아줌마를 호텔에서 만났단다. 메르세데스는 많은 로비스트를 '하이에나 로비스트'라고 불러. 다른 짐승의 시체를 먹고사는 개와 비슷하게 생긴 그 맹수 말이다. 처음엔 새의 종류가 아닐까 하고 생각한 너하고는 완전히 딴판이지? 그런데 메르세데스 아줌마가 로비스트를 하이에나라고 부르는 게 무슨 뜻인 줄 짐작하겠니? 연극 배우이기도 한 메르세데스는 예술가와 작

---

* 독일인들이 아침 식사로 자주 먹는 주먹만한 둥근 빵.

가의 권익을 지키기 위해 많은 노력을 하고 있는데, 얼마 전에 전 유럽에 통용될 '저작권법'을 새로 제정하는 회의가 있었다고 해.

메르세데스와 예술을 아끼는 다른 친구들은 컴퓨터에서 문학 작품과 음악을 다운받을 경우 작가와 음악가에게도 일정한 몫을 지급해야 한다고 주장했어. 그러나 그런 문학 작품과 음악으로 장사를 하는 업체들은 작가나 음악가에게 한푼도 주지 않거나, 아니면 생색이나 낼 정도로 아주 조금만 주려고 했어. 그 때문에 메르세데스 아줌마는 이런 업체들의 로비스트를 가리켜 남이 애써 일한 것을 비열하게 빼앗아 먹고 사는 하이에나라고 표현한 거야.

우린 메르세데스의 사무실로 가서 이야기를 계속했어. 메르세데스 아줌마는 내게 이렇게 말했어.

"로비스트들이 내 사무실에도 뻔질나게 찾아오지만, 그 사람들의 입과 발만 아플 거예요."

이처럼 메르세데스 아줌마는 로비스트를 별로 좋게 생각하지 않는단다. 그래서 고급 식당으로 초대를 받아도 아빠처럼 잘 가지 않는다는구나.

그런데 메르세데스를 찾아오는 사람 가운데에는 특정한 회사를 위해 일하는 로비스트들만 있는 건 아니란다. 다시 말해서 예술가들이 보낸 로비스트들도 있어. 이를테면 너희가 쉬는 시간을 좀더 늘려 달라는 청을 넣기 위해 대표를 뽑아 교무실로 보내는 것과 비슷하지. 만일 초등학생 연합 대표가 유럽 의회를 찾아와서 유럽에 있는 모든 학교의 쉬는 시간을 늘려 달라고 요청한다면 예술가들이 자신들의 권익을 지키기 위해 로비스트를 브뤼셀에 보내는 것과 비슷하지 않겠니?

이처럼 로비스트라고 해서 모두 큰 회사만을 위해서 일하고, 많은 의원들의 배만 나오게 하는 사람들만 있는 건 아니야. 말하자면 의원들을 강하게 밀어붙여서 움직이게 하는 로비스트들도 있단다. 예를 들어 의회에서 자연과 환경에 좋지 않은 영향을 끼칠 수 있는 결정이 내려질 경우에는 거의 예외 없이 세계야생생물기금(WWF)이나 로빈우드(Robin Wood) 같은 단체들이 우리를 찾아온단다. 세계야생생물기금은 말 그대로 야생 생물과 원시 환경을 지키는 단체이고, 로빈우드는 열대 우림이 더 이상 파괴되지 않도록 투쟁하는 단체야. 환경보호론자들은 의원들을 초대해서 돈을 쓰지는 않지만, 왜 우리 의원들이 그들의 의견을 좇을 수밖에 없는지를 더 타당한 이유를 들어가며 성실하게 설명한단다. 아빠가 이렇게 말하면 넌, "그럼, 로비스트도 좋은 사람이 있고 나쁜 사람이 있겠네요." 하고 묻고 싶겠지? 하지만 그렇게 일률적으로 구분할 수는 없을 것 같구나. 우리를 찾아오는 사람들은 거의 모두 뭔가 원하는 게 있어서 찾아오는 사람들이기 때문이지.

대부분의 로비스트들은 매우 친절한 내용을 담은 편지를 쓰곤 한단다. 예를 들어 다음 주에는 갈색 탄산 과즙 음료를 생산하는 회사의 중부·동유럽 담당 지사장이 아빠를 찾아온다는구나. 그 부문에서는 세계에서 가장 큰 회사란다. 식사 초대에는 가지 않겠지만, 그 유명한 갈색 탄산 과즙 음료는 한 번 먹어 보고 싶구나. 그런데 탄산 과즙 음료 지사장이 무슨 일로 날 보자고 하는 거겠니? 사업가니까 당연히 갈색 탄산 음료를 더 많이 팔기 위해서겠지! 그는 아마 내가 그를 도울 수 있을 거라고 믿는 것 같구나. 하지만 내가 다이어트 탄산 음료만 마신다는 사실을 알면 어떤 반응을 보일까? 그래도 올까?

아마 올 게다. 다이어트 탄산 음료라도 팔기 위해서 말이다.

많은 로비스트들은 의원들의 배만 나오게 하는 것이 아니라 자신도 상당히 뚱뚱하단다. 물론 그렇게 먹은 의원들도 뚱뚱하겠지만 말이다. 너도 로비스트들을 몇몇 만나 보았지? 영국과 독일에서 온 로비스트였지, 아마. 그런데 하도 여러 곳에서 많은 로비스트들이 오는 까닭에 어른들도 누가 누군지 헷갈리기도 하지. 그리고 '거꾸로 된 로비'라고 부르는 로비도 있단다. 이를테면 로비를 받아야 할 의원이나 유럽 연합 위원회들이 거꾸로 기자들을 엄청나게 비싼 호텔로 초대하는 경우인데, 의원들과 위원회에 대해 잘 써달라는 일종의 보이지 않는 청탁인 셈이지.

브뤼셀에만 1만 5천여 명의 로비스트들이 활동하고 있다고 한단다. 빈 같으면 평소 중요한 축구 시합이 있는 날에 경기장을 찾는 사람들의 숫자도 이보다 많지는 않을 것 같구나. 아빠가 성탄절과 부활절 사이에 로비스트들로부터 받은 편지만 해도 「해리 포터」 시리즈보다 더 두꺼울 지경이란다.

참, 얼마 전에 네 엄마가 전화로 한 얘기가 갑자기 떠오르는구나. 네가 요즘 마법을 배우고 있고 그걸로 제일 먼저 뭘 할지도 정했다면서? 엄마 말로는 오스트리아 국민이 히틀러 같은 나쁜 사람을 지도자로 뽑지 못하도록 마음을 돌려놓는 마술을 개발중이라고 하던데 사실이니? 그런 생각이라면 정말 너무 좋은 아이디어구나. 아빠는 너의 그런 생각에 감동해서 수천 번의 입맞춤을 네게 보낸다. 편지를 쓰지도, 부엉이를 시키지도 않지만 곧바로 하늘을 날아 브뤼셀에서 빈으로 날아갈 거다. 그리고 네가 마법사가 되면 하이케가 진짜 마법사인지 아닌지도 알아낼 수 있겠지? 그렇게 되면 아빠에겐 또

한 가지 특별한 소망이 생기는데, 그건 귓속말로만 해 줄 수 있는 거란다.

어쨌든 아빠 이 세상에서 가장 멀리 나가는 불꽃 로켓이 하늘을 날아가는 만큼 너를 사랑한단다. 다음주 학교로 널 데리러 갈 생각을 하면 벌써부터 가슴이 두근거려 잠을 이룰 수가 없구나.

아빠가

추신: 모터보트는 다가오는 너의 아홉 번째 생일에 선물할 생각이란다. 넌 로비스트가 아니기 때문이지. 안 그러니?

의원들이 일당을 받는다고?

의원들의 봉급

볼프 폰 로예브스키(Wolf von Lojewski)

일당이라? 우선 말부터 웃긴다. 일반인들은 생계를 꾸려나가기 위해 월급이나 봉급을 받는다. 예술가들은 사례, 보수, 인세를 받고, 경영자는 대개 연봉 외에 보너스를 받으며, 은행원과 중개인은 수수료를 받는다. 일반 시민들은 열심히 일한 만큼 충분한 보수를 받길 원한다. 그런데 의원들의 경우는 어떨까? 의원들의 고용주라 할 수 있는 국민은 의원들이 일한 대가로 디에텐(Diäten)을 주는데, 그렇다면 국민들은 의원들이 다이어트를 하는 걸 도와 준다는 말일까?[*] 어쨌든 디에텐이라는 말에서는 포식이나 풍성함과는 상관없이 어딘가 빈약하고 절제된 식사라는 느낌이 든다.

모든 말에는 유래가 있는 법이다. 디에텐(일당)이라는 말도 마찬

---

[*] 하루 동안 일한 대가로 주는 돈인 '일당'은 독일어로 Diäten인데, 다이어트를 뜻하는 독일어 Diät와 철자가 비슷함.

가지다. 이 말은 라틴어에서 온 말로 독일에서 사용된 것은 1906년부터다. 라틴어로 '하루', '날'을 뜻하는 단어는 '디에스'(Dies)인데, '디에텐'이란 한마디로 '하루 동안 일한 대가로 주는 돈', 즉 '일당'을 뜻한다. 그렇다면 이상한 생각이 든다. 국민을 대표해서 중요한 결정을 내리는 사람들에게 어떻게 공사판에서 일하는 사람들처럼 노임이나 임금을 줄 생각을 했을까? 그런 중요한 일을 하는 사람들에게는 의당 꽤 많은 액수의 월급이나 봉급을 줘야 하지 않을까? 오늘날의 우리로서는 쉽게 이해가 되지 않는 대목이다. 그러나 이 제도가 도입된 18세기 혹은 19세기에는 아주 자연스러운 일이었다. 봉건체제에서 민주주의로 넘어가는 과도기에서는 조국을 위해 일하는 사람들에게 그 대가로 무슨 돈을 준다는 것은 예의도 아니었고, 당사자들도 그것을 일종의 모욕으로 느끼고 있었다. 당시 영국과 독일의 성실한 시민이라면 누구나 다 똑같은 심정이었을 것이다.

민주주의가 도입된 초창기 시절에는 주요한 국가 대사를 보던 사람들은 대개 재산이 많았다. 선거권도 오로지 상당한 수입이 있던 사람들에게만 부여되었고, 이 특권층들이 자신과 똑같은 계층의 사람을 뽑아 의회로 보내던 시절이었다. 이렇게 뽑힌 자산가들이나 대지주들은 1년에 며칠씩은 고향에서 어깨에 잔뜩 힘을 준 채 말을 타고 영지를 돌아다니거나 가끔 자신의 공장에 들러 일이 제대로 돌아가는지 둘러보는 대신 제국의 수도로 가서 감동적인 연설을 하고, 또 그런 연설들을 듣고, 총회에서 다른 유력 인사들을 만나고, 오찬이나 만찬을 함께 했다. 이 모든 활동이 정치였다. 애국자라 할 수 있는 이들은 돈 때문에 이런 일을 한 것이 아니었다. 돈이 아쉬운 사람들이 아니었기 때문이다. 하지만 고향에서 일하지 못함으로써 생기는 손실에 대해서는 명목상 보상을 해 줄 필요가 있었다. 그래서 그 날을 기준으로 하루에 얼마씩의 일당을 지급하게 되었다.

우리는 이미 오래 전부터 농토나 공장 없이도 정치인이나 의원이 될 수 있는 시대에 살고 있다. 만일 그렇지 못하다면 그것은 국민이 주인된 진정한 민주주의라고 할 수 없을 것이다. 오늘날엔 우리 손으로 뽑은 사람들에게 돈을 지급할 필요가 생겼다. 의원과 그 가족도 먹고살아야 하기 때문이다. 그래서 국민은 의원들에게 월급과 같은 형식의 일정한 임금을 지급하게 되었다. 하지만 이를 월급이라고 부르는 경우는 거의 없고, 여전히 디에텐(일당)이라고 부른다.* 의원들의 일당에 대한 논의는 상당히 까다로운 문제이고, 일당을 높이자는 주장은 정기적으로 논란을 불러일으킨다. 종종 사회 다른 부문의 임금과 비교해서 의원들의 일당이 너무 적어서, 일류 인간은 정치에 들어오지 않고 이삼류만 들어온다고 한탄하는 사람들도 있다.

독일보다 좀더 오래된 민주주의 국가들도 정치인들에게 월급을 주는 문제에 있어서는 마찬가지로 신중한 입장을 취해 왔다. 미국이 그 전형이었다. 1776년 영국의 식민지였던 미국이 영국 왕실로부터 독립을 선포하고, 5년 뒤 마침내 독립 혁명군 총사령관 조지 워싱턴 장군이 영국군을 물리쳤을 때 몇몇 낙관론자들은 이제 미래에는 자유 시민이 직접 자신들의 문제를 해결할 것이고, 더 이상 국가 정치나 공동 정부가 필요하지 않으리라고 생각했다. 그럼으로써 당연히 정부를 통제할 의원도 필요하지 않으리라 생각했다. 예전에 영국의

---

* 일당이라고 해서 의원들이 실제로 일한 일수에 따라 돈을 지급한다는 것이 아니라 급료는 매달 월급 식으로 나감. 참고로 독일에서는 국회 의원의 월급을 '세비'라고 부름.

왕이 맡았던 역할은 이제 대통령이 떠맡으면 됐다.

많은 사람들의 머릿속에는 대통령을 할 만한 인물이 단 한 사람밖에 없었다. 바로 조지 워싱턴이었다. 그러나 그는 대통령을 할 마음이 없었다. 그는 수년간의 피비린내 나는 독립 전쟁이 끝나자 버지니아에 있는 자신의 농장으로 돌아가서 평화롭게 시골 생활을 즐기려고 했다. 당시만 해도 대통령은 많은 돈을 써야 했는데, 그는 그렇게 부자가 아니었던 것이다. 그런데 사람들이, 대통령이 되면 관저에서 온갖 종류의 파티를 열 수 있을 뿐 아니라 이런 공식 행사에 대한 비용도 국가 재정에서 지출할 수 있다고 설득하자 마침내 조지 워싱턴은 마음을 돌려 1789년에 그 제안을 받아들였다. 이렇게 해서 미국 독립 전쟁의 영웅 조지 워싱턴은 8년 동안 대통령직을 수행했고, 특별히 두려워해야 할 반대편 후보도 없었다. 그런데 사람들이 대통령을 한 번 더 맡아 달라고 했지만 그는 이미 정치에 흥미가 없었다. 보수 때문에 대통령을 안 하려고 한 것은 아니었다. 정치적인 표현으로 그건 '노 프라블럼'(No Problem)이었다. 하지만 당시의 기준으로 보아도 대통령의 봉급은 아마 부끄러운 수준이었을 것이다.

그 사이 많은 세월이 흘렀고, 대서양을 사이에 둔 두 대륙도 많은 변화를 겪었다. 하지만 월급 이야기만 나오면 정치인들이 약간 쑥스러워하면서 난처한 태도를 보이는 것은 예나 지금이나 크게 변하지 않았다. 미국 대통령과 독일 수상이 받는 월급은 기껏해야 대기업 사장과 은행장이 받는 돈의 약 1/10 수준이다. 현재 조지 부시 미국 대통령은 1년에 40만 달러(5억 4천만 원 가량 된다)를 받는데, 이는 빌 클린턴 대통령 시절보다 두 배 가까이 오른 수준이며, 이러한 월급 인상은 31년 만에 처음 있는 일이었다. 의원들은 대통령 월급의

1/3 정도를 받는다. 그래서 미국의 상·하원 의원들은 지역구를 관리하고 선거 비용을 마련하기 위해 친지나 기업, 은행 그리고 여러 단체들에서 기부하는 돈에 기댈 수밖에 없다. 이렇다 보니 당연히 민주주의에서 있어서는 안 될 종속 관계가 생겨난다. 왜냐하면 정치인들에게 돈을 주는 기업이나 단체들이 민주주의를 아끼는 순수한 애정에서 자발적으로 선심을 쓰는 것이 아니기 때문이다.

독일의 경우도 크게 차이는 없다. 장관들 가운데 상당수가 자신들의 월급이 적다고 생각한다. 그래서 기업체 사장같이 잘사는 사람들이 휴가갈 때 요트나 전용 비행기로 함께 가자고 제의하면 따라가고 싶은 마음이 굴뚝 같다고 한다. 그러나 실제로 그런 일이 생기면 기자들은 결코 있어서는 안 될 일로 비난하고, 뒤이어 해당 장관은 십중팔구 옷을 벗는다. 하지만 대기업체 사장이 상상하기 어려울 정도로 큰돈을 버는 것에 대해서는 기자들을 포함해서 국민들도 대체로 개인적 능력과 성실함에 대한 보상으로 인정한다. 어떤 잡지는 종종 돈을 제일 많이 버는 열 사람 혹은 백 사람을 뽑아 발표하기도 한다. 그러면 꼭대기에 위치한 사람들은 어깨에 힘을 주면서 언론이 자신을 공격해도 두려워하지 않는다. 언젠가 미국의 한 신문이 아이스하키 1부 리그에 소속된 어느 프로 선수의 연봉을 공개한 적이 있었는데, 그 선수가 1년에 받는 액수는 무려 미국 대통령의 8배인 것으로 나타났다. 그런데 설문 조사를 해보니 일반 국민들은 이것을 지극히 정상적인 일이라고 생각하고 있었다. 이 신문의 머릿기사에 실린 어느 실업자의 말이 인상적이다. "이번 시즌에는 대통령보다 아이스하키 스타들이 훨씬 더 잘했어요!"

공사장 인부든 일반 샐러리맨이든 언론사 기자든 모두 한 달에 한

번씩은 월급 봉투의 돈을 꺼내
세어 보거나 아니면 은행 계좌
로 들어온 액수를 확인한다. 이
들은 물가가 오르
고 생활이 어려워
지면 자신들의 이
익을 대변하는 노동
조합을 동원해서 고용
주에게 당당하게 '우린 돈
이 더 필요해요. 월급을 올려주세요!' 라고
요구한다. 요구한 만큼 받을 수 있느냐 없느냐 하는 건 별개의 문제
다. 그러나 임금이나 월급을 올려 달라고 요구하는 것을 나쁘게 생
각하는 사람은 아무도 없다.

하지만 정치인들의 경우는 좀 다르다. 그들은 스스로 부자가 되기
위해 정치를 하는 것이 아니라고 밝힌 사람들이다. 그들은 가난한
사람과 약한 사람들을 위해 일할 테니 자신을 뽑아 달라고 했다. 아
니면 중산층을 위해, 침체일로에 있는 특정 산업을 위해, 혹은 가난
한 은행이나 연금 생활자나 세입자나 주택 소유자들을 위해 일할 테
니 자신을 뽑아 달라고 나선 사람들이다. 사정이 이러니, 어떤 정치
인이 의회 본회의장이나 텔레비전 카메라 앞에 나와서 '돈이 필요해
요. 월급을 올려 주세요' 라고 외치는 것은 상상하기 어렵다. 실제로
그런 정치인이 있다면 그는 당과 선거구에서 따돌림을 당할 것이다.
심지어 카지노 주인이나 점심 식사를 같이하는 친구들도 별로 좋아
하지 않을 것이다. 개인적으로 원하는 것이 있으면 밖으로 드러내는

것이 솔직하지만, 정치적인 행동은 아니다. 원래 정치인들에게는 개인적인 근심이나 꿈이 있어서는 안 된다. 모두 남을 위해 일하겠다고 나선 사람들이기 때문이다. 그러나 정치인들도 생활을 해야 하고 형편이 어려울 수도 있다. 그래서 그들도 이따금 월급을 올리고 싶어한다. 하지만 어떻게?

일반인들은 고용주에게 월급을 올려 달라고 요구한다. 그러면 고용주는 마냥 외면할 수만은 없다. 하지만 의원들은 좀 다르다. 그들은 국민의 대표이자 입법 기관으로서 자신들이 필요하고 정당하다고 생각하면 자신들의 월급을 올리는 법안을 통과시키면 그뿐이다. 그 점에 있어서는 사민당과 녹색당*뿐 아니라 기민당, 기사당, 자민련 그리고 심지어 민사당 의원들까지 내심 뜻을 같이한다. 같이 잘살자는 것이기 때문에 여야가 따로 없다. 그래서 각 정당은 이때만큼은 초당적인 협력을 할 수 있다. 하지만 솔직히 말해서 의원들의 봉급 인상은 그렇게 쉬운 일이 아니다. 상당한 용기와 자신감이 필요하다. 국민들 가운데에는 의원들의 봉급 인상 문제만 나오면 알레르기 반응을 보이는 사람들이 많기 때문이다. 특히 기자들은 더 심하다. 당장 다음날 신문이 들끓는다. '의회가 다시 파렴치하게 자신들의 직위를 이용해서 제 배만 채운다'고 말이다.

의회는 다른 방책을 찾고 있다. 예를 들어 의원들보다 더 많은 돈을 받는 연방 최고 재판소 판사들의 월급에 맞춰 달라는 제안이 그 중 하나다. 처음부터 의원들의 봉급을 여기에 맞춰 놓으면 자신들의 월급을 자신들이 결정해야 하는 난처함에서 벗어날 수 있을 뿐만 아

* 2002년 현재 독일에서는 이 두 당이 여당임.

니라 괜히 월급을 올렸다가 뻔뻔하다는 소리를 듣지 않아도 될 테니까 말이다. 그러나 이럴 경우 의원들이 결국에는 최고 재판소에 대해 어떤 특별한 감정을 갖게 되고, 판사들의 입장에서도 정치인이라는 완벽한 로비스트를 얻게 되는 셈이니 입법부와 사법부가 들러붙을 가능성이 크다. 다시 말해서 법원의 입장에서는 법원의 업무가 너무 과중하다거나 아니면 사정이 어려울 때 자신들의 입장을 적극 이해하고 변호해 줄 그런 존재가 생긴 것이다. 이것은 엄밀하게 보면 삼권 분립의 원칙에 어긋날 뿐 아니라 정치인과 판사가 가깝게 지내서는 안 된다는 정치 도의에도 맞지 않고, 당사자라고 할 수 있는 판사들도 의회의 제안을 탐탁지 않게 생각했다. 결국 이 제안은 온다간다는 말도 없이 슬그머니 사라졌다.

　조지 워싱턴 이후 시대도 바뀌고 생각도 달라졌지만, 정치인을 과연 하나의 직업으로 생각해야 하느냐는 문제에 부딪히면 여전히 해답을 내기 어렵다. 만일 우리가 의원들의 경력과 활동 사항들을 토대로 월급 액수를 정한다면 – 다른 직업에서는 이렇게 한다 – 의원들의 월급을 놓고 더 이상 시끄러운 말들이 오가지는 않겠지만, 그동안 우리가 민주주의를 통해 꿈꾸어 왔던 위대한 환상은 깨지고 말 것이다. 다시 말해서 국민 대표는 결코 보통의 다른 직업과 같은 것이 되어서 안 되고, 정치인은 자신의 이익을 위해 일하는 사람이 아니라 다른 사람들을 위해 나선 사람이라는 환상 말이다. 사람들은 민주주의의 이상을 대개 이렇게 꿈꾸어 왔다. 세상에는 빵집 주인, 농부, 우편 배달부, 의사 혹은 주식 투기꾼같은 여러 직업들이 있다. 그런데 어느 날 베를린의 연방의회나 다른 지방 의회가 잘못 돌아가는 것을 발견한 누군가가 책상을 쾅 하고 내려치면서 친구들과 이웃 주민들을 향해 "더 이상 못 참겠어! 이제 내가 정치란 어떻게 하는 것인지 보여 주겠어!" 하고 외치면 친구들은 환호하면서 그를 뽑아 의회로 보낸다. 이것이 꿈이었다.

당연히 현실은 이와 다르다. 대개 대학 시절이면 벌써 얼굴에 그 사람의 진로가 쓰여 있는 법이다. 사람들에게서 '저 사람은 분명히 나중에 정치인이 될 거야'라고 평가받는 사람은 십중팔구 정치인이 된다. 그들은 천천히 예비 주자로서의 길을 걷는다. 학생회 간부에서부터 구의회, 시의회 의원을 거쳐 마침내 연방의회 의원이 되기 위해 발버둥친다. 이들은 타고난 정치인이거나 아니면 훈련받은 국민 대표다. 실제로 국민이었던 적은 한 번도 없는 그런 국민 대표 말이다. 이것은 현실 민주주의가 안고 있는 주요한 결함이고, 많은 사람들이 이 점을 인식한다. 그렇다고 해서 민주주의에 대한 우리의 꿈을 완전히 버려서는 안 된다.

우리는 직업 정치인에 의해 조직되고 이끌어지는 국가를 원하지 않는다. 우리는 모든 국민이 스스로 자신의 길을 열어 나가고 스스로 결정할 수 있는 그런 사회를 꿈꾼다. 의원들도 먹고살아야 하고, 일한 만큼 적절한 대가가 주어져야 한다는 건 분명하다. 하지만 그렇다고 해서 의원들의 경력과 능력을 기준으로 월급 액수를 몇 등급으로 나누는 건 상상만으로도 끔찍하다. 하지만 싸우는 건 민주주의의 본질이고 의원들의 일당을 두고 싸우는 것도 자연스런 일일 수 있다.

볼륨을 높여라!

야당 없이는 민주주의도 없다

하이코 게프하르트(Heiko Gebhardt)

　'야당을 하는 것'은 굳이 배울 필요가 없다. 야당을 하는 것은 모든 사람이 타고난다는 말이다. 부모가 자녀에게 이제 잠잘 시간이니 들어가 자라고 한다고 군소리 없이 순순히 들어가는 아이가 있을까? '텔레비전 좀 그만 봐', '침대에서는 책을 보면 안 돼' 혹은 '그만 놀고 공부 좀 해!' 등 우린 어릴 때 부모님과 선생님으로부터 하루에도 골백번씩 잔소리를 듣고 그 때마다 항변을 해왔다. 그러니까 야당이라는 말은 곧 반대한다, 항변한다는 말과 다름 없다.

　야당이라는 말의 핵심은 '항상 진다'는 점이다. 하지만 반대를 통해 자신의 의견을 키울 수 있다. 그리고 반대 의견은 실권을 가진 사람이 어떤 결정을 내리기 전에 다시 한 번 생각해 보도록 만든다. 한 소년이 네 시간 동안 숙제를 한 뒤 한 시간은 축구를 하겠다고 말한다면 그 소년이 옳은 게 아닐까? 그리고 어떤 소녀가 이제 열일곱 살이 되었으니 한 번쯤은 주말에 다른 친구들처럼 자정 무렵에 집에 돌아오겠다고 말해도 괜찮지 않을까? 석기시대 때 원시인 아내가 남편에게 "여보, 이제 동굴에 더 이상 쪼그리고 앉아 있지 말고 바퀴나 하나 만듭시다."라고 말하지 않았다면 어쩌면 우린 오늘날까지도 원시인 신세를 면하지 못하고 있을지도 모른다. 다시 말해 야당 없이는 진보도 없다.

민주주의도 크게 다르진 않다. 야당이 없거나 야당을 금한 정부는 자신이 시행하려는 정책을 굳이 설명하거나 변명할 필요가 없다. 그런 국가의 국민들은 경찰의 곤봉이 두렵기 때문에, 아니면 그저 얌전히 따르는 게 출세하여 가족들을 먹여살리는 길이기 때문에 정부의 말을 고분고분 듣는다. 이런 나라가 바로 독재 국가다. 우리는 역사를 통해 – 안타깝지만 지금도 이런 독재 국가들이 존재한다 – 독재 체제 하에서는 결코 모든 사람들이 타고난 능력, 즉 반대하는 능력을 발휘할 수 없다는 걸 잘 안다. 야당 없는 나라에서는 똑똑한 사람도 말 잘 듣는 기계가 되고 만다.

17세기에 갈릴레오 갈릴레이가 지동설을 발견했을 당시 로마에서는 종교재판소의 독재가 행해지고 있었다. 교회 지도자들은 자신들과 다르게 생각하는 모든 사람들을 고문하고 학살했다. 그들은 세상의 중심은 지구이고, 하늘의 모든 별들이 지구 주위를 돈다고 생각했다. 그러나 갈릴레이는 태양이 지구 주위를 도는 것이 아니라 지구가 태양 주위를 돈다는 사실을 밝혀내어 이를 주장했지만, 결국 종교 재판소의 압력에 못 이겨 자신이 알고 있는 것이 틀렸다고 번복할 수밖에 없었다.

야당을 허용하지 않는 정부는 정부에 대한 비판만 못하게 하는 것이 아니라, 결국에는 모든 진실을 가려 버린다. 야당이 없었다면 우리는 여전히 지구가 세상의 중심이고 평평한 원반이라고 믿고 있을 지도 모른다.

1933년에 아돌프 히틀러가 권력을 잡았을 때 제일 먼저 한 행동도 야당을 금지하는 일이었다. 히틀러는 정치인들에게 독일 국민들의 생활이 어려운 이유가 허구한 날 치고 박고 싸운 탓이라고 호통쳤다. 그는 공산주의자들을 체포했다. 1933년 3월 자민당과 사민당은 의회에서 마지막으로 야당의 목소리를 낼 기회가 있었다. 오토 벨스 사민당 원내 총무는 마지막 연설을 통해 야당을 금지시킬 수는 있지만 반대 생각까지는 막을 수 없다고 용감하게 외치면서 이렇게 덧붙였다.

"우리에게서 자유와 목숨을 앗아갈 수는 있지만 명예를 빼앗을 순 없습니다!"

이후 세상은 완전히 달라졌다. 나라의 구호도 '총통이 명령하면 우린 따른다!'로 바뀌었다. 반대 의견을 말하는 것은 허용되지 않았다. 야당을 하는 사람은 감옥으로 보내지거나 목숨을 잃었다. 결국 독일 야당은 외국에서 목소리를 낼 수밖에 없었다. 프랑스와 영국의 신문, 라디오 방송을 통해서 말이다. 나치 제국 안에서 이런 방송을 듣거나 신문을 보는 사람은 발각되는 즉시 감옥에 갔다. 심지어 히틀러 총통을 빗대 농담 한 마디 하는 것도 곧바로 사형감이었다.

이런 독재 체제의 말로는 뻔했다. 유대인들을 포함해서 수백만 명의 사람이 처참하게 살해되었고, 독일과 러시아와 전 유럽을 통틀어 또 수백 만의 민간인과 군인이 전쟁으로 희생되었다. 그리고 야당을 허용하지 않았던 독재 체제 때문에 1945년 독일은 잿더미로 변하고 말았다.

전쟁이 끝나자 독일 서쪽에 세워진 독일연방공화국에서는 야당의 권리를 확실하게 보장하는 헌법이 만들어졌다. 그러나 동쪽에 세워진 독일민주공화국에서는 공산주의자들에 의한 새로운 독재 체제가 시작되었다. 다시 야당이 금지되고, 야당 인사들은 감금되거나 해외로 추방되었다. 정부와 다르게 생각하는 사람들은 또다시 속으로만 끙끙댈 수밖에 없었다. 신문마다 똑같은 기사가 실렸고, 아무도 신문을 믿지 않았다. 마침내 동독 정부는 주민의 자유만 빼앗은 것이 아니라 주민들이 피땀 흘려 일한 열매도 앗아가 버렸다. 동독은 더 이상 지속될 수 없었고, 야당도 더 이상 입을 닫지 않고 거리로 나왔다. 베를린 장벽이 무너졌고, 그로써 독재도 함께 무너졌다. 수십만의 사람들이 거리로 뛰쳐나와 "우리는 인민이다!"라고 외치던 함성이 지금도 귓가에 생생하다. 이처럼 야당이 없는 사회는 생기도 없고 오래 버티지도 못한다. 반대 목소리를 낼 수 없는 사람은 사회를 위해 열심히 일하고 싶은 욕구를 전혀 느끼지 못하기 때문이다.

야당을 탄압하는 지도자는 국민을 비참한 상태로 내몰 뿐 아니라 종국에는 전쟁으로 이끄는 경우가 많다. 제법 오래 전의 일인데, 런던의 한 일요 신문에 아프리카를 배경으로 찍은 큰 사진 한 장이 실렸다. 십여 명의 흑인 남자들이 굴비 두름처럼 묶인 채 땅바닥에 꿇어앉아 있는 모습이었는데, 죄수들은 모두 서아프리카의 어느 독재자에게 정치적으로 반대하는 사람들이었다. 사진의 효과는 '야당 인사들'이라는 짤막한 머릿기사를 통해 더욱 도드라졌다. 그런데 이런 탄압에도 굴하지 않고 꿋꿋하게 맞서 탄압의 사슬을 끊고 국민적 영웅이 된 야당 지도자들도 있다.

남아프리카 공화국의 넬슨 만델라가 대표적인 인물이다. 그는 백인 지배자들의 아파르트헤이트 정책(인종차별 정책)에 저항했다는 이유로 27년간 케이프타운의 앞바다에 위치한 악명 높은 루빈 아일 랜드 감옥에 갇혀 지내야 했다. 심지어 수감생활 동안 아내와 자녀 들에게조차 면회 한 번 허용되지 않았다. 그러나 이러한 지옥 같은 감옥 생활도 만델라의 의지를 꺾지 못했고, 결국 그는 최후의 승리 자가 되었다. 그를 탄압한 백인 지도자들도 그를 석방할 수밖에 없 었고, 인종차별 정책도 폐지되었으며, 기나긴 옥살이를 마친 만델라 는 흑인으로서 처음으로 대통령에 뽑히기도 했다. 게다가 전 세계인 들로부터 존경을 받았고, 노벨평화상을 수상하는 영광을 누렸다.

독일과 이웃한 다른 나라에도 비슷한 일이 있었다. 체코슬로바키 아의 작가 바츨라프 하벨이 그 주인공인데, 그가 겪은 운명도 넬슨 만델라에 못지않다. 그는 책과 희곡 작품을 통해 공 산당 권력 체제를 비판하고 국가 검열 제도에 맞 서 싸웠다. 그의 저서들은 당연히 금지되었고, 하벨은 깊은 산속 외딴 마을로 추방되었다.

그는 이 마을에서 양조장의 조수로 일하 며 근근히 살아갔다. 나라 밖에서는 그를 추앙하는 목소리가 높아 갔고, 그의 작품들은 각종 문학상을 수상했지만 말이다. 그러나 이 모든 역경 속에서도 하벨은 자신을 감옥에 처넣은 국가에 대한 반대의 목소리를 낮추지 않았다. 결국 여기서도 한 개인의 힘이 권력체제보다 더 강했다. 독재자들은 물러갔고, 탄압을 받던 사람이 자유를 되찾은 나라의 새로운 대통령이 되었다.

우리 독일인들에게도 앞서 말한 위인들에 견줄 만한 인물이 있다. 히틀러와 나치 정권을 경멸해서 1933년 노르웨이로 망명한 빌리 브란트가 그 주인공이다. 한편에서는 전쟁이 끝나고 고향으로 돌아온 그를 향해 조국을 버리고 떠난 배신자라고 욕하는 사람들도 있었지만, 그것은 국내에 남아 히틀러를 방관한 사람들의 목소리였을 뿐이다. 빌리 브란트는 어떤 위기가 와도 흔들림 없이 자기 길을 꿋꿋이 걸어간 사람이었다. 바로 이런 점 때문에 그는 전 세계에서 존경을 받고 있다. 누구도 브란트만큼 독일의 평화와 민주적인 국가를 위한 초석 마련에 공헌한 사람은 없었다. 그는 사민당 당수로서 전후 처음으로 야당 인사가 수상에 당선되는 영광을 누렸고, 동구권에 대한 화해·협력 정책으로 노벨 평화상을 받기도 했다.

다행스럽게도 독일에는 지금까지 반세기가 넘도록 정부를 대놓고 비난하거나 반대해도 누구 하나 뭐라고 하는 사람이 없다. 의회에서도 독일의 재무장이나 비상조치법, 군비 확대, 핵 실험 그리고 연금 개혁안을 두고 자유롭게 토론을 벌인다. 종종 논쟁이 품위를 잃고 극단으로 치닫는 경우도 있다. 서로 고함을 치고 심지어 험한 욕설을 퍼붓기도 한다. 그러나 이것이 아무리 꼴 보기 싫다고 해도 침묵을 강요받은 국민보다는 사정이 훨씬 나아 보인다.

야당이 있으면 정부는 아무래도 제약을 받기 마련이다. 결정을 내리고 일을 밀어붙이는 데도 야당의 반대 목소리를 고려하고 합의를 이끌어내려면 더 많은 시간이 걸리는 것이 사실이다. 종종 정부가 하는 일이 옳더라도 정부에는 무조건 찬성할 수 없다는 원칙 아래 반대를 위한 반대를 하는 야당도 있다. 심지어 어제의 야당이 오늘의 여당이 되어 완전히 얼굴을 바꾸고, 야당은 사사건건 시비만 건다고 비난하는 경우들도 있다. 어제의 자신들이 어떠했는지는 생각지 못하고 말이다. 바로 여기에 딱 맞는 속담이 있다. 바로 '개구리 올챙이적 생각 못한다'가 그것이다.

그러나 이러한 부작용들은 살아 있는 민주주의를 만들기 위해서는 어쩔 수 없이 치러야 하는 비용이다. 한편 민주주의는 서로 반대하는 체제인 동시에 경쟁 체제다. 축구에서도 주전 선수가 부진하면 언제든지 벤치에 앉아 있는 후보로 교체될 수 있듯이 야당 역시 여당이 실수를 하면 언제든지 교체될 수 있는 후보 선수라는 점을 항상 명심해야 한다. 그 때문에 좋은 야당은 비판이나 일삼고 가능하지도 않은 목표나 제시해서는 안 되고, 자신들이 정권을 잡으면 바로 현실로 옮길 수 있는 정책을 개발하도록 노력해야 한다.

따라서 민주주의 체제에서 야당은 건설적이고 책임질 수 있는 비판을 할 의무가 있다. 자신들의 독자적인 정책이나 비전은 없이 무조건 여당을 깎아내리고 보자는 식의 야당은 유권자들에게 대안으로 받아들여지기 어렵다. 대안 없이는 정권 교체도 없다.

한쪽만 계속해서 여당을 하고 다른 쪽은 계속 야당만 하는 나라가 잘되는 법도 결코 없다. 이탈리아의 소설가 귀세페 토마시 디 람페두사(1896~1957)는 "현 상태를 유지하기를 바란다면 계속 변화를 추구해야 한다."라고 말했다.

　미래에도 우리가 잘살기를 바란다면 계속해서 뭔가를 바꾸어 나
가야 한다. 우리 주위의 세계가 계속 바뀌고 있기 때문이다. 그러기
위해서는 반대와 교체가 필요하고, 야당이 바로 그 역할을 맡을 수
있다. 그러니까 절대 입을 다물지 마라. 종종 입을 다물고 있는 것이
신상에 더 좋더라도 말이다.

당은 항상 옳아!

동독의 일당 독재 체제

레기나 묀히(Regina Mönch)

1988년 늦여름이었다. 동독인들에게는 옛 시대의 종말을 예고하는 해였건만, 어느 누구도 당시에는 그것을 예감하지 못했다. 소련에서는 새로운 시대의 서막이 오르고 있었지만(개혁·개방 정책을 말한다), 동독에서는 여전히 정치국 간부들이 '분위기 쇄신'이라는 말을 입에 올리고 있었다. 이것은 곧 과거 그대로 모든 것이 지속되어야 한다는 뜻이었다. 분단된 독일 땅처럼 베를린을 두 조각으로 나누고 있던 장벽은 현실에서뿐만 아니라 사람들의 머릿속에도 굳건히 자리하고 있었다.

바로 그 때문에 1988년 늦여름에 동독의 한 고등학교 학생들이 교사들에게 대자보를 건의해서 허락을 얻어낸 것은 무척 이례적인 일이었다. 학생들은 대자보에 자신들이 직접 선택한 주제로 글을 써서 공개 토론을 벌일 생각이었다. 학생들은 이것이 아무 문제가 없는 일이라고 생각한 반면, 교사들은 학생들이 실제로 자신들의 의견을 자유롭게 터놓고 이야기하는 게 가능한 일이라고 생각하지 않았다. 이제까지 그런 일이 전혀 없었기 때문이다. 동독 헌법은 주민이 자유롭게 의견을 말할 자유를 보장했지만, 그 권리를 실제로 사용하는 사람은 감옥에 갇히거나 직업을 빼앗기거나 해외로 추방되거나 아니면 다른 불이익을 받았다.

그런데 이 학교 학생들은 좀 달랐다. 그것은 이 학교의 이름이 나치에 의해 살해된 출판업자이자 평화운동가였던 칼 폰 오시츠키의 이름에서 따왔다는 사실에서도 어느 정도 엿볼 수 있다. 대다수의 학생들은 오시츠키를 존경했고, 그에게서 자유에 대한 의지와 시민적 용기, 그리고 두려워하지 않는 정신을 본받으려고 하였다.

어느 날 이 학교에 대자보가 실렸다. 열아홉 살의 한 학생이 쓴 글이었다. 이 글에서 그 학생은 오시츠키의 정신에 입각해서 군사 행진의 의미에 대해 솔직하게 물었다. 예를 들어 통사당(독일 통일사회당)이 매년 10월 7일 국가 건국 기념일을 맞아 거행하는 군사 퍼레이드가 그 한 예였다. 그 학생은 이러한 군사력의 과시가 과연 평화를 표방하는 동독의 이념에 맞는 것인지 물으면서, 군사 행진을 포기하면 전 세계에 평화와 화해에 대한 아름다운 신호로 받아들여질 것이라고 주장했다. 어조도 공격적이지 않았고, 다른 내용도 더 없었다. 곧 다른 학생들도 자신의 의견을 담은 쪽지를 대자보 옆에 붙였다. 군사 행진에 찬성하는 소수의 의견도 나왔고, 반대하는 의견도 있었다.

대자보 사건은 일종의 '돌출 사고'로 교육청에 보고되었다. 교육 당국은 즉각 단호한 조처를 시사했고, 바로 이어 최대한 몸을 낮춘 채 상부에 이 사건을 보고했다. 이렇게 해서 사건은 점차 커져 나갔다. 하지만 사건이 더욱 커지게 된 것은 대자보와 거리를 두지 않고 자신의 의견들을 자유롭게 말해도 된다고 생각한 대다수 학생들의 철부지(?) 같은 행동 때문이었다.

학생들은 자신들의 행동에 아무 문제가 없다고 생각했다. 동독 헌법 제27조에 분명히 이렇게 써 있었기 때문이다.

"모든 시민은 헌법의 근본 정신에 따라 자신의 의견을 자유롭고 공개적으로 표현할 권리가 있다. … 이 권리를 사용했다는 이유로 누구도 불이익을 받아서는 안 된다."

이 헌법의 자칭 수호자는 동독의 유일한 국가 정당인 통사당이었다. 통사당은 국가의 모든 권력을 한손에 쥐고 있었고, 동독 내에서 무슨 일이 일어나는지 모두 알고 있었으며, 반대 목소리를 전혀 인정하지 않았다. 이런 통사당에게 대자보 사건은 일대 충격이었다. 뭐든지 묻는 것은 위험한 발상이었다. 통사당은 즉각 단호한 조처를 지시했다.

먼저 학부모들을 당원인 '동지 학부모'(교칙에 따라 당원인 학부모는 이렇게 불렀다)와 비당원 학부모로 나누었다. '동지 학부모'는 괘씸죄로 당에 의해 감금되었다. 이어 통사당의 청년 조직인 '자유독일청년동맹'이 동원되었다. 자유독일청년동맹은 이 사건에 관련된 열아홉 살짜리 학생들을 제명했다. 물어서는 안 되는 것을 물었다는 이유에서였다.

당국의 지시에 따라 학생과 교사들이 모두 강당에 모였다. 교장은 평화 시대에 군사 행진의 의미를 물은 그 학생들이 이제 더 이상 이 학교 학생이 아닐 뿐 아니라 평화 국가인 동독 내의 어떤 다른 학교의 학생도 될 수 없음을 단호한 어조로 발표했다.

당시 동독 안에는 이 '오시츠키 고등학교 대자보 사건'을 보도할 만큼 용기 있는 신문이 없었음에도 이 사건은 큰 파문을 일으켰다. 어린 열정과 시민적 용기 때문에 학교를 다닐 수 없었던 학생이 오시츠키 고등학생들이 처음은 아니었던 것이다. 오시츠키 고등학생들에 대한 이야기는 동독 전역으로 퍼져 나갔다. 서독의 텔레비전 방송들도 이 사건을 다루었고, 동독의 거의 모든 지역 주민들이 이를 시청했다. 동독의 교회 목사들도 설교 시간을 빌려 1988년 가을에 오시츠키 고등학교에서 일어난 일을 알렸다. 이렇게 해서 이 헌법 파괴 사건은 동독이라는 나라를 점점 더 견디기 힘들어하는 사람들의 기억 속에 더욱 깊이 각인되었다.

그렇다면 동독에도 제대로 된 헌법이 있었다는 말일까? 동독에는 두 개의 헌법이 있었다. 동독이 문을 연 1949년에 제정된 헌법과 1968년에 개정된 헌법이 그것이다. 그러나 1789년 선포된 그 유명한 프랑스 인권선언에 비추어보면 둘 다 헌법이라는 이름을 붙이기가 부끄러울 정도다. 언론·연설의 자유, 우편의 비밀, 신앙·양심의 자유, 비밀·자유 선거 그리고 파업할 권리를 인정하고 있었지만, 그것은 말뿐이었다. 이 모든 자유와 권리 위에는 통사당의 전권을 보장하는 헌법 제1조가 떡 버티고 있었기 때문이다. 이 규정을 바탕으로 사탄이 성수를 보고 기겁을 하듯, 통사당 간부들은 아름다운 자유와 권리들을 두려워하며 이를 제멋대로 해석하고 제한했다. 그 때문에 오시츠키 고등학교 사건 때처럼 통사당은 헌법에 보장된 권리에 어긋나는 주장을 아무 거리낌없이 내놓을 수 있었다. 이런 전횡을 막을 다른 방법은 전혀 없었다. 동독이라는 나라는 삼권 분립 (입법·행정·사법권의 분리)을 거부하고 있었기 때문이다.

그럼에도 이런 헌법적 권리를 계속 주장하는 사람은 − 물론 이런 사람들은 지극히 드물었다 − 국가의 적으로 간주되었다. 고등학생이라면 고등학교에서, 대학생이라면 대학교에서 쫓겨났고, 성인들은 감옥에 가야 했다. 헌법에 보장된 권리를 침해당했을 때 호소할 수 있는 헌법재판소도, 자유에 대한 권리를 보호해 줄 다른 기관도 없었다. 동독 주민들은 이를 너무나 잘 알고 있었다. 그렇다고 그것이 동의를 뜻하는 것은 아니었지만 말이다.

1976년에는 가수이자 시인인 볼프 비어만이 국적을 박탈당하고 동독을 떠나야 했던 일이 있었다. 이는 명백히 헌법에 위배되는 일이었다. 많은 사람들이 항의했지만, 누구도 이런 점에서 아무 쓸모가 없어진 헌법을 들먹일 생각은 하지 않았다. 의견의 자유나 개인적 자유권이나 인간의 품위를 들먹이며 항변을 하는 사람은 아무도 없었던 것이다.

통사당 지도부는 그 불온한 예술가에게 국적을 박탈하는 결정을 내렸다. 통사당은 만물과 만인의 머리 위에 있는 존재였다. 헌법에 보장된 권리들 가운데 그들이 알고 있는 것이라고는 오로지 '당이 항상 옳다'고 규정한 그 하나밖에 없었다. 동독의 헌법은 한마디로 통사당의 법률 위반을 헌법적으로 보장한 것에 불과했다. 볼프 비어만에 대한 국적 박탈은 법률 위반에 대해 알려진 몇몇 사례에 지나지 않는다. 세상에 알려지지 않은 사례는 그보다 훨씬 많다.

1968년 동독의 민족 인민군은 프라하의 봄*을 짓밟는 데 동원되었다. 당시 체코 국민과 정치인들은 개혁을 원했다. 하지만 그것은 소

---

* 1968년, 체코슬로바키아에서 일어난 민주 자유화 운동.

련의 체제에는 어울리지 않는 일이었다. 모스크바는 탱크와 군대를 보내 프라하의 봄을 무참히 짓밟았다. 동독의 헌법은 제8조에 규정을 두어 '다른 민족의 자유를 파괴하기 위해 군사력을 투입하는 것'을 금지하고 있었다. 그러나 동독의 지도부는 이러한 헌법 규정을 싹 무시했다. 당시 헌법을 들먹이며 항의한 사람들은 모두 감옥에 가야 했다.

동독 헌법 제11조는 인민의 사유재산을 보장하고 있었다. 그럼에도 마음대로 사유재산을 몰수하는 일이 다반사로 일어났고, 사람들은 집과 서재와 재산과 땅을 빼앗겼다.

제31조에는 사적인 편지나 전화로 통화하는 내용은 사생활이기 때문에 국가가 알고자 하거나 검열을 해서는 안 된다고 규정되어 있었다. 하지만 국가 정보 기관에서 일하는 밀정들은 거리낌없이 주민들의 편지를 뜯어보고, 통화 내용을 엿들었다. 결국 사람들은 사적으로 나눈 이야기나 친지간에 주고받은 편지 때문에 감옥에 가거나 직업을 구하는 데 불이익을 당했다. 신앙적인 이유로 군대를 거부한 젊은 크리스천들도 비록 헌법이 신앙의 자유를 보장하고 있음에도 감옥에 갈 준비를 해야 했다. 비폭력 평화주의가 마음에 들어 '칼 대신 보습을' 이라는 글을 재킷에 새기고 다닌 젊은이들도 공연히 트집을 잡혔다. 그런 젊은이들은 잡히는 족족 경찰서로 끌려갔고, 많은 학생들이 고등학교와 대학에서 쫓겨났다. 경찰들은 길거리에서 그런 재킷을 입고 다니는 젊은이들을 보면 가차없이 재킷을 벗겨 그 글귀를 뜯어내 버렸다. 더 이상 그런 재킷을 입고 다니지 못하게 되자 재치 있는 악동들은 글귀가 새겨져 있던 바로 그 자리에 동그랗게 구멍을 내고 다녔다. 경찰들조차도 차마 그것까지는 어쩌지 못했다.

동독 학생들은 헌법에 관한 수업 시간에 주로 헌법 제1조만 배웠다. 오늘날의 우리가 들으면 말도 안 되는 소리지만, 동독 집권자들에게는 대단히 중요한 내용이 담겨 있었다. 거기에는 통사당의 일당 독재 체제가 보장되어 있었는데, 동독이 '노동자 계급과 마르크스-레닌 당이 이끄는 노동자·농민의 사회주의 국가'로 규정되어 있었다. 이 말은 곧 '노동자가 이끄는 당은 항상 옳을 수밖에 없다'는 뜻으로 해석되었다. 심지어 항상 옳을 수밖에 없는 당에 대한 노래도 있었다. 이것은 통사당 전당 대회 때 즐겨 부르는 노래였다. 한 번 들어 보겠는가?

당은 우리에게 모든 것을 주었네. 태양과 바람도, 아낌없이.
당이 있는 곳에 생명이 있고, 당이 있기에 우리도 있네.
당은 결코 우리를 버리지 않았네.
세상이 얼어붙어도 우리는 따뜻했네.
인민의 어머니가 우리를 보호하고,
어머니의 그 강한 팔이 우리를 보듬어주시네.
당이여, 당이여,
영원히 옳은 우리의 당이여 ….

이것은 체코계 독일 작가 루이 퓌른베르크가 당을 찬양하기 위해 가사를 적고 곡을 붙인 노래였다. 여기서 당은 당연히 통사당이었고, 동독이 무너지기 전까지 동독의 모든 유치원생들이 이 노래를 알고 있었다. 그런데 동독 노동자들의 명예를 위해서라도 이 말은 꼭 하고 넘어가야겠다. 항상 옳은 그 당이 당내에서조차 별로 존경을 받지 못했다는 사실을 말이다.

동독에서 가장 중요한 인물이었던 에리히 호네커 당 제1서기는 베를린 알렉산더 광장에서 수천 명의 자유독일청년동맹 단원들이 '항상 옳은 당'을 찬양하는 이 노래를 부르는 것을 듣기 좋아했다. 하지만 그가 기념 행렬을 좀더 자세히 살펴보았다면, 이 노래를 부르기 싫어 입을 꾹 다물고 있는 사람들이 점점 더 늘고 있다는 사실을 알아차렸을 것이다.

물론 동독에도 헌법 제3조의 규정('민족의 모든 세력들의 연합')에 따라 기독교민주당, 독일 자유민주당, 독일 민족민주당 등의 다른 정당들이 설립되어 있었지만, 모두 중요한 역할을 하지 못하는 허수아비 정당들이었다. 소위 '연합 정당'이라고 불리는 이 정당들에서 힘이 있는 사람은 모두 통사당에 의해 임명되었기 때문에 이 정당들은 통사당의 조종을 받을 수밖에 없었다. 사람들 사이에선 권력에 빌붙어 있는 이 말없는 참여자를 통사당 오케스트라가 연주하는 대로 순순히 따라한다고 해서 '연합 피리'라고 불렀다.

통사당은 선거로 뽑히지도 않았고, 국민의 권리와 의무를 정하는 데 있어서도 국민의 동의를 구하지 않았다. 그들은 절대 권력이었다. 장관과 판사와 검사도 제멋대로 뽑았고, 대학과 다른 초·중등학교에도 막강한 영향력을 행사했다. 또한 어떤 책을 출판할지, 어떤 영화를 제작할지, 아니면 어떤 노래를 불러야 할지도 모두 통사당 지도부가 결정했다. 그런 일에 거치적거리는 헌법적 권리는 처음부터 아예 무시하거나 아니면 멋대로 해석하기 일쑤였다. 그들은 슈타지라 부르는 비밀 첩보대를 만들어 국민의 일거수 일투족을 감시하고 염탐하는 전방위적인 폭력 감시 체제를 가동했다. 슈타지는 동독 내에서 일어나는 모든 일과 모든 사람들의 행동을 염탐해서 통사당에 보고했다. 이러한 염탐 행위는 학교에까지 스며들어, 학생과 교사들조차도 같은 반 친구들과 동료 교사들을 감시하는 데 동원되었다.

동독이 무너졌을 때 가장 막강한 국가 권력이었던 통사당의 당원 수는 200만을 헤아렸다. 입당을 원한 모든 사람이 당원이 될 수 있는 것은 아니라는 점을 감안하면 엄청난 수치다. 그러나 단지 불이익을 당하고 싶지 않아서 당에 가입한 사람들도 많았다. 통사당은 입만 열면 민주주의를 외쳤지만, 실제로 지도부를 뽑는 문제에 있어서조차 당원들에게 민주주의를 허용하지 않았다.

그러나 일당 독재 체제에 동의하지 않거나 자유와 평등에 대해 지도부와 다른 생각을 품고 있어서 통사당을 탈당하는 사람들에게는 참혹한 보복이 기다리고 있었다. 직업을 주지 않는 것이 그 한 예였는데, 경우에 따라서는 일 자체를 못하게 되는 사태로 이어질 수 있었다. 국가의 모든 직장과 기관에 이 불온한 사상을 가진 사람을 고용하지 말라는 지시가 내려가기 때문이다. 이것은 당사자에게 치명적인 타격을 주었다. 실업 수당이나 복지 혜택을 전혀 받을 수 없었기 때문이다. 최악의 경우엔 감옥에 갈 위험도 있었다. '노동의 의무'를 다하지 않았다는 이유로 말이다. 서독에서라면 이러한 부당한 행정 조처를 당하면 당연히 중재 기관에 제소할 수 있었겠지만, 동독에는 그런 기관조차 없었다. 법과 정의의 유일한 척도는 바로 통사당의 승인이었던 것이다.

동독의 붕괴는 그 헌법에도 상당 부분 책임이 있다. 동독 주민들조차 수십 년 동안 국가의 기본틀인 헌법을 무시해 왔기 때문이

다. 오시츠키 고등학교 사건 같은 일들이 점차 쌓여감으로써 모든 헌법적 권리 위에 존재한다고 믿었던 당의 통일전선에도 점점 더 깊은 균열이 생기기 시작했다. 동독을 탈출하는 사람만 늘어난 것이 아니라 대중 사이로 서서히 저항운동도 전개되었다. 자유롭게 의견을 말했다는 이유 하나만으로 오시츠키 고등학생들이 퇴학을 당한 지 1년 뒤, 동베를린의 교외 한 주말 농장에 30명의 사람이 모였다. 의사, 기술자, 과학자, 간호사 그리고 사서 등의 직업을 가진 사람들이었다.

베를린 장벽이 무너지기 전 마지막 주였다. 그 즈음 동독 주민들은 매일 작은 도시의 인구만큼씩 동독을 떠나고 있었다. 사람들은 먼저 헝가리나 체코슬로바키아로 가서, 거기서 다시 서독으로 가기를 희망했다. 상당수가 25살 이하의 젊은이들이었다. 당시까지도 동서독의 국경을 넘는 것은 위험한 일이었다. 대부분의 주민들에게는 국경을 넘는 것이 금지되어 있었고, 이 명령을 어기고 국경을 넘었다가는 가차없이 총알이 날아왔다.

이렇게 모인 30명의 사람들은 동독 주민들에게 "때가 왔다."라고 외치며 총궐기를 호소했다. 하지만 세상을 완전히 뒤엎어버리자는 게 아니라 더 이상 이대로 살고 싶지 않은 사람들끼리 힘을 합치자는 내용이었다. 그들은 동독 체제에 만족하지 않는 사람들의 단체를 '노이에 포룸'*이라고 이름 붙이면서 공식 출범시켰다. 이 단체는 설립 근거로 헌법에 보장된 집회·결사의 자유와 지금까지 낚시꾼과 우표 수집가들에게만 허용되었던 웃기는 어떤 법률을 들이댔다. 정말 때가 무르익었다. 그리고 통사당은 노이에 포룸을 '국가를 위태롭게 하는 불순 세력'으로 선포할 수밖에 없었다. 노이에 포룸의 발기인은 처음엔 수백 명에 불과했지만 몇 주 지나지 않아 20만 명으로 불어났다. 그리고 마침내 노이에 포룸이 일으킨 거대한 눈사태가 일거에 일당 독재 체제를 덮쳐 버렸다.

일당 독재 체제의 종말을 마지막으로 앞당긴 사건이 또 한 번 당이 전횡을 부려서 일어난 사건이라는 사실을 떠올리면 역사의 아이러니를 생각하지 않을 수 없다. 1989년 11월 8일과 9일에 일어난 일이었다. 동베를린에 통사당의 지도부인 정치국과 중앙위원회가 모두 모였다. 이웃 나라 체코슬로바키아는 동독에 점점 더 거세게 항의를 하고 있었다. 체코의 지도부는 자신들의 나라가 동독의 체제에 불만을 품고 떠나는 동독인들의 통과역이 되고 있다면서 불평을 늘어놓았다. 통사당은 부랴부랴 법안을 하나 급조해 냈다. 동독 주민들에게 여행의 자유를 허용한다는 법안이었다. 그전까지는 동독을 한 번 떠난 사람은 다시는 고향으로 돌아올 수가 없었다. 그래서 동독을

* 영어로는 '뉴 포룸'임.

탈출하려는 사람들은 집과 재산과 친구와 심지어 가족을 두고 영원히 떠나야 했다.

통사당의 은혜(?)로 처음이자 마지막으로 동독 주민들에게 여행의 자유가 허용되자 그전에 동독을 탈출한 사람들에게도 고향으로 돌아올 길이 다시 트였다. 이 법안은 실제로 11월 9일 저녁에 정치국을 통과했다. 연로한 노인이 대부분이던 정치국은 자신들이 지금 무슨 일을 저지르는지 잘 모르고 있었다. 이것은 세계사적인 의미를 담은 일종의 국가 운영상의 사고였다. 절차상의 이유만 들어도 이 법안이 정식으로 선포되려면 동독의 의회였던 인민 회의를 통과해야 했다. 비록 헌법에 따라 동독의 입법 기관이던 인민 회의가 지금까지 통사당에서 넘어온 모든 법안을 아무 군소리 없이 고개를 끄덕거리며 통과시켜 준 꼭두각시에 불과하더라도 말이다.

하지만 이번에는 형식적으로라도 허수아비 인민 회의에 법안이 넘어오지 않았다. 11월 9일 저녁, 통사당 지도부가 기자 회견을 열어 방금 동독 내각 회의에서 모든 주민에게 여행의 자유를 허용하는 법안이 통과됐다는 것을 선포하자마자 사람들은 진짜 밖으로 뛰쳐나갔다. 동독 주민 대다수가 통사당의 말을 이렇게 적극적으로 따른 건 그 때가 처음이었다. 그들은 통사당이 선포한 '여행 자유에 관한 법규'를 다른 발표와는 달리 진실로 받아들였던 것이다. 이것은 곧 장벽이 걷혔다는 신호였다. '항상 옳은 당'이 내린 마지막 올바른(?) 결정이었다.

마음에 안 들어, 다시 심사해!

연방 참의원

노르베르트 자이츠(Norbert Seitz)

　민주주의 국가란 여러 삼촌과 이모와 고모들이 함께 어울려 사는 대가족이라고 생각하면 된다. 그 가운데 일부는 북해 근처에 살고 있고, 일부는 라인강 변의 한 대도시에, 또 일부는 알프스 산자락과 잘레강 인근에 살고 있다. 대가족은 정기적으로 전체 회의를 하는데, 이 회의에서는 당연히 삼촌이나 숙모 혼자서 마음대로 결정하지는 못한다.

　독일은 큰 나라다. 그렇기 때문에 곳곳에 사는 사람들이 모두 똑같을 수는 없다. 각 지역 주민들은 각각 약간씩 다른 관습을 갖고 있다. 바닷가에 사는 사람은 산악 지대에 사는 사람보다 물고기를 더 좋아한다. 파더보른에서 온 사람은 슈베린 태생의 사람과는 다르게 요리하고, 함부르크에서 온 한젠 씨는 루르 지방에서 온 코발스키 부인과는 다른 말을 쓴다. 포츠담에서 온 쿤체 부인은 기독교도이고, 풀다 출신의 마이어 씨는 가톨릭이다.

독일 각지에 흩어져 사는 사람들이 이처럼 약간씩 다른 데는 여러 가지 이유가 있을 수 있는데, 먼저 독일의 과거에서 그 단서를 찾을 수 있다. 독일은 항상 같은 법과 같은 국경선을 가졌던 하나의 나라가 아니었다. 바이에른이 자신만의 왕국이었던 시절도 있고, 베를린이 프로이센이라는 나라의 수도였던 적도 있다. 이처럼 과거의 독일이 여러 조각으로 나뉘어져 있었다는 것이 오늘날 각 지방마다 관습과 말이 다른 한 이유가 될 것이다.

50여 년 전 독일 기본법을 만든 우리의 선조들은 독일이라는 새로운 민주 국가를 설계하면서 하나의 강력한 중앙집권적 국가를 떠올린 것이 아니라 연방 국가를 만들려고 하였다. 그게 무슨 말이냐 하면, 수도에 있는 정치인들에게만 국가의 모든 권력을 맡겨 버리는 것이 아니라 북해 연안, 알프스 자락, 그리고 라인 강변에 사는 사람들에게도 결정권을 나눠 주는 것을 의미했다. 이것은 상당히 효율적인 제도였다. 예를 들어 물고기를 잡는 것에 관한 새로운 법을 만든다고 치자. 그러면 이것을 뭍에 사는 사람들이 만들어야 하겠는가, 아니면 바닷가에 사는 사람들이 만들어야 하겠는가? 당연히 바다에 대해 사정을 더 잘 아는 해안 지방 사람들에게 맡겨야 할 것이다.

독일 국민들이 지방마다 약간씩 차이를 보이는 데는 또 다른 매우 중요한 이유가 있다. 독일연방공화국은 1949년에 건국되었다. 독일이 유럽의 다른 이웃 나라들을 잔인하게 침공하면서 발발했던 제2차 세계대전이 끝난 지 꼭 4년 만의 일이었다. 솔직히 말해서 독일이 전쟁에서 진 것은 천만 다행이었다. 만일 히틀러가 이겼다면 어떻게 되었겠는가? 생각만 해도 끔찍하다. 어쨌든 서독의 재건에 도움을 주었던 미국과 영국과 프랑스를 포함해서 또 다른 승전국이었던 소련은 다시는 독일에서 히틀러 당시처럼 중앙 정부가 모든 것을 결정하는 강력한 단일 국가의 출현을 원하지 않았다. 그들은 지방의 정치인들이 수도에 있는 중앙 정치인들을 감시하고 견제하는 제도를 만드는 것이 훨씬 더 효율적이라고 판단했다. 중앙 정치인들의 전횡을 막아 다시는 히틀러 같은 독재자가 나타나지 않게 하기 위해서 말이다.

이렇게 해서 독일에는 법률을 심의하는 의회가 두 개 존재하게 되었다. 제1의회는 연방의회(하원)이고, 제2의회는 연방 참의원(상원)이다. 연방 참의원은 총 16개 주 정부의 대표들로 구성되어 있다.

이 주들은 모두 각자의 주 정부를 갖고 있다. 주 정부는 각 주의 주민들에 의해 선출되고, 연방 참의원에 최소한 세 명의 대표를 보낸다. 대표 수는 각 주의 인구 수에 비례한다. 인구가 200만이 넘는 주는 연방 참의원에 4명, 인구가 600만이 넘는 주는 5명, 700만이 넘으면 6명의 대표를 보내는 식이다.

이 대표들은 오로지 각 주 정부의 대표들이기 때문에 마음 내키는 대로 투표해서는 안 되고, 주 정부가 원하는 대로 투표해야 한다. 이 것은 같은 주의 대표들이라면 모두 똑같이 투표해야 한다는 것을 의미한다.

주 정부 대표들은 1년에 열두 번 모인다. 장소는 베를린의 라이프치거 가에 있는 고풍스럽고 아름다운 건물로서, 과거 프로이센 제국의 귀족원(상원)으로 쓰던 건물이었다. 연방 참의원 의장은 1년에 한 번씩 각 주 정부의 수반, 즉 주지사들이 돌아가면서 맡는데, 순서는 인구가 많은 주부터다. 이렇게 뽑힌 연방 참의원 의장은 연방 대통령에게 피치 못할 사고가 생겼을 경우 대신 대통령직을 수행한다.

그렇다면 연방 참의원은 어떤 일을 할까? 연방의회와는 다른 일을 한다는 건 벌써 어느 정도 짐작이 될 것이다. 연방의회란 회의를 하는 곳이고, 참의원은 충고를 하는 곳이다. 그럼, 연방 참의원은 무엇을 충고할까? 연방 정부와 연방의회를 향해 각 주들의 이익을 진지하게 검토하고, 법을 만들 때 이를 충분히 고려하라고 충고한다. 만일 연방의회가 이 충고를 잘 듣지 않으면 연방 참의원으로부터 야단을 맞는다. 헌법은 연방의회가 연방 참의원의 말을 잘 듣게 하기 위해 연방 참의원에 상당한 권한을 부여했다. 각 주 정부의 행정에 관련되는 모든 법적 결정을 내릴 때 연방 참의원의 동의를 얻도록 한 것이다. 이것은 국가 재정과 관련된 거의 모든 부분에도 해당된다.

그밖에 연방 참의원은 헌법을 개정할 때도 함께 결정한다. 예를 들어 외국인의 망명권을 제한하려는 경우 정부와 연방의회는 연방 참의원과 상의를 해야 한다. 다시 말해서 곤궁에 처한 외국인이 어떤 조건 하에서 독일로 망명을 신청할 수 있는지, 참의원에 먼저 일일이 설명을 해야 하는 것이다.

연방 참의원은 또한 다른 나라와의 협정을 골자로 하는 법률에 대한 심의권을 가지고 있다. 예를 들어 독일의 통일이 그 한 예인데, 당시 동독 정부는 서독과 합치기로 결정했다. 그때 체결된 협정은 연방 참의원에도 제출되었다. 당시 연방 참의원은 라인 강변의 본에서 회의를 열었다. 연방 참의원의 심의를 거쳐야 하는 이런 법안들을 가리켜 '동의안'이라고 부른다.

연방 하원이 통과시킨 법안이 연방 참의원에서 거부당하면 하원은 한 번 더 회의를 열어 거부된 법안을 심의해야 한다. 그런데 하원과 참의원 사이엔 이러한 갈등을 조정하는 일종의 심판이 있다. 중재 위원회가 그것인데, 이 위원회는 하원과 참의원의 의견을 잘 들은 뒤 양쪽 다 만족할 수 있는 조정안을 만들어 제출한다.

이처럼 연방 참의원은 연방 정부를 곤란하게 만들 수 있다. 특히 야당이 연방 참의원의 다수일 때는 더더욱 그렇다. 이런 경우는 서독의 역사에서 지금까지 딱 두 번 있었다. 1970년대에는 야당이던 기민/기사 연합이 연방 참의원을 잡고 있었다. 그래서 하원의 다수당이던 사민당과 자민당 연합 여당이 통과시킨 많은 법안들을 거부했다. 1990년대엔 정반대 현상이 일어났다. 당시 수상이던 헬무트 콜의 정부는 사민당이 다수석이던 연방 참의원에서 몇몇 법안들을 동의해주지 않는 바람에 여러 차례 다시 회의를 열며 곤혹을 치러야 했다.

현재 연방 참의원의 상황은 매우 복잡하다. 참의원을 구성하는 16개 주 정부의 정당 분포가 무척 다양하기 때문이다. 일부 주 정부에서는 쟁점을 두고 조정이 안 된다. 주 정부를 구성하고 있는 정당이 하나가 아니라 두 당 연합일 경우엔 더더욱 그러하다. 이럴 경우 연방 참의원에서 내려야 할 결정을 두고 연합 파트너끼리 종종 티격태격하는 일이 벌어지기도 한다. 주 정부가 연방의회와 상의할 필요가 없는 문제들도 있다. 이를테면 경찰이나 학교에 관한 문제들이 그것인데, 이것들은 모두 각 주가 알아서 해야 할 사항들이다.

이처럼 연방 참의원은 넓게 흩어져 사는 대가족의 자문 회의 정도로 상상할 수 있다. 독일 각지에서 온 삼촌과 고모와 이모가 모여서, 어느 것이 가족을 위해 좋은지 나쁜지 상의하고 충고하는 그런 회의 말이다. 하지만 이 비교도 썩 훌륭한 것은 못 된다. 현실은 훨씬 복잡하고 다양하기 때문이다.

돈 좀 빌려줘!

국가가 부채를 지면 어떤 일이 생길까

아멜리 프리트(Amelie Fried)

　옛날에 구스타프라는 이름의 한 소심한 왕이 살고 있었다. 그가
다스리는 왕국의 백성들은 부지런했다. 그래서 열심히 일을 했고,
돈도 많이 벌어 평화롭고 행복하게 살았다. 일반인들은 회사에서 일
하면 사장이 월급을 주지만, 구스타프 왕은 나라를 다스리는 대가로
자신에게 봉급을 줄 사장이 없기 때문에 대신 백성들로부터 돈을 걷
었다. 구스타프 왕국에 사는 백성들은 모두 자신의 수입에서 얼마씩
떼서 왕에게 냈다. 왕은 그것으로 옷도 사고 다른 물건도 구입하고,
가끔 멋지게 꾸민 성에서 진탕 먹고 마시고 노는 잔치를 벌이기도
했다. 백성들은 왕을 좋아했기 때문에 '세금'이라고 불리는 이 돈을
아무 군소리 없이 왕에게 바쳤다. 대신 왕은 도로를 만들고 유치원
을 지었으며, 가난한 사람들을 돕고, 백성들을 즐겁게 하는 배우와
악사들을 지원했다. 이처럼 이 나라의 왕과 백성들은 모두 만족하며
살고 있었다.

그러던 어느 날 왕이 대신들을 불러모아 놓고 심각한 표정으로 말했다.

"경들, 문제가 하나 생겼소."

"무… 무… 무슨 문제 말… 말… 말씀입니까?"

조금만 흥분해도 아랫입술을 파르르 떠는 말더듬이 대신이 물었다. 입술을 떨다 보니 말도 당연히 더듬을 수밖에 없었다.

"지금 조정의 금고에 돈이 너무 없소."

이렇게 선언하며 왕은 이마를 찡그린 채 대신들을 차례로 돌아보았다. 대신들의 입에선 신음 소리가 새어 나왔다. 돈이 없다고? 그렇다면 큰일이었다.

배불뚝이 대신은 걱정스러운 표정으로 배를 쓰다듬었다. 돈이 떨어지면 먹을 걸 사지 못하게 될 것이다. 그건 최악이었다. 배불뚝이 대신의 배는 항상 남산만큼 둥그렇고, 꽉 채워져 있어야 했는데, 만일 그렇지 못하면 당장 몸이 좋지 않았다.

무슨 문제든 삼십육계 줄행랑이 상책이라고 생각하는 줄행랑 대신은 벌써 다리가 근질근질해지는 것을 느끼며 물었다.

"제가 도망을 치는 방법을 알려 드릴까요?"

"도망을 친다고? 내가? 왜 도망을 쳐?"

구스타프 왕은 도통 모르겠다는 표정으로 되물었다.

"그런 엉뚱한 소리는 집어치우고 어디서 돈을 구할지나 생각해 보시오. 만일 방법을 찾지 못하면 경들이 대신 그 돈을 내놓아야 할 것이오."

세 대신은 즉시 머리를 쥐어짰다. 그러나 세 대신은 원래 머리가 빨리빨리 돌아가지 않는 사람들이었다. 신음 소리, 끙끙대는 소리,

한숨 소리를 포함해서 온갖 희한한 소리가 다 나오는 것으로 보아, 이들이 잘 돌아가지 않는 머리를 억지로 쥐어짜느라 고생하고 있음을 알 수 있었다. 마침내 오랜 시간이 지난 뒤 말더듬이 대신이 주저주저하며 하나의 제안을 내놓았다.

"세… 세… 세금을 올리는 게 어… 어… 어떻겠습니까?"

이렇게 말하며 말더듬이 대신은 안도의 한숨을 내쉬었다. 얼마나 좋은 제안인가! 자신이 아니라면 이런 제안을 할 수 있는 사람이 없을 것 같았다.

"뭐? 세금을 올리자고?"

왕이 호통을 쳤다.

"경은 백성들이 나에게 화내는 꼴을 보고 싶은 게요? 정신이 나갔군. 말더듬이 대신, 좀 좋은 생각을 내놓아 보시오!"

말더듬이 대신은 얼굴이 새하얗게 질리더니 그만 그 자리에 털썩 주저앉고 말았다. 순간 배불뚝이 대신이 기회라고 생각하고 말했다.

"우리가 직접 회사를 하나 만들어 돈을 벌어 보는 건 어떻습니까, 폐하?"

배불뚝이 대신이 제안했다.

"소신의 생각으로는 미식가 레스토랑 같은 게 좋을 듯싶습니다. 조정에서 일하는 신하들에게는 특별 할인을 해 주고요."

왕은 잠시 생각해 보더니 언짢은 듯 손사래를 치며 말했다.

"레스토랑 같은 건 손은 많이 가지만 돈은 별로 안 돼. 좋은 아이디어가 아니오. 기각!"

배불뚝이 대신은 실망한 채 몸을 뒤로 빼면서 바지 호주머니 깊숙이 감춰둔 사탕 한 알을 꺼내 몰래 입에 넣었다. 그러고는 천천히 어금니로 아작아작 씹어 먹었다. 겉으로 보기에는 마치 깊은 생각이라도 하고 있는 듯했다.

"경은 다른 아이디어가 없소?"

왕이 줄행랑 대신에게 몸을 돌리며 물었다. 순간 대신은 깜짝 놀라 몸을 움츠렸다. 여차하면 바로 달아날 태세처럼 보였다.

"에, 저… 그러니까 다른 사람에게 돈을 빌리는 건 어떻습니까?"

줄행랑 대신은 신경질적으로 이리저리 왔다갔다했다.

"누구에게 돈을 빌린다는 말이오?"

구스타프 왕이 물었다. 하지만 표정으로 보아하니 이번 제안 역시 신통찮은 것임을 알 수 있었다.

"은행입니다. 소신의 처 아가테의 말로는 거기서 돈을 빌려 준다고 했습니다."

아가테는 줄행랑 가문의 곳간 살림을 꽉 쥐고 사는 여인이었다.

이제 왕은 생각에 잠겼다.

"은행, 은행, 은행이라!"

그는 혼잣말로 중얼거렸다.

"하지만 이자를 달라고 할 걸."

그때 다시 생기를 되찾은 말더듬이 대신이 말문을 열었다.

"이자라고 해봐야 몇 푼 되지 않습니다. 고작 몇 퍼센트만 주면 될 겁니다. 그렇다고 세금을 올릴 수는 없지 않습니까?"

"으흠, 그래, 그렇다면 좋은 제안이군. 아주 좋은 제안이야!"

왕이 말했다. 무척 만족스런 표정이었다.

"예, 아주 좋은 제안입니다!"

세 대신의 입에서 동시에 터져 나온 소리였다.

"그럼, 내일 아침 일찍 은행에 가서 돈을 빌리기로 하고 회의는 이 것으로 끝내겠소. 그리고 지금 밖에 마차가 대기하고 있으니 오늘은 그걸 타고 온천이나 하러 갑시다."

이튿날 아침 구스타프 왕이 세 대신을 거느리고 은행 문을 열고 들어서는 순간 은행장의 눈이 휘둥그레졌다. 창구에서 돈을 세던 직원들도 깜짝 놀라 하던 일을 멈추었고, 은행을 찾은 손님들도 왕의 일행을 쳐다보며 눈을 동그랗게 떴다.

"아니, 저게 누구야? 왕 아냐? 구스타프 폐하 말야. 근데 여긴 어쩐 일이래?"

은행 안이 온통 이런 속삭임으로 술렁거렸다.

은행장은 연신 몸을 굽실거리며 왕의 일행에게로 다가오더니 마침내 궁정 식으로 무릎을 굽혀 인사를 했다. 하지만 무척 우스꽝스러운 모습이었다.

"폐하께서 친히 저희 은행을 찾아 주시다니 몸둘 바를 모르겠나이다. 무슨 일로 이렇게 납시었는지요?"

은행장이 최대한 몸을 낮추어 물었다.

"돈! 돈이 필요해서 왔네!"

구스타프 왕이 딱딱한 목소리로 대답했다.

"설마 농담이시겠죠!"

은행장이 피식피식 웃으며 말했다. 창구 직원과 손님들도 왕이 방금 어울리지 않는 농담을 한 것처럼 소리내어 웃었다.

"농담이 아니네!"

왕이 낮게 소리쳤다.

"죄, 죄송합니다. 폐하. 대신들과 함께 저를 따라오시지요!"

은행장은 대번에 얼굴색을 바꾸며 왕의 일행을 자신의 사무실로 모시고 갔다.

짧은 치마를 입은 예쁘장한 여비서가 커피와 비스킷을 가져오자 배불뚝이 대신은 자기도 모르게 얼른 비스킷으로 손이 갔다. 벌써 배가 고팠기 때문이다. 반면에 줄행랑 대신은 어느새 문 근처에서 얼쩡거리고 있었고, 말더듬이 대신은 입술을 파르르 떨면서 왕과 은행장 사이에 자리를 잡았다. 마치 협상을 중재하는 사람처럼 말이다. 그래서인지 먼저 입을 연 것도 말더듬이 대신이었다.

"우… 우… 우린 돈을 빌리려고 왔네."

은행장은 깜짝 놀랐다.

"조정에서 정말 돈이 필요해서 저희 은행으로 오셨다는 말씀이십니까?"

말더듬이 대신이 고개를 끄덕였다.

"그… 그… 그렇네. 현대 국가 재정에 대한 최근의 보고서에 따르면 선…선 …선진국들은 이제 더 이상 세금만으로 자금을 충당하지 않는다고 들었네."

말더듬이 대신이 이제야 숨을 내쉬었다. 얼마나 우아한 표현인가! 아마 자신이 아니면 누구도 이런 표현을 할 수 없을 것 같았다.

은행장은 양손을 배 위에 올려놓고 엄지손가락으로 원을 그리고 있었다.

"알겠습니다."

그가 입을 열었다.

"은행은 돈을 빌려 주는 대신 이자를 받아 먹고산다는 건 잘 알고 계시겠지요? 이제껏 저희는 왕을 고객으로 모신 적이 한 번도 없었습니다. 물론 저희에겐 모든 고객이 다 왕이지만 말입니다, 하하하."

구스타프 왕은 엄한 눈길로 은행장을 노려보았다. 고객이 모두 왕이라니, 이렇게 무엄한 말이 어디 있는가. 왕은 자신뿐이었다. 그 외에는 결코 어느 누구도 왕이 될 수 없었다. 농담으로라도 말이다.

"그… 그… 그래, 알았네. 그럼 우리가 금화 십만 냥을 빌리면 몇… 몇… 몇 퍼센트를 이자로 내야 하는가?"

말더듬이 장관은 이 사이로 휘파람을 불었다.

십만 냥이라! 이건 장난이 아니었다. 은행장은 잽싸게 계산기를 들더니 버튼을 누르기 시작했다.

"십만 냥을 …으로 나누고 … 대출 기간이 … 개월이면 … 음…."

은행장은 계산기를 누르면서 혼자 중얼거렸고, 대신들은 호기심 어린 눈으로 쳐다보았다.

"이율은 10 퍼센트입니다."

은행장은 마침내 계산기를 내려놓으며 선언하듯이 말했다.

"뭐, 10 퍼센트라고?"

왕의 목소리가 사무실 안에 쩌렁쩌렁 울렸다.

"말도 안 돼, 너무 비싸! 다른 은행으로 가자고!"

왕이 일어서자 대신들도 성급히 따라 일어섰다. 줄행랑 대신은 벌써 문을 열고 있었다.

"폐하!"

은행장이 왕의 팔을 잡았다.

"왜 이리 급하십니까, 이제 시작인데. 자 이리 앉으십시오. 제가 드릴 말씀이 있습니다. 사실 폐하와 조정은 저희에겐 아주 특별한 고객이십니다. 상당히 믿을 만한 고객이라는 말이지요. 그리고 은행에서도 결코 그 점을 무시하지는 않습니다."

"내 말이 그 말이네."

기다렸다는 듯이 왕은 이 말을 툭 던지며 다시 자리에 앉았고, 대신들도 따라 앉았다. 줄행랑 대신만 여전히 문 옆에서 얼쩡거리고 있었다.

"그럼, 9 퍼센트에 드리겠습니다."

은행장이 새 이율을 제시했다.

"7 퍼센트!"

말더듬이 대신이 번개처럼 대꾸했다. 얼마나 빨리 내뱉었는지 말을 더듬는 것도 잊었을 정도였다.

"8 퍼센트!"

은행장이 나지막이 소리쳤다.

"이게 저희 은행으로서 해드릴 수 있는 최선입니다. 1년 기한으로 돈을 빌렸을 때 말입니다."

왕과 대신들은 머리를 맞대고 상의했다.

마침내 구스타프 왕이 은행장에게 손을 내밀며 말했다.

"알았네. 그렇게 하세. 대출 계약서를 준비해 두게!"

이렇게 해서 왕은 다시 상당한 돈을 만지게 되었고, 그 돈으로 다시 도로를 만들고 유치원을 짓고 가난한 사람들을 돕고 배우와 악사들을 지원하였다. 그리고 다시 성대한 잔치를 베풀었고, 대신들을 온천이나 동화 나라 혹은 디즈니랜드 같은 곳으로 초대해서 실컷 놀기도 했다. 어쨌든 온 나라가 이러한 왕의 통치를 칭찬했다.

그런데 이렇게 1년이 지나자 왕의 수중에는 돈이 한푼도 남아 있지 않았다. 어느 날 왕은 은행으로부터 한 통의 편지를 받았다.

친애하고 존경하옵는 구스타프 폐하!

며칠 뒤면 대출 상한 기간이 만료됩니다.

그때까지 저희 은행에 금화 십만 냥을 갚아 주시기 바랍니다.

폐하와 이 나라의 무궁한 발전을 빕니다.

은행장 올림.

왕은 깜짝 놀랐다. 빌린 돈을 갚아야 한다는 걸 까맣게 잊고 있었던 것이다. 한푼도 저축을 해놓지 않았는데 큰일이었다. 왕은 고민에 빠졌다.

마침내 왕은 다시 은행에서 돈을 빌리기로 했다. 왕은 은행장에게 십만 냥을 더 빌려 달라고 하면서, 내년에는 반드시 지난번에 빌렸던 돈과 함께 돌려주겠다고 약속했다. 그러나 이듬해가 되어도 상황은 마찬가지였다. 구스타프 왕은 돈을 갚을 수가 없었고, 오히려 돈이 더 필요해졌다. 이렇게 몇 해가 지나갔다. 왕은 매년 돈을 빌려서 흥청망청 썼고, 더 이상 다음해에 돈을 갚아야 한다는 것조차 생각하지 않게 되었다. 그러나 이자는 시간이 갈수록 눈덩이처럼 불어나 이젠 빌린 돈의 절반을 이자로 갚아야 하는 상황에까지 이르렀다. 한편 은행장은 왕으로부터 상당한 돈을 벌어 대단히 만족스러웠다. 그는 돈을 언젠가 돌려받을 수 있을 것으로 확신했다. 그만큼 믿을 만한 파트너라고 생각했던 것이다. 왕과 조정이 무너진다고 누가 상상이나 하겠는가!

점차 백성들 사이에서 불평이 터져 나오기 시작했다. 구스타프 왕이 계속 세금을 올렸기 때문이다. 하지만 왕으로서도 어쩔 수가 없었다. 은행에서 빌린 돈으로는 이자 갚기에도 바빴기 때문에 도로를 만들고 유치원을 짓기 위해서는 세금을 올릴 수밖에 없었다. 이렇게 얼마가 지나자 이제 백성들은 수입의 거의 절반을 왕에게 세금으로 내야 했다.

그 사이 왕은 다른 은행에도 손을 벌렸고, 이렇게 빌린 돈으로 다시 다른 은행의 빚을 갚아 나갔다. 이러다 보니 은행장들은 구스타프 왕이 정말 믿을 만한 고객이라고 판단하게 되었고, 그에게 계속해서 금화를 빌려주었다. 은행으로서는 꼬박꼬박 이자를 받아 챙기니 그보다 기쁜 일이 또 어디 있겠는가!

대신들은 당연히 이 나라의 재정 상태가 엉망이라는 것을 잘 알고 있었다. 하지만 그들은 꼬박꼬박 월급을 받고 있었고, 종종 왕과 어울려 실컷 놀기도 했기 때문에 괜히 안 좋은 소리를 꺼내서 왕의 기분을 상하게 하고 싶지는 않았다.

"일이 터질 때까지 우린 그냥 입을 꾹 다물고 있습시다."

배불뚝이 대신이 다른 두 대신을 안심시켰다.

"나중에 무슨 일이 생기든 그건 우리하고 전혀 상관이 없는 거요, 알겠소?"

말더듬이 대신과 줄행랑 대신도 같은 생각이었기에 세 사람은 아무것도 모르는 것처럼 행동했고, 모든 일은 평소대로 흘러갔다.

그러던 어느 날 매우 코가 예민한 한 일간지 기자가 이 모든 사실을 알게 되었다. 이 개코 기자는 왕이 지고 있는 부채를 몽땅 더해 보고 깜짝 놀랄 만한 결과를 얻었다. 지난 몇 년 사이 왕이 은행에서 빌린 돈을 백성 수로 나눠 보니 백성 1인당 무려 금화 2천 냥씩의 빚을 지고 있는 셈이었다.

이튿날 신문 1면에 '긴급 특종! 백성 1인당 부채가 금화 2천 냥!!!

구스타프 왕이 우리 백성들을 볼모로 잡았다!!!' 라는 제목의 기사가 굵직한 활자로 실렸다.

이 기사를 본 백성들은 경악했다.

사람들은 곳곳에 모여 회의를 열고, 돈과 부채에 대해 잘 아는 전문가들에게 물었다.

"그러니까 그게, 우리 모두 한 사람 당 금화 2천 냥씩 은행에 빚을 지고 있다는 뜻입니까?"

전문가들은 고개를 끄덕였고, 백성들은 깜짝 놀라 화가 머리끝까지 치밀었다. 지금껏 빚 한 번 지지 않고, 있는 돈으로 열심히 살려고 갖은 노력을 다해 왔는데, 왕이 자신들의 이름으로 이렇게 엄청난 돈을 빌리다니, 이건 도저히 그냥 넘어갈 수 없는 일이었다. 금화 2천 냥이 뉘 집 강아지 이름인가!

"그걸 우리가 갚아야 합니까?"

하지만 이번 질문에는 전문가들도 고개를 저었다.

"물론 은행에서는 그렇게 말하지요. 그러나 구스타프 왕이 앞으로도 계속 지금처럼 돈을 빌리고 갚지 않는다면 1인당 금화 2천 냥이라는 부채는 서류 상으로만 있는 빚일 뿐입니다. 그러니까 여러분들은 갚을 필요가 없겠지요."

사람들은 어안이 벙벙해서 서로 쳐다보았다. 그러더니 이내 이렇게 소리쳤다.

"잘됐어, 아주 잘됐다고! 왕은 앞으로도 계속 지금처럼만 하면 돼. 서류 상으로만 존재하고 실제로 갚을 필요가 없는 부채에 대해선 더 이상 신경쓰고 싶지 않아!"

"하지만 꼭 그렇지는 않습니다."

전문가들이 다시 고개를 내저으며 말했다.

"언젠가 더 이상 돈을 빌릴 수 없을 때가 반드시 올겁니다. 그렇게 되면 이자 부담이 너무 커져서 국가 재정은 완전히 파탄나고 말것입니다. 그건 결국 미래에 당신들의 자녀와 손자들이 져야 할 부담으로 남게 됩니다."

"미래에 무슨 일이 일어날지 누가 어떻게 알아? 지금 잘살면 그만이지."

사람들은 이렇게 말하고는 즉각 회의를 해산한 뒤 각자 집으로 돌아가서 더 이상 왕이 진 부채에 대해 생각하지 않았다.

왕과 대신들은 나라 곳곳에 백성들이 모여 조정을 성토하고 있다는 소식을 들었을 때 온몸을 바들바들 떨었다.

"백성들이 지금 혁명을 계획하고 있습니다."

이렇게 나직이 속삭이며 줄행랑 대신은 지금까지 자신이 신중하게 연구해 온 도주 계획을 왕에게 설명했다. 혁명은 왕에게 일어날 수 있는 최악의 사건이었다. 이건 선왕이 자신에게 왕도를 가르칠 때 엄하게 경고하던 말이었다. 혁명이 일어나면 백성들은 거리로 나와 소리를 지르고 항의를 한다. 그런 다음 왕궁으로 쳐들어와서 대신들을 때려죽이고 왕을 나라 밖으로 쫓아낸다. '안 돼, 절대 그런 일이 일어나서는 안 돼!' 구스타프 왕은 이렇게 되뇌었다.

그래서 왕은 백성들의 집회가 해산되고, 어디서도 혁명의 조짐이 보이지 않는다는 이야기를 다시 전해듣게 되었을 때 안도의 한숨을 내쉬었다. 이것은 곧 백성들이 구스타프 왕의 통치 방식에 만족한다는 것을 의미했다. 이제 왕은 세금 문제만 좀더 신경을 쓰면 됐다. 세금 때문에 백성들 사이에 불만이 날로 커져 가고 있다는 사실을 왕도 이미 알고 있었던 것이다. 그래서 왕은 은행에서 예전보다 약간 더 많은 돈을 빌리기로 결정했다. 세금을 더 걷지 않으려면 그 수밖에 다른 도리가 없었다.

하지만 지출을 줄이고 돈을 저축할 생각은 하지 못했다. 왕은 백성들의 환심을 사기 위해 여전히 도로를 만들고 유치원을 짓고, 예전과 똑같이 대신들을 초대해서 함께 즐기며 잔치를 베풀려고 했다. 절약은 곧 이러한 즐거움을 포기하는 것이고, 즐거움의 포기란 곧 인생이 따분해지는 것을 의미했기 때문이다.

이렇게 구스타프 왕은 너무도 아둔한 대신들과 함께 즐겁게 나라를 계속 다스렸다. 아마 그 나라의 국가 재정이 파탄나지만 않았다면 지금도 나라를 다스리고 있을 것이다.

마블게임 시뮬레이션

세금, 국채, 예산이란 무엇일까

코리나 체르베(Corinna Zerbe) / 슈테판 벨츠크(Stefan Welzk)

돈을 발명한 건 페니키아인들이었다.

그런데 왜 그렇게 조금만 만들었을까?

– 네스트로이

2099년 온라인 강의.

학습 내용 : 지난 세기말의 민주주의

   내가 좋아하는 테마는 아니다. 난 크래지 게임을 좋아한다. 벌써 레벨 19까지 올라갔다. 하지만 4차원 은하계와 복합 가상 현실에서 따는 점수만으로는 다음 단계를 통과할 수가 없다. 나중에 파산 위기에 몰려 있는 마이크로소프트 사의 다 쓰러져 가는 작업실에서 일하면서 실업 수당 없이는 생활을 꾸려갈 수 없는 삼류 프로게이머가 되지 않으려면 역사에서 조금이라도 점수를 따야 했다. 자, 그럼 채

비를 갖추고 온라인망으로 접속을 해볼까!

주 메뉴 / 역사 시뮬레이션 / 20세기의 국가들

제목에서부터 벌써 하품이 나오려고 한다.

하위 메뉴 / 의원, 은행가, 공무원, 시민, 시장, 매니저, 장관⋯

쳇, 거드름이나 피우면서 했던 말 또 하고 또 하는 그 고리타분한 크낙스 선생 시간에 한 번이라도 졸지 않고 제대로 들어 둘 걸.

시민을 선택할까? 쉬워 보이기는 하지만 점수는 별로 안되는군. 장관은 어떨까? 점수가 아주 높은데. 그럼, 장관으로 하자. 어떤 장관으로 하지? 정보통신부 장관? 삭막해. 환경부 장관? 누구나 다 하고 싶어할 거고. 재무부 장관? 어쩐지 돈과 권력 냄새가 나는군. 그래, 재무장관을 시뮬레이션 하는 거야. 그런데 재무장관이 무슨 일을 하는 사람인지, 또 당시에 무슨 일을 했는지 아는 게 없어. 2003년의 인터넷을 살펴봐야겠군. 다른 덴 나와 있지 않을 테니까 말야. 당시엔 정보망이 아주 단순했어. 나도 정보망의 역사에 대해선 좀 알지. 어쨌든 일단 들어가 보자.

'준비, 2003년의 인터넷망으로 접속!'

당시엔 모니터 앞에 키보드가 있어서, 그것으로 입력했다지!

역사 여행 / 지역 선택 / ☞ 유럽

시대 선택 / ☞ 베를린 장벽 붕괴와 기상 대이변 사이

아이템 선택 / ☞ 예산과 재무부 장관

37개의 웹 페이지가 검색되었음

제길, 어느 세월에 이걸 다 읽어? 가만 보자, 여기 이 텍스트는 초보자들을 위해 쓴 것 같네. 그렇다면 나한테 딱 맞을 것 같군.

재무장관은 국고를 관리한다. 그런데 한 회사의 경리 이사와 국가의 재무장관 사이에는 결정적인 차이가 하나 있다. 재무부 장관의 전횡을 견제하기 위해 연방의회가 버티고 있다는 것이다. 국가 예산은 연방의회가 동의해야만 집행할 수 있다. 2001년도 예산 규모는 4,770억 마르크였고, 대략 국민 일인당 6,000마르크에 해당하는 금액이었다.

이게 대체 어느 정도의 액수일까? 마르크, 탈러, 굴덴, 실링 등과 같은 이 웃기는 동전들이 언제 사용되었는지, 또 왜 사용되었는지 도통 알 수가 없군. 역사 수업이라는 건 잊혀져야 마땅한 것들을 기억하고 보존하는 과목임에 틀림없어.
자, 괜한 생각 말고, 재무장관으로 다시 돌아가 보자. 예산안 논쟁이라? 꽤 까다로울 것 같은데……

'중지. 현 상황 저장. 나가기!'

차라리 시민을 선택할 걸 그랬어. 뭐, 출구가 없다고? 할 수 없지. 그럼 다시 한 번 메타 검색 기계로 들어갈 수밖에.

국가의 예산은 '에타'라고도 부른다.

그럼, '에타'라는 말을 한 번 찾아볼까!

짐이 곧 '에타'다! - 17세기 '태양왕'이라 불리던 프랑스 루이 14세의 구호

뭐야, 이게! 자기가 곧 '예산'이라고? 좀 돈 사람이군, 자신이 예산이라니! 아니, 여기 번역 글이 있네.

짐이 곧 국가다!

그래, 상상은 자유지. 근데 이 왕은 정말 이렇게 믿었을까? 아니면 그 신하들이 그렇게 믿었는지도 모르지. 어쨌든 '에타'라는 말에는 '국가'라는 뜻과 '예산'이라는 두 가지 뜻이 있었군. '예산'이라는 개념을 이해하는 데 아주 중요한 단서가 되겠어! 아, 여기에 '국가'의 개념도 나와 있군.

국가의 정치적 의미는 17세기 프랑스의 '에타'라는 말에서 왔다.

'국가'와 '예산'이라는 말이 '에타'라는 한 단어로 표현되는 것으로 봐선 예산이 국가에서 대단히 중요하다는 것을 의미하는 것 같군. 계속 찾아보자. 그러다 보면 언젠가 흥미도 생기겠지.

'도움, 예산안 논쟁에 대해 설명해 봐.'
예산안 논쟁이란 국가의 재정 지출을 놓고 의회에서 협의하는 것을 말한다.

이런, 도움말로 10점이나 썼는데, 무슨 말인지 전혀 알 수가 없네. 다시 '예산안 논쟁'에 들어와 있군. 헐렁한 양복을 입은 옛날 사람이 '예산 동결'에 대해 어떻게 생각하느냐고 묻는군. 다시 여기서 나가야겠어.

'역사 여행 창으로 되돌아가!'
'조회, 재무부 장관과 예산안 논쟁.'

이런, 이런 끝없는 텍스트와 쓰레기 같은 자료는 정말 싫어! 하지만 이제 기본 자료가 나타나는 것 같군.

국가 예산 : 사람들이 국가로부터 원하는 거의 모든 일에는 돈이 든다. 현대식 학교, 고속도로, 멋진 수영장 등 사람들은 갖가지 소원들을 국가에 요구한다. 그러나 돈은 언제나 빠듯하다. 그건 돈의 속성이다. 포켓몬스터에서 피카추가 빠지면 안 되는 것처럼 말이다.

당시에도 포켓몬스터가 있었나? 역시 명작이란 시간을 초월해서 사랑을 받는 게 틀림없군.

국가 예산의 목적은 국고 관리, 즉 수입과 지출의 균형을 맞추는 일이다.

정말 짜증나는 일이지만, 우리 집에서는 거의 매주 싸움이 벌어진다. 아빠도 수입이 괜찮고, 엄마는 아빠보다 더 많이 벌지만 항상 돈이 부족하기 때문이다. 국가도 돈 때문에 그렇게 고함을 지르고 욕설을 하며 싸웠을까?

돈의 분배와 국가 예산은 너무나 많은 요구들과 욕심을 일일이 채워 주기에는, 재물과 복지가 턱없이 부족하다는 사실을 일목요연하게 보여주는 노련한 방법에 지나지 않는다. 이를 통해 그런 갈등들이 최대한 합리적으로 조정되는 것이다. 재무장관은 어떤 식으로든 이해 관계가 다른 사람들끼리의 갈등을 조정해야 한다. 그러나 조정한 뒤에는 불이익을 보았거나 불이익을 당했다고 생각하는 사람들에게 꼭 멱살을 잡히게 되어 있다. 그래서 재무장관은 내각에서 가장 인기가 없는 자리이면서 동시에 가장 많은 사람들이 한 번쯤 맡고 싶어하는 자리이기도 하다. 어쨌든 피 말리는 직업임에는 틀림없다.

이 텍스트는 당시 재무부 장관이 직접 쓴 것 같군. 힘든 업무와 의회와의 기나긴 싸움으로 완전히 파김치가 되어 버린 그런 장관 말야. 어떤 내용이 이어지는지 계속 볼까?

예산안을 둘러싼 논쟁과 표결은 항상 의회에서 가장 치열한 싸움거리에 속한다. 그러나 이에 앞서 세부 항목에 대한 입씨름은 벌써 몇 개월 전부터 계속되었다. 국방부 예산 심의에서는 무인 전투기나 전투 헬기 같은 차세대 전투기 사업에 얼마를 배정할 것이고, 농림부 예산 심의에서는 광우병 문제를 해결하기 위해 농민들에게 얼마의 보상금을 지급할 것인지를 놓고 오랫동안 토론을 벌인다.

그래, 맞아, 광우병! 도살된 소를 소한테 먹여서 생긴 병이지. 그걸 먹은 사람들도 뇌에 이상이 생겼고 말야.

내년도 청년 실업 대책 프로그램과 유전자 연구 프로젝트에는 각각 얼마씩 책정되어 있을까?

와우, 국가 예산을 짠다는 게 다른 곳에서 이미 가져갔기 때문에 여기에는 더 이상 돈을 줄 수 없다고 말하는 것에 불과하구나. 교활해. 거기까지는 미처 생각하지 못했는데, 계속 볼까?

이런 줄다리기는 연방의회의 예산

심의 위원회에서 이루어진다. 잘 아는 사람들끼리 부지런히 협의하고 전화 통화를 하면서 결정이 내려진다. 이때 하소연을 늘어놓는 사람도 있고, 심지어 협박을 가하는 사람들도 있다. 그리고 어느 날 이른 아침에는 갑자기 예산 심의 위원회의 테이블에 돈을 요구하는 감정적인 호소나 난폭한 요청이 담긴 서류들이 제출된다. 정말 그 돈이 없으면 당장 생존에 위협을 받는 경우도 있고, 아니면 교묘하게 위기 상황을 부풀려서 돈을 받아 내려는 수작일 수도 있다. 알다시피, 죽겠다며 징징 짜는 소리를 내는 건 상인들의 특기다. 따라서 의원들에게는 고사 일보 직전의 경제 분야와 침체 상태에 빠져 있는 지역 경제에 대한 구조 요청이 진실인지 아니면 고도의 수사학인지 구분해 내는 섬세한 감지 능력이 필요하다. 거의 모든 의원들은 지역구나 자신의 이익단체에서 제출한 요구와 희망 사항이 국가와 국민의 무사 안녕을 위해 정말 필요한 것이라고 주장한다. 예산을 따내기 위해서 말이다!

이건 아무래도 상당한 환멸을 느낀 내부인이 작성한 것 같다.

그래서 모든 의원들에게 자신의 원래 직업이나 다른 수입원을 밝히도록 하는 것이 필요하다. 그렇게 되면 여기서 예산을 배정해 달라고 발언하는 사람이 어느 지역구 아무개 의원이 아니라 전국 양조업 협회 협회장이나 독일 지주 동맹 위원장, 혹은 슬롯머신 협회 간부라는 사실을 처음부터 알 수 있기 때문이다.

당시 연방의회는 아주 부패해 있었군. 완전히 뒤떨어진 시대였어. 오늘날의 의원들은 다른 사람으로부터 절대 돈을 받지 않겠다고 서

약까지 해야 하는데 말야.

　물론 최종 예산안은 연방의회 본회의에서 결정한다. 의회에서는 격렬한 의정 연설을 통해 정치적 반대자를 실패자로 낙인찍는 일이 허다하지만, 예산안이 일단 본회의로 넘어오면 그에 대한 협상과 설명은 더 이상 없다. 사실상 모든 것이 이미 정해져 있기 때문인데, 예산 위원회를 힘들게 통과한 예산안은 다수결의 원칙에 따라 처리될 뿐이다. 의회의 본래 업무는 각 부처 심의 위원회와 분과 소위원회에서 대부분 처리된다. 그래서 국민들이 주로 의원들의 태만을 비난할 때 근거로 대는 이야기지만, 본회의장 의석이 듬성듬성 비어 있는 것도 충분히 이해할 만하다.

　지금하고 다른 게 없군. 얼마 전 텔레비전 채널을 이리저리 돌리다가 우연히 의사당 안을 보여 주는 방송에 멈춘 적이 있었다. 물론 이건 절대 고의가 아니었다. 믿어 달라! 어쨌든 화면에 나오는 의사당 안의 의석은 상당히 비어 있었다. 이해가 갔다. 제법 똑똑하다는 소리를 듣는 600여 명의 의원들 가운데 대체 어느 누가 대다수 국민에게 해당되지도 않고 관심도 없는 지루한 법안을 가만히 듣고 앉아 있겠는가? 예를 들어 '크리스탈 글라스 품질 표시에 관한 법안'이나 '집달리의 왕래 비용에 관한 규정', 혹은 '굴뚝 청소업 법'에 관한 연설을 몇 시간씩 듣고 앉아 있을 사람이 과연 몇 명이 되겠느냐는 말이다.

　어쨌든 국민 수입의 47퍼센트, 그러니까 국민들이 받는 노임과 봉급과 이익의 거의 절반이 국가 예산에서 나온다. 국가는 예산을 세금으로 충당하는데, 이렇게 거두어들인 돈은 경찰, 환경 보호, 연금, 양육비, 연구 개발과 교육, 세계 각국의 독일 대사관, 상하이 고속 전철 건설, 그리고 그밖에 수없이 많은 사업들을 위해 지출된다.

상하이? 당시엔 독일의 식민지였나?

검색 : 중국과 독일

아니네. 벌써 백년 전에 독립한 상태였군. 그럼, 문서 작성자가 바그다드 철도와 혼동했는지도 모르겠네. 다시 검색 창으로 돌아가자.

그러나 연방의회는 국가 예산의 일부분에 대해서만 의결권을 갖는다. 독일은 연방 국가이기 때문이다. 국가 예산의 2/5, 즉 5,020억 마르크에 달하는 예산은 각 주의 소관이다. 그 돈의 쓰임새에 대해선 16개 주의회가 결정한다. 그리고 국가 예산의 1/4, 즉 2,900억 마르크는 각 도시들과 국민 대표 기구에서 관리한다.

16개 주라고? 그러면 당시엔 아직 바이에른 주가 붕괴되지 않았고, 뮌헨이 프랑켄과 오스트슈바벤 지방을 지배하고 있었을 때였군. 대신 엘베 강변의 노르트프리슬란트보다도 작은 주들이 존재하던 시대였지. 크낙스 선생이 설명한 내용이 이제 기억나는군. '역사/의회'로 다시 돌아가자. 의회니 예산이니 하는 것들은 대체 언제부터 시작된 걸까?

정부 수반과 그 정부가 요청한 돈에 대해 승인을 해 주거나, 아니면 해 주지 않을 권리는 의회가 의회라는 이름을 갖게 된 이후부터 줄곧 지켜온 가장 고유하고도 성스러운 권리다. 역사적으로 의회는 이 권리를 쟁취하게 됨으로써 비로소 정치 세력의 한 중요한 축으로 인정받게 되었다. 영국에서는 1295년에 벌써 그러한 일이 이루어졌다. 에드워드 1세는 조세법의 경우 의회의 동의를 받아야 한다는 걸 수용하는 대신 프랑스와 전쟁을 치르기 위한 비용을 승인받았다. 낙후된 국가였던 독일에서는 그로부터 600년이 지난 후에야 그러한 일이 가능해졌다. 제1차 세계대전과 전력 증강을 앞둔 시점에 제국 의회에 예산안 의결권이 주어졌던 것이다.

이런 젠장, 나는 대체 언제 재무부 장관으로서 발언권을 얻게 되는 거지? 이 시뮬레이션 안에서는 그럴 기회가 없는 걸까?

재무장관은 예산안을 제출한다. 예산안은 거대한 공무원 조직과 함께 그 방면의 전문가 집단으로 구성된 재무부에서 수립한다. 물론 이 안은 꼼꼼하게 검토되고 수정되고 처리된다. 모든 협의는 이 예산안을 토대로 진행되는데, 항상 처음에 작성한 사람이 유리할 수밖에 없다. 예산안이 의회로 들어오면 의회는 독자적으로 결정할 권리를 가지지만, 많은 법에 다음과 같은 조항이 있다. '더 자세한 건 재무장관이 공포한 법령에 따라 정한다.' 그밖에 재무장관은 긴박한 경우 예산 동결을 결정할 수 있다. 매우 위협적으로 들리기도 한다. 이럴 경우 정해진 액수를 초과하는 모든 지출은 재무장관의 승인을 받아야만 가능하다. 하지만 국가가 꼭 지불해야 할 것들은 예외다. 예를 들어 교사와 경찰에게 지급되는 봉급, 이미 발주가 끝난 국가 사업, 그리고 국채에 대한 이자 등은 여기에 해당되지 않는다. 막대한 액수의 국가 예산도 매년 필수적으로 지출해야 할 돈을 빼고 나면 의회가 자유롭게 결정할 수 있는 독자적인 예산 규모는 사실상 얼마 되지 않는다. 한 해 예산의 약 5~8퍼센트만이 심의가 필요 없고, 특정한 용도가 명기되지 않은 돈이다. 다시 말해서 국가가 국민 한 사람을 위해 지출하는 6,000마르크 가운데 의회와 장관이 자유롭게 결정할 수 있는 액수는 300~500마르크에 불과하다. 이렇게 보면 예산 동결이라는 것도 실제로 별로 효과가 없는 상징적인 조처일 뿐이다.

예산 동결에 대해선 잘 알겠다. 정부가 허리띠를 졸라매기로 단단히 마음먹었다는 사실을 일반에 공개하는 것이군. 하지만 실제로 절약할 수 있는 돈은 얼마 되지 않는다는 말이지. 어쨌든 괜히 적은 돈을 아낀다고 나섰다가 정작 중요한 걸 잃을 수도 있을 거야. 재정 긴축을 한다고 대학과 연구소에서 필요한 최신 소프트웨어 및 전문 서적 구입비를 아끼게 되면 금방 시대에 뒤떨어져서 다른 나라와의 경쟁에서 탈락하고 말지. 또 몇 푼 되지 않는 인건비를 절약한답시고 수십 억이나 들여 지은 수영장을 폐쇄해서 녹슬게 만든다면 그것처럼 쓸모없는 절약 정신도 없을 거야.

돈은 급히 필요한데 국고에 돈이 없으면 국가는 어떻게 해야 할까? 내가 만일 나라의 살림을 책임지고 있는 재무장관이라면 어떻게 해야 할까? 뻔하다. 세금을 올리면 된다. 시뮬레이션 안으로 다시 들어가 보자.

예산 위원회에서 의원들이 마구 소리를 지르고 있군. 무슨 일일까? 자기 이마를 치는 사람도 있고, 주먹으로 자기 손바닥을 치는 사람도 있군. 뭐, 다음 선거에서 다시 뽑히고 싶은데, 세금을 올리는 사람을 누가 뽑겠냐고?

"우린 수많은 세금들을 힘들게 힘들게 폐지해 왔습니다."
이렇게 말하며 그들은 장하다는 듯이 서로의 어깨를 토닥거렸다.
"무슨 세금들을 말씀하시는 겁니까?"

시뮬레이션 속에서 2003년도 재무장관이 된 내가 물었다.

"가연물질세, 초산세, 카드놀이세, 녹차세, 소금세, 설탕세, 조명기구세 등이 있지요."
"그런 세금들이 있었습니까? 처음 듣는데요." 내가 반문했다.
"아마 다른 사람들도 거의 모를 겁니다. 대체 언제 적 얘기지요?"
"1980년에서 1998년 사이에 있었던 일들입니다." 그들이 말했다.
"유감이군요. 그런 세금을 없애다니……. 그럼, 다른 세금을 신설하면 어떻겠습니까?"

나는 삐딱한 시선으로 인터넷 창을 들여다보며 말했다.

"빌헬름 황제 시대에도 샴페인세 같은 게 있었어요. 황제의 함대를 만들기 위해 신설한 세금이었지요. 그런데 황제의 함대가 없어진 지는 벌써 80년이 넘었습니다. 1916년에 전함 일부가 어처구니없이 쥐와 사람들을 태운 채 스카게라크 해협에서 침몰했고, 나머지 함대는 제1

차 세계대전 뒤 승리자의 손으로 몽땅 넘어갔습니다. 그런데도 샴페인세는 여전히 남아 있지요. 그런 세금이 아직도 잘 거둬들여지고 있다면 핸드폰세나 자전거세, 고양이세, 카나리아세, 감자튀김세, 스타킹세를 만들지 못할 이유가 어디 있겠습니까?"

"돌았군!" 의원들이 소리쳤다.

"저 사람, 어느 다른 별나라에서 살다 온 사람 아냐? 민주주의 국가에서 저런 뚱딴지 같은 소리를 하다니⋯⋯."

"물러가라!" 몇몇 사람들은 벌써 고함을 지르고 있었다.

"국가는 돈 만드는 기계도 아니고 '돈 나와라, 뚝딱' 하면 돈이 나오는 요술쟁이도 아닙니다." 내가 말했다.

"국가는 돈을 거둬서 필요한 곳으로 나누어 줄 뿐입니다. 당신들이 국가로부터 바라는 게 있으면 먼저 국가에 돈을 내야 합니다. 만일 최고 교육을 받은 엘리트 전문가가 필요하다면 국가는 양성 기관을 만들기 위해 엘리트 전문가들을 원하는 사람들과 그런 전문가가 되고자 하는 사람들로부터 돈을 거둬야 합니다. 그게 공정한 게 아닐까요?"

"어쨌든 우린 그렇게 못합니다." 자유주의자들이 소리쳤다.

"그래 봤자 당신들은 전체 의석의 5퍼센트에 불과합니다."

내가 반박했다.

"맞아요. 하지만 우리가 없으면 어느 당도 의회에서 다수석을 차지하지 못해요!" 그들이 소리쳤다.

"그렇다고 보수주의자들이 당신들의 정책을 편들 것 같소?"

"그럼 어떻게 해야 된다는 말이요?" 내가 물었다.

"국채를 발행해서 자금을 조달하시오. 그 방법밖에는 없어요. 투자자들은 위험 부담이 없는 국채를 기꺼이 사들일 거요. 1년에 6퍼센트의 이자는 작은 게 아니거든요."

"그렇게는 못합니다."

이렇게 말한 뒤 나는 재빨리 정보 창에서 '세기말/연방/재정'이라는 제목을 찾았다.

"부채가 점점 더 우리의 목을 죄고 있습니다. 현재 정부는 세금으로 거둬들이는 돈의 20퍼센트를 부채에 대한 이자로 지불하고 있습니다. 4년 전만 해도 25퍼센트였던 것이 이렇게 줄어든 것은 그나마 금융 시장의 이자가 떨어졌기 때문이지요. 부채에 대한 이자 부담만 없어도 정부 재정은 넉넉할 겁니다. 그랬다면 괜히 세금을 신설하자는 주장을 할 필요도 없이 국민들의 생활을 개선하고 복리를 증진하는 데 더 많은 예산을 쓸 수가 있을 겁니다.

부채가 점점 더 불어나면 정부나 의회로서는 더 이상 예산을 짜고 심의할 필요가 없어질 겁니다. 세금이 들어오는 즉시 일부는 연금이나 봉급이나 기타 다른 돈이 필요한 행정 부처에 직접 전달하고, 나머지는 은행에 이자로 납부하면 되니까 말입니다. 그렇게 되면 정치라는 것도 필요가 없게 되겠지요. 여기 예산 위원회에 앉아 계신 의원 여러분들도 이런 회의를 열 필요가 없고요. 분배할 돈이 전혀 없을 테니까 말입니다. 이런 식으로 계속 진행되다 보면 이제 국채도 더 이상 안전하다고 이야기할 수 없는 때가 오겠죠. 국채에 대한 안전성이 떨어지면 투자자들은 당연히 국채에 대해 더 높은 이자를 내놓으라고 할 겁니다."

"세계 시장에서 열심히 뛰는 많은 기업들도 밖에서 돈을 빌려서 회사를 꾸려나갑니다. 국가는 왜 그래선 안 되는 거요?"

백발의 나이든 의원이 아버지처럼 가르치는 투로 말했다.

"각 계열사에 부채 없이 회사를 꾸려가라고 지시하는 대기업 사장이 있다면, 그 사람은 다음 주주총회에서 적극성과 사업 아이디어가 없다는 이유로 틀림없이 해임될 것이오. 대출이 없으면 경제가 활기를 띨 수도 없는 법이오. 국가 역시 매년 세금으로 들어오는 돈에만 의존하고 있지는 않소. 교통망이 허술해서 수송비가 늘고, 교육과 연구 투자가 부실해서 전문가와 재능 있는 젊은이들이 해외로 빠져나가는 것보다는 빚을 얻어서라도 도로와 철도를 만들고, 교육과 연구 개발에 투자를 하는 편이 훨씬 더 나을 것이오. 경제가 활기를 잃어 병들어 가는 것보다는 빚으로라도 경제를 살리는 것이 중요하지 않겠소? 오늘날엔 서방의 모든 국가들이 빚을 지고 있소. 세금 천국인 룩셈부르크와 동유럽, 그리고 제3세계를 제외하고 말이오."

이 남자의 말은 제법 타당한 구석이 있는 것 같았다. 그 사이 의원들이 삼삼오오 짝을 지어 흩어지고 있었기 때문에 나는 잠시 숨을 돌릴 틈을 얻었다. 이어 다시 말문을 열었다.

"벨기에와 일본 그리고 그리스와 이탈리아는 벌써 부채가 국민 전체 수입을 넘어섰습니다. 미련하게도 그들은 지금 이자에 치여 살고 있지요."

잠시 뜸을 들인 뒤 다시 입을 열었다.

"당신들은 세금을 깎아 주면서 대신 부족한 돈은 국가더러 빌려쓰라고 합니다. 난 그 점을 도저히 이해할 수가 없군요. 철도와 학교를 짓고 위성 방송 시스템을 구축하는 것은 투자니까 그렇다고 칩시다. 언젠가 그만한 대가가 반드시 돌아올 테니까 그런 사업을 위해서라면 돈을 빌릴 수도 있습니다. 하지만 오로지 그런 일들에 한해서입니다. 기본법 제115조에 보면 국가의 부채는 연방의 투자액보다 높아서는 안 된다고 적혀 있습니다. 우린 지금 바로 그 경계에 서 있지요."

나는 내 자신이 정말 자랑스러웠다. 인터넷의 미로를 제대로 찾기만 한다면 어느 분야에서도 이처럼 빨리 전문가가 될 수 있다는 사실이 도저히 믿어지지 않았다.

"최소한 돈을 빌려서 소비를 해서는 안 됩니다. 정신이 제대로 박힌 사람이라면 레스토랑에서 우아하게 식사를 하기 위해 돈을 빌리지는 않을 것입니다. 그리고 괜찮은 정부라면 마음은 굴뚝같지만 부동표를 붙잡기 위해 돈을 빌려 선심을 쓰지는 않을 것이고, 사회 복지나 기타 비슷한 일을 벌이기 위해 빚을 지지도 않을 것입니다."

"재무장관, 아까 말한 기본법의 그 조항을 끝까지 읽어 보셨습니까?" 백발의 노의원이 반론을 제기했다.

"그 조항에는 '위기 상황'이라는 예외를 두고 있지요. 즉, '전체 경제의 균형이 깨지는 걸 막기 위해' 국가는 사회 보장비를 지출하거나 경제를 직접 회생시킬 목적으로 부채를 질 수 있다고 되어 있습니다. 비록 국가 재정이 기울어지는 상황이 오더라도 말이지요. 심한 말로 나라가 무너지고 사회가 위태로운데 견실한 국가 재정이 무슨 소용입니까? 경기가 나빠지고 실업자 수가 급증하면 세금도 적게 거둬질 수밖에 없습니다. 기업의 수익률도 떨어지고, 실업자들은 소득세를 내지 못하게 되지요. 이런 상황에서 국가가 공공 사업을 게을리하고 일자리 창출을 위한 사업에 제동을 건다면 최악의 상황이 오겠지요. 이것이 바로 대공황의 초기인 1929년에 유럽 정부들이 저지른 커다란 실책이었습니다.

당시 유럽 정부들은 무서울 정도로 허리띠를 꽉 졸라맸고, 사람들은 그걸 '건실한 재정 정책'이라고 불렀습니다. 이런 식으로 해서 당시 대공황은 20세기 최대의 경제 위기로 치닫게 된 것이지요. 실업자 수는 급증했고, 독일은 나치 독재 치하로 들어갔습니다. 각국은 값비싼 수업료를 치르는 대신 그 경험을 통해 많은 것을 배웠습니다. 경제 위기를 극복하기 위해서는 새로운 도시와 도로를 건설하고, 하수 시설을 설치하고, 학교를 세우는 등 국책 사업을 적극 벌여야 한다는 걸 깨달은 것이지요. 또한 실업 수당을 지급함으로써 구매력이 감소해서 경제 위기가 더 깊어지는 것도 막아야 합니다. 물건이 안 팔리면 기업은 직원을 더 많이 해고할 수밖에 없으니까 말이지요. 우리는 현재의 상황이 바로 그런 위험 직전에 있는 것은 아닌지 신중하게 검토해 볼 필요가 있습니다. 정부 개입이 늦어질수록 위기 극복은 그만큼 더 어려워지니까요."

"옳으신 말씀입니다." 내가 말했다.

"하지만 경제란 일정한 주기에 따라 바뀝니다. 불황과 호황이 반복된다는 것이지요. 그렇다면 경기 침체기라고 해서 매번 수십 억 마르크씩 부채를 질 수는 없지 않겠습니까? 여기 계신 의원 여러분이 대신 갚지도 않을 테고 말입니다."

이제 나는 연방의회 본회의장 단상에 섰다. 예외적으로 모든 의석이 꽉 차 있었다. 의원들의 마음을 휘어잡아 따끔하게 일침을 놓을 수 있을 것 같은 자신감이 들었다. 자, 그럼 시작해 볼까!

"재무장관은 내각에서 수상 다음으로 힘있는 사람입니다. 하지만 마술사는 아닙니다. 저는 여러분들 중 어느 분에게도 제가 맡고 있는 이 고된 직책을 떠넘기고 싶은 마음은 없습니다. 그만큼 이웃을 사랑하는 마음이 크기 때문이지요. 우리는 여기서 세금으로 들어온 돈을 각각 필요한 곳으로 분배합니다. 하지만 나라 살림을 꾸려 가는 데 실제로 얼마가 필요한지에 대해서는 저도 알 수가 없습니다. 그건 의원 여러분들 자신과 이 나라의 정치적 수준에 달려 있습니다. 다시 말해서 여러분이 지금까지 이 나라를 잘 다스려서 좋은 나라로 만들었다면 돈 쓸 데가 많지 않겠지만, 그 반대라면 아마 엄청나게 많은 돈이 필요할 것입니다. 이웃끼리 서로 돕지 않고, 가족과 친지들끼리 외면만 하는 사회라면 국가의 도움이 더 많이 필요합니다. 주위에서 자행되는 폭력과 파괴 행위를 계속 방관만 하는 사회는 더 많은 경찰을 고용해야 합니다.

자연 보호 규정이 있는데도 버젓이 어기거나 무시하는 바람에 환경이 훼손되면 그것을 복원하는 데 또 상당한 돈이 듭니다. 이 모든 게, 경제란 가만히 놔둬야 잘 돌아가니 어쩌니 하면서 그럴싸한 말만 늘어놓는 당신들 자유주의자들의 책임입니다. 환경 오염으로 국민의 건강이 상하면 국가가 배상하고 치료를 해 줘야 합니다. 그렇게 되면 또 엄청난 돈이 듭니다. 정치가 잘못될수록 재무장관은 더 자주 불려다니지만, 결국 그도 대책이 없습니다. 오래 전부터 부실했던 교육 정책, 건강 정책, 환경 정책, 경제 정책을 재무장관이라고 어떻게 바로잡겠습니까? 물론 고통을 완화시킬 수는 있겠지만 병 자체는 치료할 수가 없습니다. 이처럼 국가가 필요로 하는 돈이 얼마인지에 관한 문제는 의회와 정부의 능력, 그리고 그곳에서 행해지는 정치의 수준과 그 사회의 건강 상태에 따라 결정되기 마련입니다."

어쩌면 약간 공허한 말로 들리기도 한다. 좀더 좋은 말로 표현할 수도 있었을 것 같은데, 아쉽다. 하지만 내가 뭐 프로 정치인인가! 이만하면 됐지. 그만 시뮬레이션에서 나가야겠다.

나가기 /

과연 점수가 얼마나 나왔을까?

하이 스코어 리스트 / 점수 확인 / "축하합니다. 당신은 역사 시뮬레이션 프로그램 레벨 3을 통과했습니다."

휴우, 다행이다.
이제 시뮬레이터에서 나가 신선한 바람이나 쐬어야겠다.

화 안 내기 게임

국가 권력과 삼권 분립

마티아스 벨츠(Matthias Beltz)

'폭력은 정치의 수단이 아니다!'

민주주의를 신봉하는 사람이라면 두말 없이 이 말에 공감할 것이다. 그러나 이 말에도 의심스러운 점은 있다. 예를 들어, 세상은 정말 폭력이 필요하지 않을 정도로 평화로울까?

2001년 연방의회의 한 논쟁에서 어느 정치인을 향해 폭력에 반대하는 고해성사를 하도록 요구하는 사태가 발생했다. 당시 외무부 장관인 요쉬카 피셔의 과거를 두고 불거진 시비였는데, 그는 1970년대에 시위를 벌이다 다른 사람들과 함께 경찰관을 공격한 일이 있었다. 이는 정치인이라면 당연히 멀리해야 할 범죄 행위였고, 그 장관 역시 그에 대해 사과했다. 그러나 문제는 그가 이처럼 상당히 난폭한 과거를 가지고 있었다는 사실을 굳이 부정하려고 하지 않았다는 점이다. 이것을 두고 의회 안에서 격렬한 토론이 벌어졌고, 도덕성을 의심하는 온갖 비방들이 거칠게 오고갔다. 그러나 이 모든 상호 비방에도 불구하고 ― 사실 서로 헐뜯는 건 퍽 필요한 일일 뿐 아니라 모임에 상당히 활력을 불어넣기도 한다 ― 참석자들은 나이, 성별, 여야 할 것 없이 모두 '폭력은 정치의 수단이 아니다'라는 점에 대해서는 의견을 같이했다.

사람들은 폭력이라는 말을 나름의 기준으로 이해한다. 그래서 신중할 필요가 있다. 예를 들어 축구를 하다 유리창을 깬 아들에게 아버지가 "폭력을 써서는 안 돼!"라고 말하면서 다시는 폭력을 쓰지 못하도록 일깨우기 위해 철썩 소리가 나도록 뺨을 두 대 때린다면 누가 폭력을 잘못 이해하고 있는 것일까?

폭력이란 사랑과 같은 것이어서 누구나 잘 알고 있다고는 하지만 실제로 저마다 다른 것을 떠올리는 말이다. 그래서 나는 폭력이라는 말이 정말 무슨 뜻인지 알아보기 위해 그림 형제가 쓴 독일어 사전을 끄집어냈다. 야콥 그림과 빌헬름 그림 형제는 동화책만 쓴 것이 아니라 단어들의 역사를 꼼꼼하게 추적한 33권짜리 사전과 문법책도 썼다. 「그림 사전」에는 '폭력'이라는 단어가 들어간 인용문이 엄청나게 많이 수록되어 있다. 이 사전이 1911년에 간행되었으니, 20세기의 잔혹한 폭력 행위에 대해서는 아직 한 줄의 기록도 없을 텐데도 말이다. 이처럼 과거의 역사도 폭력으로 점철된 역사였다.

13세기에 각지를 떠돌던 유랑 시인 발터 폰 데어 포겔바이데는 중세의 폭력적인 상황을 이렇게 한탄했다. "거리엔 폭력이 난무하고 평화와 정의는 시름하는구나." 16세기 말에는 다음과 같은 비관적인 기록도 있었다. "세상에 이처럼 나빴던 적이 없었다. 폭력은 늘 법위에 있나니!"

오늘날엔 어떤가? 우리에겐 평화와 인권을 보장하는 민주주의와 헌법이 있다. 폭력이 정치 수단이 되어서는 안 된다면 당연히 이 헌법 첫머리에 명시되어 있어야 할 것이다. 그러나 그렇지 않다. 아니, 오히려 그 반대다. "모든 국가 권력은 국민에게서 나온다." 제20조에 나오는 내용이다. 이어지는 부분을 계속 보자. "국가 권력은 국민이 선거와 투표를 통해 행사하고, 법을 만드는 기관, 수행하는 권력 기관 그리고 판결하는 기관을 통해 행사된다." 그렇다면 내가 국민의 의무에 충실하게 연방의회 총선 때 투표소로 가서 투표하는 행위도 이 헌법 조항에 따르면 국가 권력을 행사하는 것이 되는 셈이다.

여기서 우린 무엇을 알 수 있을까? 폭력은 정치 수단이 아니라고 말하는 정치인들의 말을 전부 믿어서는 안 된다는 사실이다. 이는 곧 민주정치의 원칙이기도 하다. 민주주의란 정치인에 대한 신뢰와 지배자에 대한 사랑을 의미하는 것이 아니다. 옛날 황제와 왕이 지배하던 시절에는 그러한 것이 요구되었고, 신하라면 마땅히 보여야 할 미덕으로 간주되기도 했다. 그러나 민주주의는 모든 지배 세력에 대한 불신과 권력을 휘두르는 사람들에 대한 감시를 뜻한다.

우리는 언론, 특히 방송과 신문이 커다란 권력을 행사하는 시대에 살고 있다. 우리 사회에서는 누가 실권자고, 누가 결정권을 가지고 있으며, 이 말이 무슨 뜻이고 어떤 연관성을 가지고 있는지가 대단히 중요하기 때문이다. 말을 잘하는 사람이 권력을 행사한다. 그림 형제의 사전을 보면 1592년에 벌써 이런 말이 나돌았다고 한다.

"세상에 입보다 더 큰 권력은 없다."

이 말은 곧, 정치인들이 폭력에 대해 이야기하면 우리 국민들은 연극을 보는 관객의 입장에서 대체 이 위인들이 무슨 말을 하려고 하는지 다시 한 번 숙고해 봐야 한다는 것을 의미한다. '폭력은 정치

수단이 아니다'라는 말로써 그들이 진정으로 이야기하고 싶은 것은 국가만이 폭력을 독점해야 하고 국가만이 폭력을 행사해도 된다는 점이다. 그에 반해 일반 국민은 평화로운 사회를 위해 자신의 이익을 절대 폭력으로 달성하려고 해서는 안 된다. 이는 모든 사람이 기분 내키는 대로 주먹을 휘둘렀다가는 사회의 평화가 깨지고 말 것이라는 국민적 합의를 배경으로 한다.

이처럼 불법적인 폭력 행위가 금지되어 있음에도 모든 사람들이 이를 잘 지키는 건 아니다. 그렇지 않다면 범죄라는 건 아예 없지 않겠는가! 이 세상에 경찰과 형사 재판소 그리고 형법이 없다면 얼마나 많은 범죄와 잔혹한 폭력 행위들이 저질러질지에 대해선 굳이 설명하고 싶지 않다. 간단하게 말해서 국가가 폭력을 독점한 것은 민주 법치국가가 일구어낸 하나의 업적이다.

하지만 여기서도 잊지 말아야 할 것이 있다. 국가가 폭력을 독점한 덕분에 우리가 이렇게 평화롭게 산다고 기뻐하고만 있을 것이 아니라 정치인들을 무조건 믿어서는 안 된다는 원칙을 항상 가슴에 새겨 두고 있어야 한다. 그렇다고 맨날 정치인들에 대해 욕이나 하자는 것이 아니다. 정치란 성격을 버리는 더러운 장사이고, 머리 나쁜 인간들이 녹색 테이블에 앉아 쓸데없이 국민들을 화나게 하는 규정들만 만들어내고 있다고 욕하는 건 일상적으로 듣는 이야기다. 그러나 그건 어리석은 잡담일 뿐이다. 축구장의 관중석에 앉아 있으면 선수들이 모조리 바보 같고, 어떻게 해야 잘할 수 있는지 훤히 보이는 것처럼 정치도 마찬가지다. 그러나 운동장에서 직접 뛰는 사람은 프로선수들이지 관중이 아니다. 만일 선수들이 마음에 들지 않는다고 자리를 바꾸면 어떻게 되겠는가? 운동장에는 3만여 명의 관중들이 북적거리고, 관중석에는 40여 명의 선수와 세 명의 심판, 그리고 감독 두 명만 덩그러니 앉아 있게 될 것이다.

민주주의에서는 그래야 직성이 풀린다면 얼마든지 정치인들을 향해 욕을 해도 된다. 그러나 욕을 하고 정치인들을 믿지 않는 것도 좋지만, 정치인들이 잘하도록 감시하는 것이야말로 더 중요하다는 걸 똑똑히 명심해야 한다.

바로 이런 이유로 민주주의에서 가장 중요한 버팀목 중의 하나인 삼권 분립이 나왔다. 삼권 분립은 앞서 언급한 헌법 제20조에 분명하게 명시되어 있다. "국가 권력은 법을 만드는 기관(의회), 수행하는 권력 기관(정부와 행정 기관, 경찰, 군대 등) 그리고 판결하는 기관(사법부)을 통해 행사된다."

이로써 서로 다른 국가 권력 기관들 사이에 힘의 균형이 형성된다. 사법부는 행정 기관과 입법부를 감시하고, 입법부는 정부를 견제한다. 그렇다면 사법부는 누가 감시할까? 사법부는 상호 감시한다. 그밖에 언론, 특히 방송과 신문도 사법부를 견제하는 역할을 맡는다. 언론은 헌법에는 나와 있지 않지만 종종 네 번째 권력이라는 의미에서 제4부라 불린다. 이처럼 민주주의는 상당히 많은 감시 기구들을 갖고 있다. 그럼에도 실수를 하지만 말이다. 어쨌든 민주주의는 대체로 놀라울 정도로 잘 돌아간다. 그리고 독재나 왕정 체제보다 훨씬 더 인도주의적이다.

자, 그렇다면 삼권 분립은 실제로 어떻게 운영되는 것일까? 예를 들어 설명해 보자.

연방 정부는 극우주의를 표방하는 독일 민족민주당(NPD)을 금지하고 싶어한다. 민족민주당은 공공연히 외국인들에게 수많은 폭력을

저지르기 때문이다. 그
러나 정부가 직접 다른
정당을 금지할 수는 없
다. 그런 일이 허용된다
면 정부는 언제든지 달
갑지 않은 경쟁 정당을
금지할 수도 있기 때문
이다. 그런 문제는 독일
의 최고 상위 법원인 헌
법 재판소가 결정한다.
하지만 정당 금지 신청
을 아무나 하게 내버려
두면 엄청난 혼란이 생

길 수도 있기 때문에 헌법 재판소는 이 권리를 헌법 기관인 행정부
와 입법부(연방의회와 연방 참의원)로 제한했다. 입법부나 행정부에
서 이런 제안이 들어오면 헌법 재판소는 선거 일정이나 여타 국민
정서는 배제한 채 오로지 민족민주당의 과거 행적과 강령 등을 기초
로 판단을 내린다. 이때 당연히 민족민주당에게 변론할 기회를 준
다. 그런 다음 최종적으로 구속력 있는 결정이 내려진다. 물론 이 결
정에 불복해서 슈트라스부르크에 있는 유럽 인권 재판소에 인권 침
해(?)를 이유로 제소할 기회는 남아 있지만 말이다.

　다른 예를 들어 보자.

　유급 결정을 받은 학생은 만일 그 결정이 부당하다고 생각하면 부
모를 통해 행정 법원에 소송을 제기할 수 있다. 이렇게 되면 수백만

명의 학생들이 부당한 처우를 이유로 법원에 하소연을 하지 않겠느냐고 생각할 수도 있을 것이다. 그러나 이처럼 무작정 소송을 제기하는 것을 막기 위해 법원은 학교 당국의 잘못을 입증할 수 있는 뚜렷한 증거가 없는 한 '이유 없음'을 근거로 고소를 기각할 수 있다.

다른 예도 있다.

언젠가 연방의회는 베를린 오페라 극장을 후원하기 위한 법안을 만들었다. 그러나 각 주들은 헌법에 정해진 바에 따르면 문화와 문화 장려 사업이 각 주의 소관 사항이라며 소송을 제기했다. 결국 이 법안은 재판부에 의해 무효로 결정이 났다.

이처럼 여러 권력 기구들 간에 힘의 균형이 적절하게 이루어진 제도는 실제로 독일에서 상당히 잘 돌아가고 있는 편이다. 이렇게 말하면 소파에 편안하게 몸을 기대고 앉아, '그래, 아주 좋아. 그럼, 이제부터 정치에 관심을 가질 필요가 없겠군. 가만히 놔둬도 잘 돌아가니까 말이야' 하고 생각할지도 모르겠다.

그러나 그것은 환상이다. 깨어나 보면 좋지 않은 현실이 기다리고 있을 그런 몽상 말이다. 많은 사람들이 일자리를 찾지 못하고, 돈을 벌지 못하고, 자신의 삶을 제대로 꾸려 나갈 수 없게 되면 자신에게 없는 것은 폭력을 써서라도 얻으려고 한다. 도망갈 구멍이 없는 사람은 경찰도 재판부도 두렵지 않은 법이다. 따라서 우리가 그렇게 애지중지하는 '법에 의한 평화'라는 것도 이 사회에 최소한의 정의가 살아 숨쉰다는 믿음이 있을 때 가능하다. 만일 이 사회가 일부 부자와 대다수 가난한 사람들로 분명히 나눠진다면 가난한 사람들이 가만히 있겠는가!

이처럼 국가에만 폭력을 인정한 제도가 원만하게 유지될 수 있는 것은 우리 사회가 어느 정도 안정적인 사회적 시장 경제 체제로 유지되고 있고, 폭력 외에는 대안이 없다고 생각할 정도로 착취 받는 사람이 없기에 가능한 것이다.

그런데 우리 사회의 평화로운 공존을 위협하는 다른 위험이 아직 존재한다. 우리의 민주주의는 몽테스키외(1689~1755)가 쓴 「법의 정신」에 나오는 이론에 뿌리를 두고 있다. 그런데 몽테스키외는 자신의 이 이론을 그저 책상에 앉아 펜대를 깨물면서 쥐어짜 낸 것이 아니었다. 독일의 유명한 법률가 가운데 한 사람인 구스타프 라트브루흐는 20세기에 이렇게 썼다.

몽테스키외는 영국의 헌법을 철저하게 연구한 결과, 전횡이 아닌 법이 지배하는 사회를 만들기 위해서는 국가 권력을 행사하는 세 가지 기능이 하나의 기관에만 맡겨져서는 안 된다는 사실을 밝혀냈다.

이는 약간 과장되게 들리기도 하지만, 그 속뜻은 변함이 없다. '권력은 나눠져야 한다'는 것이다. 권력이 한 사람, 혹은 한 기관에 몰리게 되면 항상 위험한 법이다.

우리의 다음 세대들은 어떻게 생각할까? 자, 이렇게 한 번 생각해 보자. 원칙적으로 우리 아이들은 몽테스키외와 독일의 기본법을 만든 조상들이 생각한 것에 동의하지 않았던 아이들이다. 다시 말해서 국가를 이런 삼권 분립 체제로 만들자는 결정에 동참하지 않았던 것이다. 그 아이들은 자신들의 뜻과는 상관없이 어른들이 만들어 놓은 세상에 태어났고, 지금도 계속해서 태어나고 있다. 어른들은 이 아이들을 향해 현재의 이 제도가 지금까지 독일 땅에 있었던 것들 가운데 가장 자유로운 제도라고 이야기한다. 그리고 이 제도는 이미 쓸만한 것으로 입증되었기 때문에 아이들도 그대로 받아들일 것이라고 믿는다.

하지만 청소년기에는 앞 세대로부터 내려온 '유산'을 그대로 물려받아야 한다는 어른들의 주장에 반항감을 느끼는 것이 사실이다. 세상 이치가 그렇다는 말이다. 아이들은 어쩔 수 없이 앞 세대가 만들어 놓은 세상을 그대로 물려받지만, 시간이 지나면서 이것이 정말 옳은 것인지 의심을 하기 시작한다. 모든 세대에는 반역의 정신이 숨어 있기 때문이다. 사실 반역은 현실을 바꾸는 동력이 되기도 하기 때문에 매우 중요하다. 전통을 소중하게 생각하고 자연과 옛 건물의 아름다움을 보존하려는 사람에 이어 항상 반역의 정신을 가진 사람들이 나온다. 그러면 그것을 깨부수려는 사람들이 다시 나온다. 모든 세대에는 앞선 세대에 저항하고자 하는 욕구가 도사리고 있기 때문이다. 이것 역시 삼권 분립의 한 형식이다. 혼자서 올바른 삶, 도덕, 좋은 정치에 대한 기준을 정할 만큼 뛰어난 세대는 없다.

정치적 이상으로서의 삼권 분립은 미래의 과제이기도 하다. 앞서 유랑시인 발터 폰 데어 포겔바이데가 중세 독일에 대해 한탄했던 상황, 즉 길거리에 폭력이 난무하고 평화와 정의가 시름하는 일은 지금의 독일에서는 어느 정도 사라졌다. 그러나 이 세계는 여전히 그 같은 폭력적인 상황 아래 놓여 있다. 전 세계가 민주화되지 않았기 때문이다. 세계 평화를 건설하기 위해 창립된 유엔이 이러한 상황을 개선할 수 있는 훌륭한 기구임에는 틀림없다. 그러나 유엔은 협상과 대화 외에는 법을 실현할 다른 수단을 거의 갖고 있지 못한 실정이다. 일반법과 마찬가지로 국제법 역시 그것이 지켜지고 통용될 힘을 가질 때에만 법이란 이름을 얻을 수 있다.

지난 몇 년 사이 세계 평화에 대한 많은 말들이 오갔다. 양심과 사상과 종교의 자유를 포함해서 인간으로서 누려야 할 당연한 모든 권리들은 이 세계 어디서든 보장되어야 한다. 현존하는 국가 가운데 가장 강한 군사력을 갖춘 미국이 세계 경찰의 역할을 자임하고 있다. 현재까지는 그 역할이 그렇게 나빠 보이지는 않는다. 그러나 문제는 세계 경찰을 감시·견제할 수 있는 세계 사법부가 없다는 사실이다. 세계 사법부가 있으려면 당연히 그를 임명할 세계 의회가 먼저 설립되어야 할 것이다.

국제 사회에서의 삼권 분립은 앞으로 싸워서 얻어야 할 과제다. 19세기의 자유주의 법률가였던 루돌프 폰 예링은 언젠가 '법을 얻기 위한 투쟁'이라는 제목으로 멋진 강연을 했다. 그 안에 이런 대목이 있다.

"법의 목표는 평화이지만 그 수단은 투쟁이다."

유럽은 세계의 변두리에 있다

유럽이란 무엇일까

울리히 비케르트(Ulrich Wickert)

　어쩌면 날더러 유럽에 대해 설명하라고 한 것은 실수일지도 모른다. 그것은 내가 아시아, 정확하게 말해서 일본의 수도 도쿄에서 태어났기 때문이다. 하지만 난 일본인이 아니다. 내 부모가 독일인이기 때문이다. 내 머릿속에 들어 있는 유럽은 그저 지구상의 다섯 대륙 중 하나일 뿐, 그 이상 그 이하도 아니다.

　유럽, 아니 독일로 다시 돌아온 것은 내가 만 다섯 살 때였다. 나는 일본어도 유창했고 독일어도 잘했다. 그리고 다른 독일 애들은 모르는 놀이를 형들과 하고 놀았다. 그래서 아이들은 우릴 보고 '일본 애들'이라고 놀렸다.

　열네 살 때 나는 부모를 따라 파리로 이사했다. 학교에서 친구들이 나를 보고 어느 나라에서 왔느냐고 물었다. 그때가 그러니까 제2차 세계대전이 끝난 지 10년밖에 지나지 않은 시점이었다. 육백만 명의 무고한 사람들이 유대인이라는 이유로, 집시라는 이유로 그리고 자신들과 다르게 생각한다는 이유로 강제 수용소에서 독일인들의 손에 의해 처참하게 살해당했던 기억이 채 가시지 않았을 때였다. 당시 나는 그런 잔학한 짓을 저지른 나라의 국민이라고 말하기 싫었다. 그래서 다른 친구들이 내 국적을 물으면 이렇게 대답했다. "난 유럽인이야!" 프랑스 친구들은 웃었다. 그리고 그런 국적은 없다고 말했다. 그렇다. 우린 '독일인'이었다.

프랑스 학교에서 3년을 다닌 뒤 다시 독일로 돌아왔을 때 같은 반 친구들은 나를 '프랑스 애'라고 불렀다. 훗날 나는 미국에서도 잠시 공부한 적이 있는데, 당시 같은 대학에 나 외에 프랑스 친구, 이탈리아 친구, 오스트리아 친구가 함께 다녔다. 미국인들의 눈에 비친 우린 모두 유럽인이었다. 그때 난 처음으로 깨달았다. 유럽인들은 각각 다른 말을 사용하지만, 미국인들과 비교해서 유럽인이라는 하나의 울타리로 묶을 수 있는 몇 가지 공통점이 있다는 것을 말이다.

나는 유럽인이라면 미국, 아시아, 아프리카 혹은 호주 어디에 있더라도 특유의 유럽적인 색채를 갖고 있다는 걸 확인했다. 사람들은 이를 가리켜 '정체성'이라고 부른다.

자, 그럼 이제부터 본격적으로 이야기를 시작해 보자.

먼저 세계 지도를 꺼내 유럽이 어디 있는지 살펴보자. 미국과 유럽 사이에는 대서양이 놓여 있고, 이 대양이 두 대륙을 나누고 있다. 유럽의 서쪽 경계는 뚜렷하다. 아일랜드와 영국에서부터 손가락을 대고 계속 내려오면 – 지도를 거꾸로 놓으면 안 된다. 그리고 밑으로 내려오는 것이 아니라 남쪽으로 내려온다고 해야 더 정확한 표현일 것이다 – 프랑스 해안을 지나 스페인과 포르투갈에 이르고, 마침내 지브롤터 바로 앞에서 동쪽과 북쪽으로 급격하게 방향을 튼다. 지중해를 기준으로 유럽의 남쪽에는 아프리카가, 동쪽에는 아시아가 자리하고 있는데, 지중해를 따라 계속 가면 흑해와 연결되는 보스포루스 해협에 닿는다. 이 지역엔 터키인들이 살고 있다. 터키는 몸은 아시아에 두고 있으면서 한 발은 유럽에 디밀고 있는 모양이다. 흑해는 당연히 유럽과 아시아를 구분하는 분명한 경계다. 그런데 흑해를 지나면서부터 약간 불분명해진다. 지리학자들과 대다수 사람들은 러시아의 우랄 산맥을 유럽의 동쪽 경계선으로 생각한다. 우랄 산맥은 남쪽에서 북쪽으로 뻗어 있다고도 하고, 거꾸로 북쪽에서 남쪽으로 뻗어 있다고도 한다. 여러분들의 할아버지들은 아마 이런 말을 알고 있을 것이다. "그건 우랄 산맥 건너에 있어." 이 말은 누구도 갈 수 없을 정도로 멀리 떨어져 있다는 것을 의미한다. 물론 제트 비행기가 있는 현대에는 해당되지 않는다. 유럽에서 비행기로 도쿄나 베이징 혹은 홍콩으로 가는 사람은 우랄 산맥을 훌쩍 뛰어넘어서 가기 때문이다.

우랄 산맥에서 대충 북극 방향으로 올라가면 스웨덴, 핀란드 그리고 노르웨이가 나타난다. 이 나라들은 유럽의 북쪽에 해당한다. 이렇게 손가락으로 그린 경계 안쪽 지역을 가리켜 우린 유럽이라고 부른다.

그런데 내 경우처럼 여기서 태어나지 않은 사람도 유럽인이라고 할 수 있을까? 비록 세상 구경을 처음 한 곳은 일본이었지만, 그래도 난 유럽인이다. 지구본으로 보면 일본이라는 나라는 유럽에서 상당히 뒤쪽에 위치하고 있고, 아시아에서도 동쪽 끝에 있다. 여기서 이런 생각이 든다. 사람들은 자기가 사는 땅이 '세상의 배꼽(중심)'이라고 생각하는 것은 아닐까? 유럽인들은 세계에서 가장 오래된 문화들 가운데 하나가 바로 자신들의 문화라고 생각하기 때문에 종종 자신들이 사는 땅이 세계의 배꼽이라고 상상한다. 미국과 호주로 이주해 간 사람들도 자신들이고, 아프리카와 아시아의 일부를 식민지로 다스렸던 것도 자신들이라고 생각하기 때문이다. 그러나 그렇게 생각하는 건 중국인이나 미국인들도 마찬가지다. 모두 자기 중심에서 사고하기 때문이다. 결론적으로 말해서 세계의 배꼽이란 없다. 미국에 있을 때 나는 유럽이라는 지역이 미국에서 보면 상당히 외딴 변두리 지역이라는 걸 깨달았다.

유럽의 특색은 이런 지역적인 데 있는 것이 아니라 역사와 종교와 문화에 있다. 유럽이, 아니 좀더 정확하게 말해서 유럽 남부에 위치한 고대 그리스가 민주주의의 요람이라는 사실은 퍽 중요하다. 지금으로부터 2,000년 훨씬 이전에 벌써 그곳의 사람들은 국가에서 일어나는 일을 왕 혼자서 결정하지 않았다. 법 앞에서는 모든 시민이 평등했기에 시민들도 함께 공공 업무에 참여할 수 있었다. 가령 선거와 투표를 통해서 말이다. 그래서 민주주의(democracy)라는 말도 그리스에서 왔다. 그리스어의 데모스(demos)는 '백성'을, 크라토스(kratos)는 '권력'을 뜻했다. 다시 말해서 민주주의는 백성이 다스리는 제도라는 말이다. 그러나 유럽에서 이 제도가 시행되기까지는 긴 세월이 흘러야 했다. 그 사이 수백 년 동안 백성들은 핍박과 설움을 받았다. 바로 이 시기를 '중세'라고 하는데, 요즘도 끔찍한 정치적 상황을 가리켜 '암흑의 중세' 같다고 하는 이유가 다 여기에 있다.

이처럼 그리스인들은 민주주의의 발명자이면서 동시에 유럽 문화의 모태였다. 고대 유럽에는 켈트 문화나 에트루리아 문화*도 있었다고는 하지만 별로 알려진 것은 없다. 그리스인들은 정치 제도뿐 아니라 소크라테스, 플라톤, 아리스토텔레스 같은 위대한 철학자들의 사상을 통해 오늘날 유럽 정신계에 깊은 영향을 끼치고 있다. 그뿐이 아니다. 호메로스의 「일리아스」, 「오디세이아」와 같은 작품들과 다른 수많은 그리스 희곡들은 오늘날까지도 유럽 문학의 비옥한 토양이 되고 있다. 호메로스는 작품에서 신들이 호탕하게 웃어대는 것을 매우 인상적으로 묘사했는데, 오늘날에도 누군가 몹시 큰 소리로 웃으면 '호메로스의 폭소'라고 말하기도 한다. 호메로스가 지금으로부터 2,800년 전, 그러니까 기원전 8세기 때의 사람이었는데도 말이다.

그리스인들의 사상과 문화를 이어받은 것은 로마인들이다. 고대 로마는 강성한 군사력을 바탕으로 독일과 영국과 프랑스와 스페인까지 지배했다. 로마의 문화 역시 유럽의 정신사에 깊은 흔적을 남겼다. 특히 유럽 각국의 언어에 남긴 흔적은 뚜렷하다. 우리는 잘 모르고 있지만 독일에서 사용되고 있는 수많은 개념들이 라틴어(고대 이탈리아어)에서 왔다. 로마인들은 오늘날 예루살렘과 이스라엘이 위치하고 있는 지역을 침공하기도 했다. 이 지역은 유대교, 그리스도교 그리고 이슬람교라는 세 개의 거대한 세계 종교가 태동한 곳이다. 로마 병사들은 기독교를 로마로 전파했고, 오랜 논쟁과 싸움과 음모 끝에 마침내 로마는 그리스도교의 총본산이 되었다. 거기서부터 그리스도교는 유럽의 나머지 나라들로 급속히 전파되었다.

세계의 역사는 싫든 좋든 유럽에 의해 큰 영향을 받았다. 콜럼버스가 아메리카 대륙을 발견하지 않았다면 인디언들은 여전히 들판에

* 이탈리아인들이 세웠다고 전해짐.

서 들소를 사냥하며 평화롭게 살고 있을지도 모른다. 그런데 콜럼버스는 원래 인도를 찾아 항해하던 길이었다. 인도에서 나는 귀한 향료를 사다가 유럽으로 가져가면 손쉽게 부자가 될 수 있었던 것이다. 인도가 서쪽에 있다고 믿은 그는 계속 서쪽으로만 나아가면 인도 대륙에 닿을 수 있으리라고 생각했다. 이렇게 해서 발견한 대륙을 그는 죽는 날까지 인도로 잘못 알고 있었다. 어떻게 보면 그의 생각이 완전히 틀리지는 않았다. 빙 돌기는 하겠지만, 아메리카 대륙을 지나 계속 서쪽으로 갔으면 결국 인도에 닿았을 테니까 말이다. 어쨌든 아메리카 대륙이 발견된 뒤 수많은 유럽인들이 미국으로 이주했다. 주로 전쟁으로 기아에 허덕이고, 종교적 탄압을 받던 사람들이었다. 당시 유럽에서는 마르틴 루터가 교황에 맞서 그리스도교의 분리를 주장하고 나섰다. 그렇게 해서 그리스도교는 가톨릭과 프로테스탄트로 나뉘어졌고, 당연히 박해를 받을 수밖에 없었던 신교도들은 신대륙을 향해 건너갔다. 또한 당시는 유럽 각국의 왕들이 지역 패권을 쥐기 위해 전쟁을 벌이고 있었다. 그 중에서 '30년 전쟁'이 대표적인데, 주로 오늘날의 독일 땅이 무대가 된 참혹한 전쟁이었다. 당시 이 전쟁으로 인구의 절반이 죽었고, 대다수 주민들이 굶주림과 생활고에 시달렸다. 결국 유럽 땅에 더 이상 머무르고 싶지 않은 사람들은 새로운 희망과 행운을 찾아 아메리카로 건너갔다.

오늘날 미국 관광객들이 유럽에 오면 많은 고풍스러운 도시들과 아름다운 고딕 양식의 건축물들을 보고 경탄을 금치 못한다. "오, 이게 바로 그 옛 유럽이야!"라는 말을 연발하면서 말이다. 실제로 이 건축물들과 문화와 사상이 유럽 특유의 색채를 이루고 있다. 여기엔 당연히 바흐, 베토벤, 모차르트 그리고 비틀즈로 대변되는 음악도 포함된다. 이런 문화에 대한 이해와 애정이 프랑스인과 이탈리아인과 영국인과 독일인을 같은 유럽인으로 느끼게 만든다. 이러한 느낌 때문에 유럽을 떠나 다른 지역에 살게 되면 금방 뭐가 없고 뭐가 그리워지는지 깨닫게 된다.

이런 공통점에도 불구하고 유럽 각국은 현대에 이르기까지 피비린내 나는 전쟁을 멈추지 않았다. 독일인들이 일으킨 제2차 세계대전은 5천만 명 이상의 목숨을 앗아갔다. 그제야 정신을 차린 유럽인들은 이제 유럽 공동체를 만들기로 결정했다. 여러 국가들이 하나의 울타리 안에서 경제적으로 밀접하게 연결되면 더 이상 전쟁을 일으킬 필요가 없지 않겠는가!

처음에는 여섯 개 나라만 모였지만 이후 그 수가 점점 더 불어났다. 조직의 틀을 잡기 위해 유럽의 수도인 브뤼셀에 유럽 위원회가 설치되었다. 일종의 사무국 역할을 하는 집행 위원회였다. 하지만 이 위원회는 정부가 아니었다. 정말 중요한 결정은 회원국 정부의 대표로 구성되는 유럽 참의원에서 내려지기 때문이다. 이어 유럽 의회가 만들어졌다. 유럽 의회 의원들은 각국에서 직접 선거로 뽑혔는데, 이 선거에서는 독일인이 프랑스 선거에 나올 수도 있고, 이탈리아인이 덴마크에서 투표를 할 수도 있게 되었다. 그러니까 유럽인이라면 유럽 연합에 속한 어떤 나라에서 투표를 해도 상관없게 된 것이다. 하지만 유럽 의회는 별로 실권이 없다. 아직 한 번도 직접 집행 위원회를 뽑지 못했기 때문이다. 유럽 집행 위원회는 한 사람의 위원장과 각국에서 파견한 위원들로 구성된다. 유럽 연합 의장은 6개월마다 회원국들이 돌아가면서 맡는다. 그러나 회원국 수가 점점 늘어나면 원만한 운영을 위해 몇 가지 바뀌어야 할 것 같다.

지난 20세기 말, 15개 회원국들은 자국의 통화를 포기하고 유로화를 공동 화폐로 받아들일 정도로 밀접하게 결합되었고, 앞으로 몇 년 안에 더 많은 나라들이 유럽 연합 안으로 들어올 계획이다. 이렇게 되면 더 이상 유럽에서는 전쟁이 일어나지 않을 것이고, 유럽인들은 유럽에서 태어난 것에 자부심을 느끼며 평화롭게 살 수 있을 것이다.

옮긴이의 말

철인 정치를 주장했던 고대 그리스 철학자 플라톤은 모름지기 나라를 다스리는 지도자란 재산을 가져서는 안 된다고 생각했다. 심지어 결혼을 해서도 안 된다고 했다. 결혼을 하면 부양할 식구가 생기고, 그러면 욕심이 생겨나 남을 위해 일하겠다는 정치인의 마음이 흐트러질 것을 경계한 말이다. 특히 자식이라도 생기면 이제 재산을 물려줄 사람까지 생겼으니 이승에서 다 쓰지도 못할 재물을 모으느라 본분을 잊어버릴 수도 있지 않겠는가?

플라톤의 뜻에 절로 고개가 숙여지지만, 이를 오늘날의 정치인들에게 똑같이 요구할 수는 없다. 시대의 가치가 바뀌었기 때문이다. 지금의 세상은 개인의 행복을 침해할 수 없는 권리를 인정하는 민주 사회다. 정치인들에게도 국민을 위해 봉사만 해 줄 것을 기대해서는 안 된다. 그들은 성자가 아니라 우리와 똑같은 사람들이다. 그런 사람들에게 너무 큰 기대를 하고 요구를 하는 건 곧 우리 자신에게 과도한 짐을 지우는 것이나 마찬가지다.

일전에 아는 사람들과 대화를 나누다가 정치와 선거에 관한 이야기가 오갔다. 늘 그렇듯 신물나는 정치인들을 욕하며 이번 선거에서 찍을 사람이 없다는 이야기가 분분했다. 본질적으로 다 똑같다는 이유에서였다. 슬그머니 부아가 치밀었다. 꽤 생각이 있다는 분들이 그러니 더 그랬을 것이다. 본질은 철학에서나 다루는 문제인 반면, 우리가 살고 있는 곳은 현실이다. 이상으로 보면 마음에 드는 게 뭐가 있겠는가? 어차피 현실에서 살 수밖에 없다면 누가 더 낫고, 누가 더 못한지 가려야 한다. 조그마한 차이라도 있기 때문이다.

그럼에도 이런 걸 가리지 않는 건 싸잡아 욕하는 게 더 편해서일까? 집에서 형제간에 싸움이 붙어도 마찬가지다. 부모는 다짜고짜 형이니까 양보해야지, 아니면 동생이니까 형 말을 들어야지 하는 식으로 얼렁뚱땅 넘어간다. 정작 싸운 이유는 따져 보지도 않고 말이다. 그래선 안 된다. 둘 중에는 반드시 더 잘못한 놈과 덜 잘못한 놈이 있기 마련이다. 그걸 가려 주어야 한다. 그래야 아이들도 자기가 뭘 잘했는지 못했는지 알 것 아닌가? 싸잡아 취급하는 건 아이들한테도 별 도움이 안 된다. 자기는 잘못한 것이 없다고 생각하는데, 형이라는 이유만으로, 동생이라는 이유만으로 같은 대우를 받는다면 이보다 억울한 일이 있겠는가? 정치도 똑같다. 그 놈이 그 놈처럼 보여도 조금만 자세히 살펴보면 누가 더 나은지 금방 구별할 수 있다. 그러면 조금이라도 더 나은 쪽에 표를 던지면 된다. 정치 참여라는 게 별것 아니다.

이 책은 현직 독일 수상의 부인 도리스 슈뢰더 여사가 청소년과 부모들을 위해 정치에 관한 이야기들을 묶은 책이다. 필자들은 독일 사회에서는 이름만 들어도 모두 알 만한 사람들이다. 이 책이 나왔다는 걸 신문 보도에서 접한 뒤 꼭 한 번 읽어 보고 싶었다. 독일에서 몇 년을 살았다지만 공부를 핑계로 그들의 정치에는 별 관심을 가지지 않아서, 독일의 정치가 실제로 어떻게 돌아가는지 무척 궁금했기 때문이다. 그런데 독일에서도 정치는 사람 버리는 더러운 장사였고, 머리 나쁜 인간들이나 하는 짓거리로 치부되고 있었다. 이걸 보면서 사람 사는 세상은 다 똑같구나 하는 위안이 생기기도 했다.

그러나 이 책의 필자들은 현실 정치에 대해서 비난을 그치지 않으면서도 자신들의 제도에 대해서는 한결같이 강한 자부심과 희망을 갖고 있었다. 우리와 분명 다른 부분이다. 하지만 너무 실망할 것까지는 없다. 서구 사회가 민주주의를 정착시키기까지 무려 몇 백 년의 시간이 걸렸던 반면, 우린 이제 겨우 50년 남짓밖에 지나지 않았다. 우리가 반세기만에 이 정도를 일구어냈으면 그래도 희망이 있는 게 아닐까?

이 책을 옮기면서 우리 정치에 대해 다시 한 번 생각해 보게 되었다. 너무 보채지 말고, 무작정 욕만 할 게 아니라 잘한다고 칭찬도 해보자는 생각이 들었다. 누구든 잘하는 구석은 있지 않겠는가? 그러다 보면 정말 잘할지 또 누가 알겠나?

2002년 3월

박 종 대

저자 소개

르네 추커(Renée Zucker) 1954년 생. 전문번역자이자 자유기고가

프랑크 게르베르트(Frank Gerbert) 1955년 생. 영화제작자, 사진작가, 기자. 사회문제
　　에 관심이 많다.

펠리치타스 호페(Felicitas Hoppe) 1960년 생. 자유기고가, 소설가

스벤 쿤체(Sven Kuntze) 1942년 생. 독일 공영방송 ARD의 정치부 기자

헤리베르트 프란틀(Heribert Prantl) 1953년 생. 검사와 판사를 거쳐 현재 기자로 활동

마인하르트 그라프 폰 나이하우스(Mainhardt Graf von Nayhauss) 1926년 생. 기자, 칼
　　럼니스트

울리케 포쉐(Ulrike Posche) 1960년 생. 기자. 정치인과 유명인에 대한 기사를 주로
　　쓴다.

토마스 고트샬크(Thomas Gottschalk) 1950년 생. 방송진행자

베아테 플레밍(Beate Flemming) 1967년 생. 기자, 칼럼니스트

클라우스 레게비(Claus Leggewie) 1950년 생. 정치학과 교수, 시사평론가

아르눌프 라팅(Arnulf Rating) 1951년 생. 시사평론가

마이브리트 일너(Maybrit Illner) 1965년 생. 토그쇼 진행자, 기자

베르너 페르거(Werner A. Perger) 기자

한스 페터 마르틴(Hans-Peter Martin) 1957년 생. 저술가, 기자, 유럽의회 의원

볼프 폰 로예브스키(Wolf von Lojewski) 1937년 생. 방송국 기자 겸 아나운서

하이코 게프하르트(Heiko Gebhardt) 1942년 생. 다큐멘터리 작가

레기나 묀히(Regina Mönch) 1953년 생. 기자

노르베르트 자이츠(Norbert Seitz) 1950년 생. 정치학 박사, 시사평론가

아멜리 프리트(Amelie Fried) 1958년 생. 방송 진행자, 자유기고가, 시나리오 작가

코리나 체르베(Corinna Zerbe) 1971년 생. 작가

슈테판 벨츠크(Stefan Welzk) 1942년생. 자유기고가, 작가

마티아스 벨츠(Matthias Beltz) 1945년 생. 법률가, 시사평론가

울리히 비케르트(Ulrich Wickert) 1942년생. 방송 진행자 겸 기자, 작가

(초판제목 : 수상은 수영장에 산다?)

지은이 ▪ 도리스 슈뢰더-쾨프, 잉케 브로더젠
옮긴이 ▪ 박종대
펴낸이 ▪ 이종복
펴낸곳 ▪ 도서출판 다른우리
펴낸날 ▪ 초판 2002년 4월 30일
　　　　개정 신판 2005년 3월 25일
등 록 ▪ 1999년 4월 14일(제10-1739호)
주 소 ▪ 서울시 마포구 신수동 448-6 한국출판협동조합 안
전 화 ▪ (02) 718-5874 / 팩스 (02) 718-5844
E-mail ▪ woorybook@empal.com

ISBN　　89-89805-24-4　44080
　　　　89-89805-23-6　44080 (세트)